Holger Hoheisel
Temporale Geschäftsprozessmodellierung

DUV Wirtschaftsinformatik

Holger Hoheisel

Temporale Geschäftsprozess-modellierung

Mit einem Geleitwort von Prof. Dr. Gerhard Knolmayer

Deutscher Universitäts-Verlag

Die Deutsche Bibliothek – CIP-Einheitsaufnahme

Hoheisel, Holger:
Temporale Geschäftsprozessmodellierung / Holger Hoheisel.
Mit einem Geleitw. von Gerhard Knolmayer. –
Wiesbaden : DUV, Dt. Univ.-Verl., 2000
(DUV : Wirtschaftsinformatik)
Zugl.: Bern, Univ., Diss., 2000
ISBN 3-8244-2137-2

Inauguraldissertation zur Erlangung der Würde eines *Doctor rerum politicarum* der Rechts- und Wirtschaftswissenschaftlichen Fakultät der Universität Bern.
Die Fakultät hat diese Arbeit am 27. Januar 2000 auf Antrag der beiden Gutachter, Prof. Dr. Gerhard Knolmayer und Prof. Dr. Ulrich Hasenkamp, als Dissertation angenommen, ohne damit zu den darin ausgesprochenen Auffassungen Stellung nehmen zu wollen.

Lektorat: Ute Wrasmann / Gereon Roeseling

Der Deutsche Universitäts-Verlag ist ein Unternehmen der Fachverlagsgruppe BertelsmannSpringer.

www.duv.de

Höchste inhaltliche und technische Qualität unserer Produkte ist unser Ziel. Bei der Produktion und Verbreitung unserer Bücher wollen wir die Umwelt schonen. Dieses Buch ist auf säurefreiem und chlorfrei gebleichtem Papier gedruckt. Die Einschweißfolie besteht aus Polyäthylen und damit aus organischen Grundstoffen, die weder bei der Herstellung noch bei der Verbrennung Schadstoffe freisetzen.

Druck und buchbinderische Verarbeitung: Rosch-Buch, Scheßlitz
Printed in Germany

ISBN 3-8244-2137-2

Geleitwort

Die ökonomischen Abläufe werden nicht nur von räumlichen Gegebenheiten, sondern in immer stärkerem Maße auch von zeitlichen Aspekten geprägt: Zeit ist zu einem Wettbewerbsfaktor geworden, Entwicklungszyklen und Durchlaufzeiten sollen verkürzt und Abläufe zeitlich besser koordiniert werden. Trotz des wachsenden Einflusses zeitlicher Phänomene auf die ökonomischen Gegebenheiten werden diese in theoretischen Betrachtungen oft nicht ausreichend berücksichtigt.

Informationssysteme müssen als Modelle von Organisationen auch zeitliche Aspekte adäquat abbilden. Im Rahmen der temporalen Datenmodellierung wurde ein Konzept entwickelt, welches den Faktor Zeit systematisch berücksichtigt und damit einen Beitrag zu einem umfassenden Abbild der Realität auf der Datenseite liefert.

Die vorliegende Arbeit überträgt die Konzepte temporaler Datenmodellierung auf die Modellierung von Geschäftsprozessen und Workflows. Obwohl temporale Informationen bei der Prozessmodellierung und -ausführung besonders bedeutsam sind, lag bisher kein geschlossenes Konzept der Modellierung zeitlicher Abläufe vor. In dieser Arbeit wird gezeigt, wie temporal erweiterte Geschäftsregeln und temporal erweiterte Repositories die Modellierung zeitlicher Abläufe sowie eine zeitbezogene Planung und Steuerung von Geschäftsprozessen und Workflows unterstützen. Damit wird das Konzept der Geschäftsregeln, dem für die künftige Gestaltung betrieblicher Informationssysteme ein hoher Stellenwert eingeräumt wird, um eine wichtige Eigenschaft ergänzt.

Die vorliegende Arbeit ist nicht nur von wissenschaftlichem Interesse, sondern bietet auch der Wirtschaftspraxis wertvolle Anregungen u.a. zur systematischen Berücksichtigung zeitlicher Aspekte in Informationssystemen sowie für eine effiziente und zeitnahe Gestaltung betrieblicher Prozesse. In diesem Sinn ist der Arbeit eine weite Verbreitung zu wünschen.

Prof. Dr. Gerhard Knolmayer
Universität Bern

Vorwort

Die vorliegende Arbeit ist das Resultat einer mehrjährigen Beschäftigung mit dem Themenkreis "Abbildung von Zeit in betrieblichen Informationssystemen", speziell bei der Datenbank-, Geschäftsprozess- und Workflowmodellierung. Die Veröffentlichung entspricht der am Institut für Wirtschaftsinformatik der Universität Bern (Schweiz) eingereichten Inaugural-Dissertation, welche im Januar 2000 an der Rechts- und Wirtschaftswissenschaftlichen Fakultät der Universität Bern angenommen wurde. Vorarbeiten zu der Arbeit entstanden während meiner Tätigkeit am Institut für Wirtschaftsinformatik der Philipps-Universität Marburg (Deutschland).

Die Entstehung der Arbeit wurde von mehreren Personen maßgeblich gefördert, denen ich an dieser Stelle herzlich danken möchte.

In besonderen Maße gilt dieser Dank Herrn Prof. Dr. Gerhard Knolmayer, der mir die Anfertigung der Arbeit ermöglicht und durch die Bereitstellung optimaler Bedingungen und durch zahlreiche wertvolle Anregungen und fruchtbare Diskussionen wesentlich zum Gelingen der Dissertation beigetragen hat.

Ebenso möchte ich Herrn Prof. Dr. Ulrich Hasenkamp herzlich danken, der mich nicht nur zum Anfertigen einer Dissertationsarbeit ermutigt und die Arbeit auf den Weg gebracht hat, sondern der auch freundlicherweise das Koreferat übernommen hat.

Bedanken möchte ich mich bei Frau Edda Kirchner und Frau Karin Holtzmann, die durch zahlreiche formale Hinweise das Erscheinungsbild der Arbeit mit geprägt haben.

Ferner möchte ich meinen Assistentenkollegen Dr. rer. pol. Thomas Myrach, lic. rer. pol. Marcel Pfahrer und Dipl. Wirtsch. Inf. Rainer Endl für die zahlreichen fachlichen Diskussionen und kritischen Auseinandersetzungen danken. Darüber hinaus gilt mein Dank cand. rer. pol. Corinne Montadon, cand. rer. pol. Oliver Klaus und cand.

rer. pol. Yves Steinegger, die alle - in unterschiedlicher Weise - zur Fertigstellung des Buches beigetragen haben.

Mein besonderer Dank geht an meine Familie, welche die ihr auferlegten Entbehrungen ausdauernd getragen und mich immer wieder angespornt hat.

Holger Hoheisel

Inhaltsverzeichnis

Abbildungsverzeichnis

1 Einführung

Zeit ist ein wichtiger Aspekt von Phänomenen der realen Welt. Beispielsweise treten Ereignisse zu bestimmten Zeiten auf, Objekte und die Beziehungen zwischen Objekten bestehen über eine gewisse Zeitdauer, die Struktur von Prozessen verändert sich im Zeitablauf und (Teil-) Prozesse müssen möglicherweise innerhalb gegebener Zeitbeschränkungen ausgeführt werden. [1]

Entsprechend spielt die Zeit für Organisationen eine wesentliche Rolle.[2] Durch den stärker werdenden globalen Wettbewerb unterliegen sie dem Zwang zu Flexibilität und ständigem Wandel. Die für unternehmerisches Handeln relevanten Objekte ändern im Zeitablauf ihre Eigenschaften.

Bedingt durch diese Einflüsse wandelte sich in den letzten 15 Jahren die Sicht auf Unternehmen von einer funktionsorientierten hin zu einer eher prozessorientierten Sicht. Die Bedeutung von Prozessen rückte damit zunehmend in den Vordergrund betriebswirtschaftlicher Betrachtungen. Beispielsweise werden in dem Modell der Wertschöpfungsketten[3] die Unternehmensabläufe als Ketten betrachtet, in deren Verlauf primäre und unterstützende Aktivitäten ausgeführt werden. Während sich primäre Aktivitäten mit der physischen Herstellung eines Produktes, dessen Vertrieb und dem Kundendienst befassen, sorgen unterstützende Aktivitäten für den Kauf von Inputs, Technologie, menschlichen Ressourcen und verschiedenen Funktionen für das ganze Unternehmen. Die Untersuchung von Prozess-Abschnitten auf ihre wertschöpfenden Anteile und deren Stärkung soll zu sinkenden Kosten oder steigenden Kundennutzen der Prozesse führen. Mittels Konzepten des Business Process Reengineering[4] wurden darauf aufbauend verstärkt die Geschäftsprozesse von Unternehmen auf ihre Effizienz überprüft. Durch ein Redesign der Unternehmensprozesse und deren Ausweitung über funktionale Grenzen zwischen

[1] Vgl. Özsoyoglu / Snodgrass (1995), S. 513.

[2] Vgl. beispielsweise Fischer (1997); Hax et al. (1989).

[3] Vgl. dazu Porter (1985); Porter (1986).

[4] Vgl. dazu Hammer / Champy (1993); Peppard / Rowland (1995).

Unternehmensbereichen oder sogar über Unternehmensgrenzen hinweg wurden Vorteile wie niedrigere Kosten, höhere Kundenzufriedenheit, eine Steigerung der Effizienz und der Produktqualität erwartet.

Da sich die für Unternehmen relevanten Objekte schneller verändern, wird das Nachvollziehen von Evolutionen der Zustände und Abläufe einer Organisation wichtiger. Auch die Bedeutung des Monitoring steigt, da überprüft werden muss, ob die durchgeführten Veränderungen überhaupt etwas bewirken. Eine Dokumentation der Evolution einzelner Zustände und Abläufe ist die Voraussetzung für die Nachvollziehbarkeit von Auswirkungen bestimmter Veränderungen.

Die Abläufe in bzw. zwischen Organisationen können in einem Modell abgebildet werden. Als Modell wird hier die „vereinfachte Darstellung eines Teils der vergangenen, gegenwärtigen oder zukünftigen Wirklichkeit“ [5] verstanden. Es stellt somit eine Abstraktion der Realität dar, indem durch Weglassen der für die Betrachtung nicht wesentlichen Dinge die Komplexität der Realität reduziert wird. Es ist somit eine Interpretation der Realität.

Die Abläufe von Organisationen können dabei durch Geschäftsprozesse bzw. Workflows modelliert werden. Im Umfeld von Unternehmen werden Prozesse allgemein durch „miteinander verbundene Aktivitäten oder Teilprozesse zur Bearbeitung einer Aufgabe oder einer einzelnen Aktivität“[6] gebildet. Geschäftsprozesse sind spezielle Prozesse, „die unter betriebswirtschaftlichen Gesichtspunkten betrachtet werden. Damit können auch behördliche Verwaltungsprozesse Geschäftsprozesse sein“[7]. Workflows sind demgegenüber „computerunterstützt administrierbare, organisierbare und steuerbare Prozesse“[8]. Das Ziel der prozessorientierten Organisations-

[5] DIN (1996), S. 18.
[6] DIN (1996), S. 16.
[7] DIN (1996), S. 16.
[8] DIN (1996), S. 16.

modellierung ist die Optimierung der Ergebnisse von Geschäftsprozessen, nicht jedoch der einzelnen Funktionen.[9]

Durch Geschäftsprozesse kann die Abwicklung von Geschäften in Organisationen, d. h. die Vorschriften über Organisationsabläufe, beschrieben werden. Sowohl für die Darstellung der betriebswirtschaftlichen Sicht dieser Prozesse als auch für die daraus abzuleitenden technischen Spezifikationen automatisierbarer Teilprozesse (Workflows)[10] ist eine Vielzahl von Methoden und Software-Produkten verfügbar, die z. T. auch kommerziell vertrieben werden. Die dabei verwendeten Modellkonstrukte und Notationen weisen große Unterschiede auf und eine durchgängige Modellierung von Geschäftsprozessen und Workflows wird nur unzulänglich unterstützt.[11]

Als Modellierungsmethode für Geschäftsprozesse wurde in dieser Arbeit ein auf Geschäftsregeln basierender Modellierungsansatz gewählt, welcher im Rahmen des durch den Schweizerischen Nationalfonds geförderten Forschungsprojekts SWORDIES[12] (**S**wiss **WOR**kflow Management in **DI**stributed **E**nvironment**S**) entwickelt wird. Dieser Ansatz soll eine durchgängige und strukturierte Modellierung und Transformation von Geschäftsprozessen in Workflows unterstützen. Dabei werden die Geschäftsregeln der Organisationen, welche teilweise auch in Prozessmodellen abgebildet sind, zunächst semi-formal beschrieben (Geschäftsprozessmodell) und anschließend schrittweise soweit detailliert und strukturiert (konzeptionelles Workflowmodell), dass eine Ableitung von Workflow-Spezifikationen für unterschiedliche Zielumgebungen möglich ist.[13]

Geschäftsregeln sind „Aussagen über die Art und Weise der Geschäftsabwicklung, d. h. über Vorgaben und Restriktionen in Bezug auf Zustände und Abläufe in einer

---

[9] Vgl. DIN (1996), S. 6.

[10] Vgl. Galler (1997), S. 8.

[11] Hoheisel / Pfahrer (1999), S. 566.

[12] Für detailliertere Informationen zum Projekt s. "http://www.ifi.unizh.ch/groups/dbtg/SWORDIES".

[13] Hoheisel / Pfahrer (1999), S. 566 f.

Organisation"[14]. Sie enthalten neben Aussagen über Anforderungen an Abläufe in der Organisation auch Informationen über Daten.[15]

Temporale Einflüsse auf Geschäftsprozesse drücken sich zum einen in den Veränderungen der Ablaufstrukturen einer Organisation im Zeitablauf aus, was durch eine Anpassung des Unternehmensprozessmodells zum Ausdruck kommt.[16] Workflowmanagement-Systeme (WFMS)[17] bieten hierfür neben der Gestaltung von Abläufen in Büroumgebungen auch die Möglichkeit, Arbeitsprozesse relativ leicht umzustrukturieren und an die neuen Strukturen anzupassen.[18] Allerdings ist die Evolution der Geschäftsprozesse und damit des Unternehmensprozessmodells nicht nachvollziehbar, wenn die einzelnen Versionen der Geschäftsprozesse nicht erhalten und abfragbar bleiben. Zum anderen unterliegen die Unternehmensabläufe bei ihrer Ausführung selbst oft zeitlichen Restriktionen, welche sich auf ihre Planung und Steuerung sowie Ausführung und Kontrolle beziehen.

Die verfügbaren Methoden zur Modellierung von Geschäftsprozessen bieten häufig keine Konzepte für die Berücksichtigung temporaler Aspekte bei der Geschäftsprozessmodellierung an.[19] Die mit diesen Methoden entwickelten Modelle von Organisationen sind damit nicht vollständig, da durch eine fehlende Dokumentation der Evolutionen von Prozessen nur der gegenwärtige Unternehmenszustand abgebildet werden kann. Für die Zukunft geplante Prozesse bzw. Änderungen von diesen können zwar dokumentiert werden, jedoch entstehen durch die fehlende Berücksichtigung ihrer zeitlichen Bindung Inkonsistenzen zwischen dem Geschäftsprozessmodell (welches die geplanten Geschäftsprozesse bereits enthält) und dem Workflowmodell, in welchem die tatsächlich ausführbaren Prozesse dokumentiert sind.

---

[14] Herbst / Knolmayer (1995), S. 150; vgl. auch Ross (1994), S. 11.

[15] Vgl. Herbst / Knolmayer (1995), S. 149.

[16] Vgl. Sheth (1995), S. 469.

[17] Vgl. dazu Georgakopoulos et al. (1994); Jablonski (1995); Jablonski / Bussler (1996); Jablonski et al. (1997); Reinwald (1993); Vossen / Becker (1996).

[18] Vgl. DIN (1996), S. 1.

[19] Vgl. Jasper / Zukunft (1996), S. 109 f.

Darüber hinaus ist durch das Fehlen von Vorgabezeiten für die geplante Ausführungsdauer eines Prozesses eine zeitliche Planung und Steuerung von Geschäftsprozessen bzw. deren ausführbaren Workflows erschwert. Zeitliche Restriktionen bei der Durchführung von Prozessen können ebenfalls nur schwer modelliert werden.

Obwohl bei der Abwicklung von Geschäften in Unternehmen und deren Modellierung durch Geschäftsprozesse das Phänomen Zeit eine wichtige Rolle spielt,[20] steht die logische Ablaufstruktur im Vordergrund der Prozessmodellierung; die zeitlichen Abhängigkeiten zwischen den auszuführenden Aktivitäten bzw. den (Teil-) Prozessen finden hingegen bei der Prozessmodellierung kaum Berücksichtigung. Soll beispielsweise eine zeitliche Planbarkeit von Geschäftsprozessen unterstützt werden, dann ist neben der zeitlichen Lage des Planungsobjekts auch dessen zeitliche Strukturierung von zentraler Bedeutung. Die zeitliche Lage des Planungsgegenstands beschreibt die Lage des Zeitintervalls, für welches zu planen ist. Sie wird hauptsächlich durch die Bestimmungsgrößen Startzeitwert, Planungshorizont und Reaktionszeit ausgedrückt. Die zeitliche Strukturierung des Planungsgegenstandes führt hingegen sukzessiv zu einem zeitlich immer detaillierteren Planungsmodell.[21]

Informationssysteme sind Modelle, mit denen Organisationen abgebildet werden können. Dabei ist die Fähigkeit, die temporalen Dimensionen von Organisationen zu modellieren und auf Veränderungen der realen Welt (möglicherweise innerhalb bestehender Zeitvorgaben) reagieren zu können, eine wesentliche Herausforderung von Computersystemen.[22] Die Darstellung von Zeit sowie die Abbildung von Veränderungen der Realität stellt jedoch ein komplexes Problem für Informationssysteme dar. Von ihm sind auch Datenbanken und Workflow Systeme betroffen.[23]

---

[20] Vgl. dazu Fischer (1997); Jasper et al. (1996); Kradolfer / Geppert (1998).

[21] Schneeweiß (1989), S. 7 f.

[22] Vgl. Özsoyoglu / Snodgrass (1995), S. 513.

[23] Vgl. Allen (1991), S. 341.

Mittels konventioneller Datenbanken kann ein statisches Modell von Unternehmen abgebildet werden. Dieses Modell repräsentiert den Zustand einer Organisation zu einem bestimmten Zeitpunkt. Durch die Veränderung des Zustands der Organisation werden die Inhalte von Datenbanken modifiziert, indem neue Informationen hinzugefügt oder bestehende Informationen geändert bzw. gelöscht werden. Diese Modifikationen des Datenbestands dokumentieren die Veränderung des Zustands der Unternehmung. Die veralteten Daten werden von der Datenbank gelöscht. Der aktuelle Inhalt der Datenbanken kann somit als „Schnappschuss" der Organisationen betrachtet werden.[24] Selbst wenn die veralteten Daten außerhalb der Organisations-Datenbanken aufbewahrt werden (z. B. auf Mikrofilmen oder CD-ROM), findet eine uneinheitliche Behandlung vergangener, gegenwärtiger und zukünftiger Daten statt.[25]

Die Konzepte einer temporalen Datenmodellierung gehen über diese Schnappschuss-Betrachtung hinaus. Ihr Ziel ist eine vollständige Abbildung und Auswertung zeitlicher Zusammenhänge. Temporale Datenbanken bilden deshalb Unternehmen nicht nur statisch ab, sondern durch die Dokumentation ihrer evolutionären Entwicklung wird ein komperativ-statisches Modell der Organisation geliefert. Durch die konzeptionell integrierte Abbildung vergangener, gegenwärtiger und zukünftiger Daten liefern temporale Datenbanken ein umfassendes Modell einer Organisation.

Das Ziel temporaler Datenhaltung wird erreicht, indem nicht nur die Daten selbst, sondern auch die Zeiten ihrer Gültigkeit in der Diskurswelt dokumentiert und die bestehenden Daten nicht durch Modifikationen physisch überschrieben oder gelöscht werden. Dadurch sollen einmal in einer Datenbank erfasste Daten auch dann rekonstruierbar bzw. abfragbar erhalten bleiben, wenn sie in der Datenbank nicht mehr aktuell sind.[26] Temporale Datenbanken zeichnen sich somit dadurch aus, dass ein physikalisches Löschen und Überschreiben von Daten unzulässig ist; statt dessen führen Datenmodifikations-Operationen zum Einfügen neuer Datensätze. Die

---

[24] Vgl. Özsoyoglu / Snodgrass (1995), S. 513.

[25] Vgl. Knolmayer (1989), S. 81.

[26] Vgl. Hoheisel / Pfahrer (1999), S. 573 f.

Daten werden informationserhaltend gespeichert und dokumentieren somit die Evolution der abgebildeten Objekte.[27]

Zur Umsetzung der Ziele temporaler Datenhaltung werden bei der temporalen Datenmodellierung Fakten mit einer Zeitbindung verknüpft. Diese Zeitbindung wird durch Zeitstempel realisiert, die eine Zeitangabe darstellen. Durch Repräsentation verschiedener Zeitdimensionen durch Zeitstempel kann die Evolution von Objekten in der Diskurswelt sowie ihre Aktualität in der Datenbank dokumentiert werden.[28]

Im Bereich temporaler Datenmodellierung wurden in den vergangenen 25 Jahren weit mehr als 1.000 Forschungsbeiträge veröffentlicht.[30] Die bislang vorgeschlagenen Konzepte im Bereich von temporalen Datenbanken beschäftigen sich zum großen Teil mit Problemen bei der Modellierung, Darstellung und Abfrage zeitvariabler Informationen innerhalb einer Datenbank. Diese Konzepte liefern anwendungsunabhängige Lösungsansätze dieses Problemes. Der derzeitige Forschungsschwerpunkt liegt auf der Einbeziehung der Dimension Zeit in das relationale Modell und in deren Algebra.[31]

Die Konzepte der temporalen Datenmodellierung liefern eine konzeptionelle Integration temporaler Aspekte bei der Modellierung von Daten; diese konzeptionelle Integration ist bei den Methoden der Geschäftsprozessmodellierung nicht vorhanden. In der vorliegenden Arbeit wird untersucht, inwieweit die wesentlichen Konzepte einer temporalen Datenmodellierung auf die Modellierung von Geschäftsprozessen übertragen werden können und welche Möglichkeiten und Grenzen bei der

---

[27] Hoheisel / Pfahrer (1999), S. 573 f.

[28] Vgl. Jensen et al. (1994b), S. 53.

[29] Vgl. Myrach (1997b), S. 36.

[30] Für einen Überblick vgl. McKenzie (1986); Stam / Snodgrass (1988); Snodgrass (1990); Soo (1991); Kline (1993); Tansel et al. (1993); Al-Taha et al. (1993); Snodgrass (1995a); Lorentzos / Mitsopoulos (1997) sowie die Literaturdokumentation unter ftp.cs.arizona.edu.

[31] Vgl. Pagnucco (1997).

[32] Vgl. Sheth (1995), S. 469.

[33] Vgl. DIN (1996), S. 1.

Integration zeitlicher Aspekte in eine temporal erweiterte Geschäftsprozessmodellierung bestehen.

Bevor jedoch eine Übertragbarkeit der wesentlichen Konzepte temporaler Datenmodellierung auf die Geschäftsprozessmodellierung untersucht werden kann, muss das zugrunde liegende Zeitmodell definiert werden. Hinter dem umgangssprachlich verwendeten Begriff „Zeit" verbergen sich unterschiedliche Konzepte, welche meist in verschiedenen Zeitbegriffen zum Ausdruck gebracht werden. Darüber hinaus gibt es verschiedene Uhren und Kalender, welche z. B. in unterschiedlichen Regionen, Epochen oder Organisationen zur Anwendung kommen. Kapitel 2 gibt einen Überblick über jene Zeitbegriffe, welche eine sozio-ökonomische Relevanz haben und dokumentiert, welcher Zeitbegriff sowie welche Kalender und Uhren in dieser Arbeit zugrunde gelegt werden.

Selbst wenn ein identischer Zeitbegriff verwendet wird und die zugrunde liegenden Uhren und Kalender definiert sind, kann es bei der Interpretation von Zeitwerten durch Benutzer und/oder durch Informationssysteme Unterschiede geben. In Kapitel 3 wird dargelegt, welche Anforderungen erfüllt werden müssen, damit die in betrieblichen Informationssystemen dokumentierten Zeitwerte korrekt interpretiert werden können.

Als Vorbereitung der Untersuchung einer temporalen Geschäftsprozessmodellierung dienen die Ausführungen in Kapitel 4. Dort werden die Grundlagen einer temporalen Datenmodellierung beschrieben. Das relationale Modell[34] hat sich in den letzten 25 Jahren weit verbreitet und ist ein de-facto-Standard für die meisten Datenbankmanagement-Systeme.[35] Da auch die meisten Konzepte temporaler Datenmodellierung Erweiterungen des relationalen Modells sind, beschränken sich die Darstellungen auf das Relationenmodell. Den Schwerpunkt dieses Kapitels bildet zum einen das Zeitstempelkonzept, welches das Basiskonzept der temporalen Datenmodellierung ist (Abschnitt 4.1) und zum anderen die temporale Datenbank-

[34] Vgl. Codd (1970).

[35] Dey (1995), S. 1.

sprache TSQL2 und das ihr zugrunde liegende Bitemporal Conceptual Data Model (Abschnitt 4.2).

Ein Bezug zwischen temporalen Datenbanken und WFMS wird bereits von Jasper / Zukunft[36] hergestellt, indem sie vorschlagen, für die Speicherung der während einer Workflow-Ausführung anfallenden zeitbezogenen Daten generell die Funktionalität von temporalen Datenbanken mit einem aurf TSQL2 basierenden Datenmodell zu nutzen. Während dieser Vorschlag auf die Ausführung von Workflows gerichtet ist, wird in Kapitel 5 die Übertragbarkeit der in Kapitel 4 dargestellten temporalen Konzepte auf die Geschäftsprozessmodellierung untersucht. Die betrachtete Modellierungsmethode ist ein auf Geschäftsregeln basierender Ansatz. Dabei genügt es nicht, die zeitlichen Abhängigkeiten von Geschäftsprozessen zu untersuchen, sondern es müssen die einzelnen prozessrelevanten Geschäftsregeln und deren Komponenten mit berücksichtigt werden. Im Rahmen dieser Untersuchung wird der auf Geschäftsregeln basierende Modellierungsansatz um Konstrukte erweitert, die eine temporale Modellierung von Geschäftsprozessen unterstützen. Diese Erweiterungen haben Einfluss auf verschiedene Architekturkomponenten des Ansatzes.

In Abschnitt 5.2 wird die Modellierungskomponente betrachtet. Hier werden zunächst die Geschäftsregeln und deren Komponenten beschrieben sowie eine temporale Erweiterung der Regelkomponenten untersucht (Abschnitt 5.2.1). In Abschnitt 5.2.2 folgt eine Darstellung der Auswirkungen dieser temporalen Erweiterung auf die Prozessmodellierung.

In Abschnitt 5.3 werden zwei Repository-Komponenten der Modell-Architektur auf ihre temporale Erweiterbarkeit untersucht. Zunächst wird das Regel-Repository betrachtet (Abschnitt 5.3.1), in dem die modellierten Geschäftsregeln und -prozesse dokumentiert sind; in Abschnitt 5.3.2 wird das Transaktions-Repository erörtert, in dem die ausführbaren Workflows abgelegt sind. Entsprechend dem Vorschlag von Jasper / Zukunft werden beide Repositories um temporale Konstrukte auf der Basis des TSQL2 zugrunde liegenden Datenmodells erweitert.

---

[36] Vgl. Jasper / Zukunft (1996), S. 113.

Kapitel 6 enthält einen zusammenfassenden Überblick zu den Ergebnissen der Arbeit und gibt einen Ausblick auf weitere Forschungsmöglichkeiten in diesem Themenbereich.

2 Zeit, Uhren und Kalender

2.1 Zeitbegriffe

Der Begriff „Zeit“ wird in vielerlei Zusammenhang verwendet, wobei verschiedene Phänomene mit diesem Begriff verbunden werden; identische Zeitphänomene werden zudem mit unterschiedlichen Begriffen beschrieben. Damit die Berücksichtigung der Zeit in betrieblichen Informationssystemen analysiert werden kann, ist eine Klärung der Begriffe und der durch sie beschriebenen Phänomene erforderlich. Dazu werden die wichtigsten Zeitphänomene in Bezug auf sozio-ökonomische Sachverhalte beschrieben und den betreffenden Phänomenen zugeordnet.

2.1.1 Mechanische, historische und natürliche Zeit

Die historische (chronologische) Zeit ist eine eindimensionale ordinale Variable, welche in bekannten chronologischen Daten verankert ist. Diese Zeit ist mit kosmologischen oder menschheitsgeschichtlichen Gegebenheiten verbunden, wie z. B. der Einführung des Euro oder dem Beginn des Zweiten Weltkriegs. Diese Zeit ist keine Grundvariable. Mit ihr kann nur die Reihenfolge von historischen Ereignissen gemessen werden, jedoch nicht die genaue Distanz zwischen ihnen. [37] Die historische Zeit sagt beispielsweise aus, dass der Beginn des Zweiten Weltkriegs historisch vor der Einführung des Euro liegt; sie sagt jedoch nicht aus, wieviele Zeiteinheiten sich zwischen diesen beiden Ereignissen befinden.

Die Distanz zwischen zwei Ereignissen kann grundsätzlich durch ein Zeitphänomen gemessen werden, das als mechanisch bezeichnet wird.[38] Diese mechanische Zeit liefert eine einheitliche Synchronisation der historischen Zeit. Beispiele dieses Phänomens sind die Uhrzeit und verschiedene Kalender.[39] Die mechanische Zeit wird auch als lineare, physische oder logische Zeit bezeichnet.[40] Ihre Messung

---

[37] Vgl. Georgescu-Roegen (1988), S. 42.

[38] Vgl. Georgescu-Roegen (1988), S. 42.

[39] Vgl. Georgescu-Roegen (1988), S. 42.

[40] Vgl. Kern (1992), S. 44.

basiert i. d. R. auf physikalischen Prozessen, wie dem Kreisen der Erde um die Sonne, der Bewegung des Mondes um die Erde oder der Schwingung von Cäsium 133-Atomen. Diese Prozesse wurden von den Menschen entdeckt und für die Zeitmessung nutzbar gemacht.

Im Gegensatz dazu steht die natürliche Zeit. Sie orientiert sich z. B. an Hell-Dunkel-Phasen, Klimaphasen oder Vegetationszeiten. Diese Zeitphasen sind von unterschiedlicher Länge und orientieren sich an natürlichen Gegebenheiten.[41] Die natürliche Zeit - als vom Menschen gänzlich unbeeinflussbares Phänomen - steht im Kontrast zur - vom Menschen synchronisierten - mechanischen Zeit.

2.1.2 Psychologische und soziale Zeit

Der psychologische Zeitbegriff bezieht sich auf das Zeitempfinden von Menschen. Dieses verändert sich situationsbedingt (beispielsweise empfinden die Menschen das Voranschreiten der Zeit bei Krankheit oft als langsamer im Vergleich zu Lebenssituationen, in denen sie gesund sind) oder lebensabschnittsbedingt (beispielsweise verändert sich das Zeitempfinden beim Menschen mit zunehmendem Alter, indem das Fortschreiten der Zeit als schneller empfunden wird).[42] Dieses Zeitphänomen kann nicht gemessen werden und es ist zwischen Individuen verschieden.

Die soziale Zeit ist ebenfalls ein qualitativ heterogenes Zeitphänomen. Durch die soziale Zeit lassen sich die Lebensrhythmen von Individuen oder Gemeinschaften beschreiben. Beispiele für den Rhythmus der sozialen Zeit sind Ferientage oder Markttage.[43] Zudem ist die soziale Zeit abhängig von der kulturellen und ökonomischen Entwicklung einer Gesellschaft und drückt sich in verschiedenen Zeitmodellen der sozialen und ökonomischen Organisation und in unterschiedlichen Lebensrhythmen aus.[44] Die soziale Zeit ist somit keine physikalische oder philo-

[41] Vgl. Kern (1992), S. 44.

[42] Vgl. Kern (1992), S. 44.

[43] Vgl. Nowotny (1992), S. 482.

[44] Vgl. Niesson (1988), S. 66; NN (1998a); NN (1998b); NN (1998c).

sophische Kategorie. Ihre Heterogenität drückt sich u. a. dadurch aus, dass jede Region ihre eigene soziale Modalität von Zeit aufweisen kann, die durch den sozialen Rhythmus von Arbeit und Leben bestimmt ist.[45] So grenzt sich z. B. das soziale Zeitbewusstsein innerhalb industrialisierter Marktwirtschaften gegen jenes vorindustrieller agrarisch strukturierter Wirtschaftssysteme ab.[46] Während sich das soziale Zeitempfinden in agrarisch-vorindustriellen Gesellschaften stark an den natürlichen Zeitrhythmen orientiert, nähert sich das Zeitempfinden in hochindustrialisierten Marktwirtschaften recht ausgeprägt der mechanischen Zeit an.[47]

2.1.3 In dieser Arbeit verwendeter Zeitbegriff

Da die mechanische Zeit wegen ihrer logisch mathematischen Grundlage und ihrer Unabhängigkeit von individuellen oder gesellschaftlichen Empfindungen das Phänomen Zeit auf einer allgemeinen objektiven Ebene beschreibt und somit die Möglichkeit der Synchronisation unterschiedlicher sozialer Zeiten bietet, wird bei der Betrachtung von Zeitphänomenen in betrieblichen Anwendungen die mechanische Zeit als Basis des Zeitkonzepts zugrunde gelegt. Ihre logisch mathematische Ausrichtung führt zu einer Vereinfachung der Darstellung von Zeit und bietet zudem die Möglichkeit, auch mathematische Operationen mit bzw. auf temporalen Daten auszuführen. Wird im Verlauf der vorliegenden Arbeit der Begriff „Zeit" verwendet, so ist die mechanische Zeit gemeint. Die anderen beschriebenen Zeitphänomene bleiben unberücksichtigt.

2.2 Uhren und Kalender

Das kontinuierlich fortlaufende Phänomen Zeit, dessen Ursprung und Ende nur schwer (wenn überhaupt) bestimmbar ist, wurde mit Hilfe von Uhren und Kalendern für die Menschen erfassbar und messbar gemacht. Mit Uhren und Kalendern wird jedoch nicht die Zeit als solche gemessen, sondern nur der mit einer Methode

---

[45] Vgl. Altvater (1987), S. 44.

[46] Vgl. Niesson (1988), S. 67.

[47] Vgl. Dohrn-van Rossum (1992), S. 12 sowie S. 18 ff.

gekoppelte physische Prozess, der durch Uhren darstellbar ist.[48] Basiert beispielsweise, wie bei der koordinierten Weltzeit (UTC), die Definition von Sekunden auf dem mittleren Sonnentag auf der Erde, so ist in der Vergangenheit die Zeit vor Entstehung der Erde nicht bestimmt.[49]

Uhren und Kalender beschreiben zwar das gleiche Phänomen, basieren aber auf unterschiedlichen physikalischen Prozessen und stellen somit unterschiedliche Aggregationsstufen dar. Während Uhren auf Grundlage der Erdrotation definiert und davon die Messung des Tagesverlaufs und seine Einheiten (z. B. Sekunden, Minuten und Stunden) abgeleitet werden, basieren Kalender auf der Bewegung der Erde um die Sonne[50] und leiten daraus den Verlauf des Jahres ab.[51]

Durch die zwölf Sternzeichen, die Einteilung des Jahres in zwölf Monate, die zwölf Mondwechsel innerhalb eines Jahres und die Einteilung des Tages in zweimal zwölf Stunden scheint die Zahl '12' von der Natur vorgegeben zu sein. Werden jedoch die verschiedenen Längen der Monate und die Existenz des Schaltjahres beachtet, so wird deutlich, dass die Zahl '12' eine vom Menschen gewählte Idealgröße ist. Der Mond benötigt für eine Phase zwischen zwei Vollmonden durchschnittlich 29 Tage, 12 Stunden, 44 Minuten und 2,97 Sekunden. Das sind etwa 12,34 Mondphasen im Jahr. Die Uhrzeit und die Kalendersystematiken sind somit keine in der Natur enthaltene oder vorgegebene Systeme. Deren Elemente (der Tag ausgenommen) sind historisch gewachsene, vom Menschen erdachte Festsetzungen.[52]

Kalender und Uhren sind somit menschliche Abstraktionen der physikalischen Zeitlinie. Sie definieren die Zeitwerte, welche für den Benutzer von Interesse sind. Die Repräsentation erfolgt üblicherweise über ein spezielles Segment der physikalischen Zeitlinie. Ein im westlichen Kulturkreis weithin gebräuchlicher Kalender ist der

---

48 Vgl. Dyreson / Snodgrass (1995c), S. 78.

49 Vgl. Dyreson / Snodgrass (1995c), S. 77 f.

50 Diese Ausführungen beziehen sich auf den westlichen Kulturkreis.

51 Vgl. NN (1998d).

52 Vgl. Jenzen (1989a), S. 31.

Gregorianische Kalender. Er basiert auf der Rotation der Erde um ihre eigene Achse und auf ihrer Umkreisung der Sonne.[53]

2.2.1 Uhren

Zur Messung eines Tages existieren unterschiedliche Methoden, wenngleich sich alle Definitionen eines Tages auf die Erdrotation beziehen.[54] Ein sichtbarer Sonnentag ist beispielsweise eine Möglichkeit der Definition von Tagen durch die Erdrotation in Bezug auf die Sonne. Die aus der Antike stammende Tageseinteilung entspricht der sinnlichen Wahrnehmung der Tageszeit. Die Zeitspanne zwischen Sonnenauf- und Sonnenuntergang sowie die Nachtzeit wurden in je zwölf Stunden unterteilt. Da die Länge von Tag und Nacht jedoch nur am 21. März und am 23. September (nach Gregorianischem Kalender) gleich lang sind, waren auch die Stunden in diesem Zeitsystem als Tages- und Nachtzwölftel in ihrer Länge von der Jahreszeit abhängig.[55] Die Veränderung der Dauer eines Sonnentages kann darüber hinaus durch meteorologische Einflüsse ausgelöst werden. Mit der Erfindung der Räderuhr[56] ca. Ende des 13. Jahrhunderts[57] setzte eine langsame Entwicklung zur Einteilung der Tages- und Nachtstunden von gleicher Länge ein.[58]

Durch die Methodik eines mittleren Sonnentags (Messung in Bezug auf eine imaginäre Sonne, die mittlere Sonne genannt wird) oder durch die Messung der Erdrotation in Bezug auf einen entfernten Stern kann die Variation der Tages- und Nachtlänge eingeschränkt werden. Bedingt durch verschiedene Faktoren, welche die Rate der Erdrotation betreffen, verändert sich mit der Zeit auch die auf diese Art definierte Tageslänge. Beispielsweise beschreibt ein Sonnentag die Zeitdauer zwischen zwei Meridiandurchgängen der Sonne. Basis dieser Zeitmessung ist dementsprechend die Drehung der Erde um sich selbst. Da sich die Erde jedoch

---

53 Vgl. Snodgrass / Soo (1995), S. 105.

54 Vgl. Dyreson / Snodgrass (1995c), S. 79.

55 Vgl. Jenzen (1989b), S. 15.

56 Der Begriff Räderuhr ist seit dem 19. Jh. Gebräuchlich; vgi. dazu Jenzen (1989c), S. 11.

57 Vgl. Jenzen (1989c), S. 13 f.

58 Vgl. Jenzen (1989a), S. 31.

auch um die Sonne dreht, dauert eine vollständige Erddrehung bezüglich der Sonne länger als eine vollständige Drehung bezüglich der Sterne. Ein „wahrer Sonnentag" ist ca. 4 Minuten länger als ein Sterntag. Darüber hinaus beeinflussen jahreszeitlich bedingt unterschiedlich lange Sonnentage die Zeitmessung. Um diese Abweichungen auszugleichen, wurde beispielsweise die Sekunde ab 1956 aus der Bahnbewegung der Erde um die Sonne abgeleitet (Ephemeridensekunde). Im Gegensatz zu der Zeit vor 1956, in der die Sekunde in Bezug auf den mittleren Sonnentag definiert wurde, basierte die Ephemeridenzeit auf dem tropischen Jahr 1900 n. Chr. Durch das Korrigieren verschiedener Abweichungsfaktoren entstanden daraus die Weltzeiten UT, UT0, UT1, UT2 und UTC.[59]

Am 1972-01-01 wurde die Internationale Atomzeitskala (TAI) in die koordinierte Weltzeit (UTC) einbezogen. Sie stellt eine Atomzeitskala dar, da ihr Skalenmaß (SI-Sekunde) auf Basis einer atomaren Schwingung im Caesium 133 definiert ist. Sie wird mit Atomuhren realisiert und ist eine außergewöhnlich genaue Messmethode.[60] Damit wurde eine Abkehr von der astronomischen hin zu einer atomphysikalischen Definition der Sekunde vollzogen. Die Differenz zwischen UTC und UT1 darf nie größer als 0,9 Sekunden sein. Bei größeren Abweichungen werden Schaltsekunden eingefügt. Seit der Einführung dieses Zeitmess-Systems 1972 sind bereits 30 Schaltsekunden hinzugefügt worden (es werden ca. 2 Schaltsekunden in drei Jahren eingefügt)[61]. Die koordinierte Weltzeit bietet heute eine einheitliche Grundlage für die Zeitbestimmung im täglichen Leben.[62]

---

[59] Vgl. Dyreson / Snodgrass (1995c), S. 79; Hausfeld (1997a); Physikalisch-Technische Bundesanstalt (1998a); Physikalisch-Technische Bundesanstalt (1998b).

[60] Vgl. Petley (1991), S. 1070.

[61] Die letzte Schaltsekunde wurde am 1999-01-01 um 1:00 Uhr eingefügt; vgl. Physikalisch-Technische Bundesanstalt (1998c).

[62] Vgl. Dyreson / Snodgrass (1995c), S. 80; Hausfeld (1997a); Physikalisch-Technische Bundesanstalt (1998a); Physikalisch-Technische Bundesanstalt (1998b); Physikalisch-Technische Bundesanstalt (1998c).

2.2.2 Kalender

Ein Kalender liefert eine menschliche Interpretation der Zeit. Als solche schreiben Kalender temporalen Werten dort eine Bedeutung zu, wo diese Bedeutung oder Interpretation für den Benutzer relevant ist. Allgemein ausgedrückt, stellen Kalender ein Interpretationsmuster zwischen den menschlich sinnvollen Zeitwerten und einer zugrunde liegenden Zeitlinie fest.[63]

Kalender sind meist zyklisch gestaltet. Sie ermöglichen dadurch eine leicht verständliche und übersichtliche Ausdrucksweise der menschlich sinnvollen Zeitwerte. Beispielsweise kann ein Datum im Gregorianischen Kalender in der Form <Jahr-Monat-Tag> dargestellt werden, wobei sich die Felder Monat und Tag zyklisch im Zeitablauf wiederholen, während das Feld Jahr im Zeitablauf fortschreitet.[64]

In der westlichen Welt wird die Definition eines Jahres vom Umlauf der Erde um die Sonne abgeleitet (Sonnenjahr). Es gibt verschiedene Möglichkeiten, den Beginn und das Ende des Umlaufs festzulegen. Daraus resultieren unterschiedliche Arten von Sonnenjahren.[65] Beispiele für verschiedene Definitionen eines Jahres gibt u. a. Hausfeld[66].

Ähnlich der Geschichte von Uhren gibt es auch Unterschiede bei der Definition von Kalendern. Einige der wichtigsten Kalender der Geschichte sind die des antiken Babylon, des antiken Ägypten, des antiken Griechenland, der Römische, der Julianische sowie der Gregorianische Kalender.[67]

Der heute in der westlichen Welt gebräuchlichste Kalender ist der Gregorianische Kalender. Dieser wurde von Papst Gregor XIII. durch die Reform des Julianischen Kalenders im Jahre 1582 eingeführt. Mit diesem Kalender wurde u. a. die Regel etabliert, dass jedes Jahr, welches durch vier teilbar ist, als Schaltjahr um einen Tag

---

[63] Vgl. NN (1995a).

[64] Vgl. NN (1995a).

[65] Vgl. Hausfeld (1997b); NN (1998d).

[66] Vgl. Hausfeld (1997b).

[67] Ausführlichere Darstellungen dieser Kalender finden sich z. B. bei NN (1998d); Hausfeld (1997b).

verlängert wird. Ist eine Jahreszahl jedoch durch 100 teilbar, dann ist dieses Jahr kein Schaltjahr, außer die Jahreszahl ist ebenfalls durch 400 teilbar. Solche Jahre sind wiederum Schaltjahre.[68] Aus diesem Grund ist beispielsweise das Jahr 2000 ein Schaltjahr. Damit der Gregorianische Kalender in Einklang mit den Jahreszeiten kommt, wurde das Jahr seiner Einführung um 10 Tage gekürzt.

2.2.3 In dieser Arbeit verwendete Uhren und Kalender

Durch die unterschiedlichen Methoden der Zeitmessung ist die Benennung eines Zeitwerts allein nicht aussagekräftig, wenn nicht bekannt ist, auf welche Berechnungsgrundlage der Zeit sich diese Angaben beziehen. Zum einen liegt das an der historischen Weiterentwicklung von Uhren und Kalendern, zum anderen aber auch an regional unterschiedlich genutzten Uhren- und Kalenderdefinitionen. Beispielsweise wurden der Ägyptische und der Julianische Kalender einige Jahrhunderte parallel genutzt und erst langsam einander angenähert. Auch der Gregorianische Kalender wurde von Ländern außerhalb des römisch-katholischen Glaubens z. T. nur sehr zögerlich eingeführt. Die Türkei übernahm diesen Kalender z. B. erst am 1. Januar 1927.[69]

Diese parallele Nutzung von verschiedenen Kalendern bezieht sich jedoch keineswegs nur auf die in der Vergangenheit liegenden Epochen. Auch gegenwärtig werden auf der Erde parallel zum - im westlichen Kulturkreis üblichen - Gregorianischen Kalender weitere Kalender genutzt. Beispiele dafür sind der Chinesische, der Jüdische und der Islamische Kalender. Darüber hinaus werden neben diesen „globalen" Kalendern auch spezielle Kalender genutzt. Beispiele dafür sind Kalender von Unternehmen (sie umfassen oft nur die Werktage) und von Universitäten (sie orientieren sich beispielsweise an Semestern oder akademischen Jahren).

---

[68] Vgl. Zemanek (1984), S. 28 f.

[69] Vgl. Hausfeld (1997b); NN (1998d). Eine Übersicht, wann einzelne Länder den Gregorianischen Kalender eingeführt haben, gibt Zemanek (1984), S. 11. Einen Überblick, wann einzelne Regionen der Schweiz den Gregorianischen Kalender eingeführt haben, gibt Messerli (1995), S. 43 ff.

Selbst wenn die koordinierte Weltzeit und der Gregorianische Kalender als globale Methoden der Zeitinterpretation genutzt werden, dann wird z. B. durch regional unterschiedliche Feiertagsregelungen oder durch eine unterschiedliche Handhabung von Sommerzeiten[70] eine korrekte Interpretation von Zeitwerten erschwert. Darüber hinaus ist ohne einen regionalen Bezug von Zeitangaben nicht zu erkennen, auf welche Zeitzone sich diese Zeitwerte beziehen. Eine eindeutige Interpretation der Werte ist somit nicht möglich.

Werden in dieser Arbeit bei der Darstellung von Zeitwerten keine expliziten Angaben über zugrunde liegende Messmethoden gemacht, dann basieren die Datumswerte auf dem Gregorianischen Kalender und die Uhrzeitwerte auf der koordinierten Weltzeit (UTC). Darüber hinaus beziehen sich die Zeitangaben auf die Mitteleuropäische Zeit (MEZ). Werden Zeitwerte verwendet, die auf einer anderen Messmethode basieren, dann werden diese Methoden explizit benannt.

[70] Siehe dazu z. B. Physikalisch-Technische Bundesanstalt (1998d).

3 Anforderungen an eine korrekte Interpretation von Zeitwerten in betrieblichen Informationssystemen

3.1 Basisuhr und Kalendersysteme

Werden in betrieblichen Informationssystemen Zeitwerte eingesetzt, so müssen auch diese auf einem Kalender bzw. auf einer Uhr basieren, damit sie interpretiert werden können. Da Computersysteme in verschiedenen Fachrichtungen eingesetzt werden und dort Daten gehalten und verarbeitet werden, die beispielsweise weit in die Vergangenheit reichen, können diese Daten außerhalb des Gregorianischen Kalenders entstanden sein. Werden beispielsweise in einer historischen Anwendung Fakten aus der Antike verwaltet, so basieren diese möglicherweise auf dem Ägyptischen oder einem anderen Kalender der Antike. Damit umfassende Zeitwerte, die auf verschiedenen Kalendern bzw. Uhren basieren, in Computersystemen dargestellt werden können, wurden die Konzepte Basisuhr und Kalendersystem eingeführt.[71] In der Basisuhr sind unterschiedliche Uhren, in einem Kalendersystem sind verschiedene Kalender in einem System zusammengefasst.

3.1.1 Basisuhr

Eine Basisuhr ist eine abstrakte Uhr; sie unterteilt die physikalische Zeitlinie in eine Menge aneinandergrenzender Perioden. Jede Periode basiert auf einer anderen Methode zur Definition der Uhr. Die Periodengrenzen, also die Übergänge in unterschiedliche Messmethoden, werden durch Synchronisationspunkte markiert. An diesen Punkten erfolgt eine Synchronisation der Zustände von zwei unterschiedlichen Uhren, d. h. es wird ein Zeitpunkt definiert, der für beide Uhren identisch ist. Vor bzw. nach den Synchronisationspunkten besteht keine Korrelation zwischen den Zuständen dieser beiden Uhren.[72]

---

[71] Vgl. Snodgrass / Soo (1995), S. 106.

[72] Vgl. Dyreson / Snodgrass (1995c), S. 78 ff.

Ein Beispiel für eine Basisuhr ist die dem Datenmodell von TSQL2 (Abschnitt 4.2) als Methode der Zeitdefinition zugrunde liegende Uhr (baseline clock bzw. timeline clock[73]). Abbildung 1 zeigt Ausschnitte dieser Basisuhr und stellt die Epochen dieses Ausschnitts dar. Die Basisuhr und ihre Repräsentation ist unabhängig von irgendeinem Kalender. Der Gregorianische Kalender wird lediglich aus Gründen der Vereinfachung zugrunde gelegt.[74]

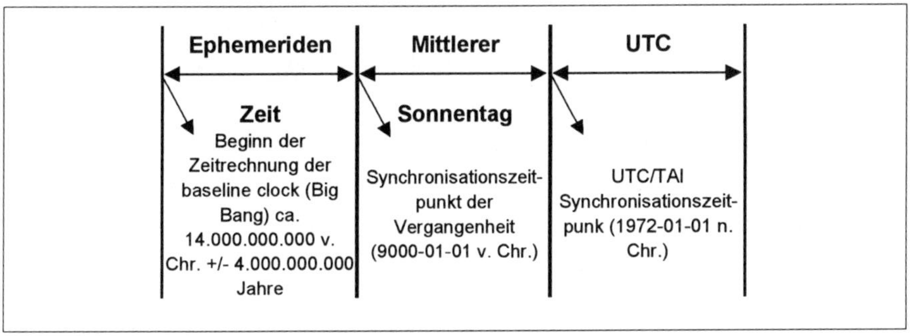

Abbildung 1: Die Basisuhr[75]

3.1.2 Kalendersysteme

Ein Kalendersystem definiert eine Menge von Zeitwerten, die durch unterschiedliche Kalender bestimmt sind; es ist eine Sammlung verschiedener Kalender, wobei jeder Kalender über eine bestimmte Zeitepoche definiert ist. Ein Kalendersystem kann Lücken in seiner Zeitlinie haben, die durch keinen Kalender überdeckt sind; Überlappungen verschiedener Kalender innerhalb eines Systems sind jedoch nicht vorgesehen.[76]

---

[73] Vgl. dazu Dyreson / Snodgrass (1995c); NN (1995b).

[74] Vgl. Dyreson / Snodgrass (1995c), S. 87.

[75] Dyreson / Snodgrass (1995c), S. 87.

[76] Vgl. Snodgrass / Soo (1995), S. 106.

3.1.3 Probleme von Basisuhren und Kalendersystemen

Ein Problem von Basisuhren und Kalendersystemen (vor allem wenn sie historische Epochen abdecken) liegt darin, dass auch Epochen abgebildet werden, während denen es noch keine Zeitrechnung gab. Werden aus heutiger Sicht Fakten mit Zeitbindungen versehen, die vor Beginn der Zeitrechnung gültig waren, so findet eine Zuweisung nach heutigen Erkenntnissen der Zeitmessung statt. Diese Zeitwerte sind jedoch nicht identisch mit den Abschnitten der Basisuhr bzw. des Kalendersystems, die diesen Epochen zugrunde gelegt werden. So sind diese Zeitangaben nur schwer oder gar nicht auf die Basisuhr bzw. das Kalendersystem anwendbar.

Auch die Parallelität von Methoden der Zeitmessung innerhalb einer Epoche stellt sich problematisch dar. Die in einem mittelalterlichen Dokument festgehaltene Zeitangabe „während der siebten Stunde" kann sich auf zwei parallel angewendete Uhrzeiten beziehen; während in den Klöstern teilweise noch mit unterschiedlich langen Stunden gearbeitet wurde, waren außerhalb der Klöster die Stunden bereits synchronisiert.[77]

Ein weiteres Problem für die Nutzung einer Basisuhr liegt darin, dass beispielsweise in Europa regionale Unterschiede der Zeitmessung in der Vergangenheit nicht ungewöhnlich waren. So mussten noch im 19. Jahrhundert die Eisenbahnbediensteten und die Fahrgäste mit zweierlei Zeiten arbeiten, da sich die Eisenbahn-Uhren in der Regel nach der Ortszeit des Hauptsitzes der Eisenbahngesellschaft oder der jeweiligen Landeshauptstadt richteten. Deshalb unterschieden sich oft die Eisenbahnzeiten von den Ortszeiten der angefahrenen Bahnhöfe. Die Eisenbahnzeit war maßgebend für den Betrieb des Eisenbahnnetzes, während die jeweiligen Ortszeiten für den Verkehr mit den Reisenden relevant waren.[78]

Der Versuch, die unterschiedlichen Methoden sowie die regionalen Unterschiede der Zeitmessung innerhalb einer Basisuhr oder eines Kalendersystems zusammenzufassen, führt zu einer Zeitlinie, die eine große Zahl von Verzweigungen und

[77] Vgl. Dohrn-van Rossum (1992), S. 41 ff.

[78] Vgl. Merle (1989), S. 171 f.

parallel liegender Synchronisationspunkte enthält. Eine solche Basisuhr hat nur einen eingeschränkten Nutzen, da unterschiedliche Zeitpunkte nicht mehr einer Uhr eindeutig zugeordnet werden können. Werden solche Fakten zusammen mit ihren Zeitbindungen in Informationssystemen verwaltet, so ist eine eindeutige Interpretation der Zeitwerte auf der Grundlage einer Basisuhr bzw. eines Kalendersystems nicht möglich, es sei denn, das Informationssystem bildet die einzelnen Varianten ab.

3.1.4 Relevanz von Basisuhren und Kalendersystemen für betriebliche Informationssysteme

Betriebliche Informationen betreffen (wird der Maßstab der gesamten Zeitlinie zugrunde gelegt) nur einen sehr kleinen Ausschnitt der Zeitlinie. Dieses Zeitfenster legt sich um das gegenwärtige Datum und bewegt sich mit der fortschreitenden Zeit mit. Informationen, die beispielsweise älter als 70 Jahre sind, haben bis auf Ausnahmen keine Relevanz für Unternehmen. Da in diesem Zeitrahmen eine unregelmäßige Anpassung der Zeitmessung nur durch Schaltsekunden erfolgt und Zeitinformationen von solch geringer Granularität für betriebliche Informationen keine Rolle spielen, können betriebliche Informationssysteme solche Daten auf Basis der gegenwärtigen Methode der Zeitmessung ohne Informationsverlust verwalten. Eine betriebliche Anwendung sollte entsprechend auf nur einem einzigen definierten Kalender basieren. Ein Kalenderwechsel innerhalb einer Anwendung sollte vermieden werden, da sonst Interpretationsprobleme zeitlicher Daten auftreten können. Da betriebliche Informationssysteme mit Daten arbeiten, die nicht so weit in der Vergangenheit liegen und auch keine sehr feine Granularität der Zeitwerte besitzen, ist eine Verwaltung dieser Daten auf Basis eines einzigen Kalenders möglich und sinnvoll.

Aufgrund der zunehmenden Globalisierung der Wirtschaft ist es jedoch erforderlich, regionale Unterschiede innerhalb der Uhrzeit und von Kalendern zu berücksichtigen. Das bezieht sich einerseits auf die Berücksichtigung unterschiedlicher Zeitzonen in einem System. Andererseits müssen auch regionale Unterschiede in Kalendern beachtet werden. Diese Unterschiede bestehen auch bei der Benutzung von nur einem Kalender, da z. B. in verschiedenen Regionen andere Feiertagsregelungen bestehen oder in Regionen mit unterschiedlichen Religionskulturen auch Differenzen in den Wochenrhythmen vorliegen können.[79] Diesen Strukturen sollten betriebliche Informationssysteme Rechnung tragen.

Betriebliche Informationssysteme sollten auch die Möglichkeit bieten, Kalender durch den Benutzer definieren zu können. Auf diese Weise wird es ermöglicht, die in Unternehmen benutzten Kalender ihren Anwendungen zugrunde zu legen. Jedoch kann auch hier ein Wechsel des Kalenders bzw. die parallele Definition mehrerer Kalender innerhalb einer Anwendung zu Interpretationsproblemen führen, wenn keine geeigneten Benutzerschnittstellen verfügbar sind.

3.2 Bestimmung eines Zeitkonzepts als Grundlage einer korrekten Interpretation von Zeitwerten

3.2.1 Darstellung der Zeitlinie

Damit in betrieblichen Informationssystemen das Phänomen Zeit zweckmäßig auf der Grundlage des mechanischen Zeitkonzepts dargestellt werden kann, muss das kontinuierlich fortschreitende Zeitphänomen diskretisiert und begrenzt werden.[80] Das Ergebnis ist eine Menge ZEIT, die aus linear geordneten, äquidistanten Zeitpunkten besteht. Der Zeitpunkt *now* stellt den gegenwärtigen Zeitpunkt dar, der sich mit der fortschreitenden Zeit entsprechend verändert. Würde die Menge ZEIT an die kontinuierlich fortlaufende reale Zeit angenähert, so müssten die Zeitpunkte isomorph zur Menge der reellen Zahlen dargestellt werden. Diese Form der Darstellung führt zu komplexen Strukturen, so dass sie für die Zeitrepräsentation bei betrieblichen Anwendungen wenig geeignet ist. Zur Verringerung der Komplexität und wegen der besseren Darstellbarkeit der Zeit in betrieblichen Informationssystemen wird diese Menge meist in Isomorphie zu den natürlichen Zahlen gesehen.[81]
Beginning und *forever* sind zwei spezielle Werte der Menge ZEIT. Sie definieren die kleinsten bzw. größten Werte in dieser Menge und stellen somit die Begrenzungs-

---

[79] Vgl. Tschirra (1995).

[80] Vgl. Tansel (1986), S. 344.

[81] Vgl. Clifford / Tansel (1985), S. 249; Gadia / Vaishnav (1985), S. 52; Lorentzos / Johnson (1988), S. 97; Snodgrass (1987), S. 251, Tansel (1990), S. 515.

punkte der gewählten Zeitlinie dar. *Beginning* und *forever* sind jedoch kein Bestandteil der Zeitlinie, sondern die Augenblicke gerade außerhalb der geschlossenen Zeitperiode und haben deshalb eine spezielle operationale Semantik.[82]

3.2.2 Zeitintervalle

Zeitintervalle sind Untermengen der Menge ZEIT. Sie setzen sich aus mehreren aufeinanderfolgenden Zeitpunkten der Menge ZEIT zusammen. Ein Zeitintervall wird durch ein geordnetes Paar von Zeitpunkten begrenzt, wobei der Wert des unteren Begrenzungspunktes (Startpunkt) kleiner sein muss als der des oberen Begrenzungspunktes (Endpunkt). Ein Zeitintervall ist also ein gerichteter Zeitraum mit Start- und Endpunkt.

Die Abgrenzung zweier Intervalle voneinander kann auf verschiedene Weise erfolgen. So können beispielsweise identische Zeiten für den Endzeitpunkt eines Intervalls und den Startzeitpunkt des darauf folgenden Intervalls gewählt werden (links geschlossenes und rechts offenes Intervall). Bei dieser Form der Intervallbegrenzung liefern die einzelnen Intervalle jeweils nur einen direkten Endpunkt. Deshalb muss eine Standardannahme über das Intervallende (z. B. links geschlossen und rechts offen, gekennzeichnet durch die runde Klammer hinter der oberen Intervallgrenze) bekannt sein. Beispielsweise muss für das Zeitintervall '$[t_1$-$t_5)$' bekannt sein, dass der Zeitpunkt t_5 nicht mehr zu dem dargestellten Intervall gehört. Diese Annahme wird besonders deutlich, wenn das nachfolgende Zeitintervall (z. B. '$[t_5$-$t_9)$') ebenfalls betrachtet wird. Nur in Verbindung mit der Aussage, dass links geschlossene und rechts offene Intervalle verwendet werden, ist erkennbar, dass der Zeitpunkt t_5 zum zweiten, aber nicht zum ersten Intervall gehört.[83]
Ein anderer Intervalltyp wird dadurch charakterisiert, dass die beiden benachbarten Begrenzungszeitpunkte der aneinandergrenzenden Intervalle durch genau eine Zeiteinheit unterschieden werden (links und rechts geschlossenes Intervall,

---

[82] Vgl. Dyreson et al. (1995), S. 98.

[83] Vgl. Allen (1983), S. 834; Barnert / Schmutz (1997), S. 47; Clifford / Tansel (1985), S. 255; Hoheisel (1996), S. 47; Knolmayer (1991), S. 212; Lorentzos / Johnson (1988), S. 97; Tansel (1990), S. 515.

gekennzeichnet durch eckige Klammern vor dem unteren und nach dem oberen Begrenzungspunkt des Intervalls). Bei diesem Intervalltyp muss ein Zeitgranulat definiert sein, welches den Zeitunterschied zwischen den beiden angrenzenden Intervallen angibt. Diese Zeiteinheit zwischen beiden Intervallen kann als Übergang zweier Zustände interpretiert werden, die während der einzelnen Zeitintervalle bestehen. Werden die beiden Intervalle '[t_1-t_4]' und '[t_5-t_9]' betrachtet, dann sind die angezeigten Begrenzungszeitpunkte Bestandteile der jeweiligen Intervalle. Für eine korrekte Interpretation der Intervalle und den Übergang von einem Intervall zum nächsten ist die Angabe der zugrunde liegenden Granularität (Abschnitt 3.2.3) erforderlich.[84]

Aufgrund der einfacheren Interpretationsmöglichkeit von Intervallübergängen als Zustandsänderungen wird nachfolgend von links und rechts geschlossenen Zeitintervallen ausgegangen. Zudem wird durch diese Art der Intervalldarstellung auch die erforderliche Granularitätsangabe deutlicher, die zur eindeutigen Interpretation und Darstellung von Zeitbindungen von Informationsobjekten erforderlich ist.

Die Beziehungen, die zwischen zwei Intervallen bestehen können, sind in Abbildung 2 dargestellt.[85]

Enthält ein Intervall genau ein Chronon (Abschnitt 3.2.3), so wird es elementares Intervall genannt. Somit ist jedes Chronon in einem eindimensionalen Raum isomorph zu einem elementaren Intervall (Dualitätsprinzip zwischen Chroni und elementaren Intervallen). Durch dieses Dualitätsprinzip sind alle Eigenschaften von Intervallen auch Eigenschaften von Chroni.[86]

---

[84] Vgl. Allen (1983), S. 834; Clifford / Tansel (1985), S. 255; Hoheisel (1996), S. 47; Knolmayer (1991), S. 212; Lorentzos / Johnson (1988), S. 97; Tansel (1990), S. 515.

[85] Vgl. Allen (1983), S. 835.

[86] Vgl. Lorentzos (1993), S. 72.

Beziehung	Symbol für Grundbeziehung	Symbol für inverse Beziehung	Darstellung
X before Y	<	>	XXX YYY
X equal Y	=	=	XXX YYY
X meets Y	M	M_i	XXXYYY
X overlaps Y	O	O_i	XXX YYY
X during Y	D	D_i	XXX YYYYYY
X starts Y	D	S_i	XXX YYYYY
X finishs Y	F	F_i	XXX YYYYY

Abbildung 2: Beziehungen zwischen Intervallen[87]

Während das Dualitätsprinzip die Gleichheit der Eigenschaften von Intervallen und Chroni definiert, bestehen jedoch bei den Beziehungen zwischen einzelnen elementaren Intervallen und zwischen elementaren Intervallen und nicht-elementaren Intervallen Unterschiede. Die Beziehungen zwischen elementaren Intervallen beschränken sich auf *before*, *equal* und *meets*; alle anderen in Abbildung 2 beschriebenen Beziehungen sind zwischen einzelnen Chroni nicht möglich.

Bei den Beziehungen zwischen Chroni (C) und Zeitintervallen (N) muss berücksichtigt werden, ob es sich um eine Grundbeziehung oder eine inverse Beziehung handelt. Abbildung 3 zeigt, welche Beziehungsformen zwischen einem Chronon C und einem Zeitintervall N möglich sind.

Die Grundbeziehung *equal* und ihre inverse Ausprägung sind identisch. Deshalb wird sie nur einmal aufgeführt. Sie ist nur dann zulässig, wenn N ebenfalls ein elementares Intervall ist. Außerhalb dieses Spezialfalls kann diese Beziehung bei gegebener Granularität nicht existieren, da ein Intervall aus mehreren Chroni besteht.

Grundlage der Darstellung und Interpretation von Chroni und Intervallen der Menge ZEIT sind auch in Informationssystemen zuvor definierte Uhren und Kalender. Für eine korrekte Interpretation von Zeitwerten ist es jedoch auch erforderlich, dass

[87] Allen (1983), S. 835.

neben der inhärenten Systematik der Uhren und Kalender auch die Granularität der Zeitwerte bekannt ist.

Beziehung	Zulässig	Darstellung
C before N	Ja	C NNN
N before C	Ja	NNN C
C equal N	(Ja)	C (N) N (N)
C meets N	Ja	CNNN
N meets C	Ja	NNNC
C overlaps N	Nein	
N overlaps C	Nein	
C during N	Ja	C NNN
N during C	Nein	
C starts N	Ja	C NNN
N starts C	Nein	
C finishs N	Ja	C NNN
N finishs C	Nein	

Abbildung 3: Beziehungen zwischen Chronon und Intervall

3.2.3 Chronon und Granularität

Der Zeitraum, der durch Uhren und Kalender abgebildet wird, kann als eine Hierarchie vollkommen geordneter Mengen von Granulaten einer bestimmten Wertigkeit betrachtet werden. Die unterste Ebene dieser Hierarchie wird durch die Menge von Chroni gebildet. Ein Chronon[88] ist die kleinste unteilbare Zeiteinheit der Zeitlinie.[89] Chroni sind keine Zeitpunkte, sondern ein Segment der Zeitlinie, welches durch ein elementares Intervall abgebildet wird. Es ist somit ein spezielles Granulat. Die Zeitlinie kann also auf der untersten Hierarchieebene als eine Folge von Chroni dargestellt werden.[90]

Wird ein diskretes Zeitmodell unterstellt, dann ist zur Darstellung der Zeitlinie eine definierte Granularität (Modularisierung) erforderlich.[91] Sie bestimmt den Wert (die

---

[88] Vgl. Dyreson / Snodgrass (1992), S. 2; Jensen et al. (1993), S. 14 f.; Jensen et al. (1994b), S. 55.

[89] Vgl. Jackson (1998).

[90] Vgl. Barnert / Schmutz (1995); Barnert / Schmutz (1997), S. 47; Snodgrass / Soo (1995), S. 108; Young et al. (1996), S. 344 f.

[91] Vgl. NN (1997b); Wiederhold et al. (1991), S. 125.

Dauer) eines Granulats. [92] Durch die Zeitgranularität findet eine Partitionierung (und damit Diskretisierung) der Zeitlinie statt.[93]

Zeitgranularitäten wie auch die Beziehungen zwischen ihnen basieren auf Uhren und Kalendern. Bestimmte Granularitäten sind Unterteilungen anderer Granularitäten. Ein Tag in einem Gregorianischen Kalender beinhaltet beispielsweise immer exakt 24 Stunden (regelmäßige Einteilung der Granularität).[94] Dementsprechend haben die Granulate einen vielfachen Wert eines Chronons.

Durch diese Skalierung der Granularitäten können die Hierarchieebenen der Zeitskala gewechselt werden.[95] So bildet die Menge der tage-wertigen Granulate eine höhere Hierarchieebene als die Menge der stunden-wertigen Granulate.

Die meisten in einem Unternehmen anfallenden betrieblichen Daten basieren auf der Granularität 'Tag'.[96] Beispiele dafür sind das Auftragsdatum, Belegdatum oder die Verbuchung von Transaktionen im betrieblichen Rechnungswesen. Dennoch stellen betriebliche Anwendungssysteme meistens auch Datentypen anderer Granularität zur Repräsentation von Zeitdaten zur Verfügung.

Ein Beispiel dafür ist die Datenbanksprache SQL2. Sie unterstützt die temporalen Datentypen DATE, TIME, TIMESTAMP und INTERVAL.[97] Während sich die ersten drei Datentypen auf Zeitzustände beziehen und die Granularität Tag bzw. Sekunde unterstützen, bezieht sich der letztgenannte Datentyp auf eine nicht verankerte Zeitdauer.[98] Der Datentyp INTERVAL unterstützt die Zeitgranularitäten YEAR, MONTH, DAY, HOUR, MINUTE, SECOND und Untermengen von SECOND.[99]

---

[92] Vgl. Dyreson / Snodgrass (1995b), S. 352.

[93] Vgl. Dyreson / Snodgrass (1994).

[94] Vgl. Snodgrass / Soo (1995), S. 109.

[95] Vgl. Dyreson et al. (1995), S. 98.

[96] Vgl. Barnert / Schmutz (1995).

[97] Vgl. Snodgrass / Kucera (1995), S. 5.

[98] Vgl. Snodgrass / Kucera (1995), S. 5.

[99] Vgl. Snodgrass / Soo (1995), S. 108.

Damit die in Unternehmen anfallenden Zeitfakten oder die Zeitbindungen von Fakten korrekt dargestellt werden, muss bei deren Abbildung in betrieblichen Informationssystemen eine angemessene Granularität gewählt werden. Damit eine eindeutige Interpretation der Zeitwerte gewährleistet ist und temporale Unbestimmtheiten (Abschnitt 3.3) vermieden werden, sollte die Granularität von Zeitdaten innerhalb einer Anwendung jedoch nicht variiert bzw. sollten verschiedene Zeitwerte mit einheitlicher Granularität dargestellt werden.

Da die Partitionierung der Zeitlinie zwischen Zeitwerten unterschiedlicher Anwendungen verschieden sein kann, wird hier der Wert von Chroni und Granularitäten als kontextbezogen angesehen.[100]

Jede Menge von Granulaten einer bestimmten Wertigkeit ist eine vollständig geordnete Menge.[101] Die Ordnung innerhalb dieser Menge wird durch zwei Faktoren bestimmt.

(1) Die Dauer der Granulate, welche dieser Menge zugrunde liegt. Dieser Faktor partitioniert die Zeitlinie in unverankerte Segmente.

(2) Die Ordnung der Granulate. Durch die Definition eines Ankerpunktes, welcher festsetzt, wo die Partitionierung der Zeitlinie beginnt, wird diese Ordnung der Granulate erzielt. Die Position eines Granulats innerhalb dieser Ordnung wird durch seinen Abstand von diesem Ankerpunkt ermittelt.[102]

Diese beiden Faktoren werden von der zugrunde liegenden Uhr bzw. dem zugrunde liegenden Kalender abgeleitet, durch den die Granularität bestimmt ist (Abbildung 4).

---

[100] Vgl. Knolmayer (1989), S. 80.

[101] Vgl. Snodgrass / Soo (1995), S. 109.

[102] Vgl. Dyreson / Snodgrass (1995b), S. 352.

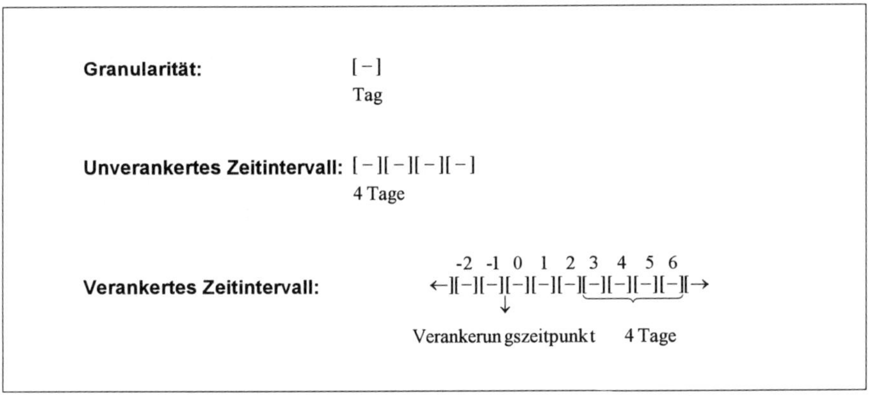

Abbildung 4: Verankerte und unverankerte Zeitintervalle[103]

Eine diskrete und geordnete Zeitline entsteht dadurch, dass sich die einzelnen Granulate einer Menge vom Verankerungspunkt her ausdehnen. Diese Ausdehnung kann vorwärts und rückwärts in beide Richtungen entlang der Zeitlinie erfolgen.[104] Für eine korrekte Interpretation von Zeitwerten in betrieblichen Informationssystemen ist neben der Definition des zugrunde liegenden Kalenders auch die Spezifikation der Granularität der verwalteten Zeitdaten erforderlich.

3.3 Temporale Unbestimmtheit

Werden in einer betrieblichen Anwendung Zeitwerte mit unterschiedlichen Granularitäten verwendet, kann es beispielsweise bei der Ausführung von bestimmten Operationen erforderlich werden, dass diese mit Operatoren unterschiedlicher Granularität ausgeführt werden müssen. Eine Konvertierung von einer Granularität in eine andere kann jedoch zu temporalen Unbestimmtheiten oder zum Verlust von Informationen führen.[105]

[103] In Anlehnung an Dyreson / Snodgrass (1995b), S. 353.

[104] Vgl. Dyreson / Snodgrass (1995b), S. 352.

[105] Vgl. Dyreson / Snodgrass (1995b), S. 347.

Temporale Unbestimmtheiten können zwei Ausprägungen haben:[106]

(1) In der ersten Ausprägung entstehen temporale Unbestimmtheiten durch mangelnde Informationen. Ein Beispiel für diese Kategorie ist die Planung eines in der Zukunft liegenden Projekts. Zum gegenwärtigen Zeitpunkt ist jedoch nicht bekannt, zu welcher exakten Zeit die einzelnen Aufgaben ausgeführt werden sollen. Einer Aufgabe des Projekts könnte beispielsweise der unbestimmte Zeitwert „irgendwann zwischen 1999-12-05 und 1999-12-10" zugewiesen werden.

(2) Die zweite Kategorie temporaler Unbestimmtkeiten tritt auf, wenn eine Verfeinerung der Granularität eines bestimmten Zeitwertes erfolgt. Wird die Granularität verfeinert, so entsteht beispielsweise aus einem Chronon ein Intervall aus mehreren Chroni mit feinerer Granularität. Ein Ereignis, das zu einem Zeitwert mit gröberer Granularität stattgefunden hat, kann jetzt nicht mehr exakt einem bestimmten Chronon oder einer Menge von bestimmten Chroni zugeordnet werden. Zeitliche Restriktionen liegen lediglich darin, dass das Ereignis nicht früher als der untere und nicht später als der obere Begrenzungspunkt des neu entstandenen Intervalls stattgefunden hat. Zwischen diesen beiden Begrenzungspunkten liegt eine Periode temporaler Unbestimmtheit.

3.3.1 Mangelnde Informationen

Temporale Unbestimmtheiten auf Grund von mangelnden Informationen können als „weiß nicht, wann"-Informationen oder als „weiß nicht exakt, wann"-Informationen charakterisiert werden. Oftmals weiß ein Benutzer nur ungenau, wann beispielsweise ein Ereignis eintritt, wie lange die Dauer einer Zeitspanne sein wird oder wann ein Intervall beginnt bzw. endet.[107]

Grundsätzlich ist möglich, dass die Zeit des Auftretens eines Faktums völlig unbekannt ist. Wenn keinerlei zeitliche Eingrenzung dieses Faktums möglich ist, dann wäre lediglich eine Definition der Zeitbindung dieses Faktums als unbekannt möglich. Diese Definition käme der sehr ungenauen Zeitaussage „irgendwann zwischen

---

[106] Vgl. Dyreson / Snodgrass (1995a), S. 331 f.

[107] Vgl. NN (1995b).

beginning und *forever*" gleich. Jedoch sind auch unbestimmte Aussagen über die Zeitbindung von Fakten möglich, welche die Unbestimmtheit auf einen Teil der Zeitlinie begrenzen. Hat ein Mitarbeiter in einem Unternehmen beispielsweise den Eingang eines Dokuments nicht sofort mit dem Eingangsdatum versehen und möchte dies nun nachholen, so würde die Aussage „irgendwann zwischen 1999-01-03 und 1999-01-10" die Periode dokumentieren, während der das Dokument nach der Erinnerung des Mitarbeiters eingegangen ist.[108]

Die unbestimmten Zeitangaben mangels ausreichender Informationen treten vor allem auch im Planungsbereich auf. Da die Informationen für eine exakte zukünftige zeitliche Planung[109] häufig nicht ausreichend sind, wird in diesem Bereich mit zeitlichen Unbestimmtheiten gearbeitet. Typische Aussagen mit zeitlicher Unbestimmtheit sind beispielsweise „irgendwann im Oktober 1999" oder „irgendwann während des nächsten Jahres".

3.3.2 Variierende Granularitäten

In betrieblichen Anwendungen werden häufig Informationen verwendet, denen Zeitwerte mit unterschiedlichen Granularitäten verbunden sind.[110] Werden auf diese Granularitäten Vergleichsoperatoren oder Additions- bzw. Subtraktionsoperatoren angewendet, müssen Transformationen durchgeführt werden, damit die unterschiedlichen Granularitäten die gleiche Wertigkeit erhalten. Sollen beispielsweise die Bearbeitungszeiten von zwei Aufträgen miteinander verglichen werden, so hat dieser Vergleich recht wenig Aussagegehalt, wenn die Bearbeitungszeit des einen Auftrags in Minuten, die des anderen Auftrags in Stunden erfasst wird. Erst nach der Transformation einer oder beider Zeitwerte in Zeitwerte mit identischer Granularität ist ein sinnvoller Vergleich der beiden Perioden möglich.

---

[108] Vgl. Dyreson / Snodgrass (1995a), S. 327 f.

[109] Vgl. Lum et al. (1984), S. 117.

[110] Vgl. Snodgrass / Kucera (1995), S. 5.

Besondere Probleme bei der Transformation treten dann auf, wenn die Granularitäten nicht in direkter Beziehung zueinander stehen. Beispiele sind Transformationen von Monat zu Tag oder von Woche zu Monat.[111] Dyreson / Snodgrass beschreiben verschiedene Möglichkeiten, wie ein System reagieren kann, wenn Operationen auf Zeitwerte unterschiedlicher Granularität ausgeführt werden sollen.[112]

Darüber hinaus kann es auch zu temporalen Unbestimmtheiten kommen, wenn zwei Zeitwerte mit identischer Granularität vorhanden sind und die Wertigkeit der Zeitgranulate verändert wird. Beispielsweise können zwei Ereignisse, die innerhalb des gleichen definierten Zeitgranulats auftreten, trotzdem zu unterschiedlichen Momenten stattfinden. Finden diese Ereignisse während dem gleichen Granulat mit der Wertigkeit 'Tag' statt, dann werden beiden Ereignissen identische Zeitwerte zugewiesen. Wird die Granularität verändert, bestehen zwei Möglichkeiten[113]:

(1) Wird die Granularität gröber dargestellt (z. B. gröber als ein Tag), werden die beiden Ereignisse immer mit identischen Zeitwerten versehen.

(2) Wird die Granularität verfeinert (z. B. eine Stunde), haben die beiden Ereignisse nicht mehr notwendigerweise identische Zeitwerte.

Wurden die feineren Zeitwerte der Fakten nicht erfasst und gespeichert, so entstehen bei einer Verfeinerung der Granularität temporale Unbestimmtheiten. Als Folge ist dann nur die Aussage möglich, dass das Ereignis irgendwann in einem Intervall stattgefunden hat. Dabei werden die Intervallgrenzen durch die gröbere Granularität definiert. Temporale Unbestimmtheiten hängen also auch von der Granularität der Zeitdarstellung ab. Alle bestimmten Zeitwerte sind in Bezug auf feinere Granularitäten unbestimmt, in Bezug auf grobere Granularitäten jedoch bestimmt. Ein Zeitwert mit der Granularität von einer Stunde beinhaltet beispiels-

---

[111] Vgl. Dyreson / Snodgrass (1995b), S. 365.

[112] Vgl. Dyreson / Snodgrass (1995b), S. 365.

[113] Vgl. Dyreson / Snodgrass (1995b), S. 354 f.

weise implizit temporale Unbestimmtheiten in Bezug auf eine Darstellung in Minuten.[114]

Diese Ausführungen verdeutlichen, dass das Wechseln der Granularität oder das Verwenden mehrerer Granularitäten innerhalb einer Anwendung problematisch ist. Da insbesondere auch wegen der Nutzung externer Daten die Beibehaltung einheitlicher Granularitäten oft nur schwer durchzuhalten ist, sollte darauf geachtet werden, dass bei Veränderungen der Granularität die ursprünglichen Zeitinformationen zusätzlich erhalten bleiben, um einen Informationsverlust zu vermeiden.

3.4 Darstellung von Zeitwerten in betrieblichen Infomationssystemen

Sind bei der Verwendung von Zeitdaten in betrieblichen Informationssystemen der zugrunde liegende Kalender, die Granularität der Zeit sowie die Information über den genauen Wert der Zeitdaten bekannt, so kann es trotzdem durch unterschiedliche Darstellungsformen der Zeitwerte zu Missverständnissen bei der Interpretation dieser Daten kommen. Dieses Problem wird besonders deutlich, wenn die in Mitteleuropa übliche Darstellung von Datumswerten der US-amerikanischen gegenübersteht. Wird eine Bezeichnung der Monatsangaben mit dem Monatsnamen oder einer Abkürzung dieses Namens außer Acht gelassen (diese Art der Darstellung hat neben der Verwendung verschiedener Sprachen auch den Nachteil, dass sie gegenüber einer formalisierteren Darstellung schwerer in Informationssystemen zu verarbeiten ist), dann werden sowohl Tag (D), Monat (M) und Jahr (Y) in Zahlen dargestellt. Während in Mitteleuropa eine Datumsangabe in der Form DD.MM.YYYY üblich ist, werden in den USA diese Werte im Format MM/DD/YYYY dargestellt. Wird von den differierenden Trennzeichen „." und „/" abgesehen, dann kann eine Datumsangabe 01/05/1999 entweder als 1. Mai 1999 oder als 5. Januar 1999 interpretiert werden.

Ein weiteres Interpretationsproblem von Datumswerten tritt dann auf, wenn die Jahresangabe nicht vierstellig, sondern nur zweistellig aufgezeichnet ist. Diese

---

[114] Vgl. Dyreson / Snodgrass (1995a), S. 327 f.; Dyreson / Snodgrass (1995b), S. 358; Snodgrass / Kucera (1995), S. 7.

Problematik ist gerade mit dem so genannten Millenniumwechsel deutlich geworden.[115] Während in der Vergangenheit eine Interpretation zweistelliger Jahreszahlen meist eindeutig zu einer Zugehörigkeit zum 20. Jahrhundert führte, wurde diese Interpretation mit Annäherung an das Jahr 2000 immer problematischer.

Bei der Interpretation von Datumswerten muss unterschieden werden, ob die Interpretation durch den Benutzer oder durch die Anwendung erfolgt. Während ein Benutzer durch die Kenntnis des Kontextes, in dem ein Datumswert auftritt, häufig solche Werte korrekt interpretieren kann (beispielsweise weiß er, dass ein Dokument aus den USA stammt und die Datumsangabe nach US-amerikanischem Format erfolgte; oder der Benutzer weiß, dass ein zweistelliger Jahreswert dem 20. Jahrhundert zuzuordnen ist), sind die Interpretationsmöglichkeiten innerhalb einer betrieblichen Anwendung vergleichsweise gering. Sehr deutlich werden diese Interpretationsprobleme bei Windows-Anwendungen, da bei der Eingabe zweistelliger Jahreszahlen von vielen Applikationen eine automatische Umwandlung in ein vierstelliges Format erfolgt.[116] Bei dieser Transformation wird häufig die Windowing-Technik[117] genutzt, bei der Datumswerte mit zweistelligen Jahresangaben durch fest definierte Grenzwerte entweder dem 20. oder dem 21. Jahrhundert zugeordnet werden. Wird innerhalb einer Anwendung dieser Grenzwert beispielsweise auf den Wert 30 gesetzt, dann werden alle zweistelligen Jahresangaben von 00 bis 29 durch das Hinzufügen einer 20 ergänzt und alle zweistelligen Jahresangaben von 30 bis 99 durch eine 19 erweitert. Die Probleme dieser eingeschränkten Interpretationsmöglichkeit sind offensichtlich:[118]

(1) Die Interpretation der Datumswerte erfolgt nach mechanischen und nicht nach inhaltlichen Kriterien.

---

[115] Vgl. zum Jahr 2000-Problem beispielsweise Aebi (1998); Buckholtz (1998); Kappelman (1997); Knolmayer (1997) oder die ausgewählten Einstiegspunkte zu diesem Thema im WWW:
http://www.ie.iwi.unibe.ch/zeit/y2k/
http://www.millennium.ch/
http://www.year2000.com/.

[116] Vgl. Haught (1999).

[117] Vgl. dazu IBM (1998).

[118] Vgl. IBM (1998).

(2) Insgesamt kann nur eine Zeitspanne von 100 Jahren abgedeckt werden. Alle Datumsangaben, die außerhalb dieses Zeitfensters liegen, sind nicht interpretierbar.

(3) In verschiedenen Anwendungen bzw. in unterschiedlichen Versionen einer Anwendung können ungleiche Grenzwerte verwendet werden. Findet ein Datenaustausch zwischen diesen Anwendungen statt, können identische Werte unterschiedlich interpretiert werden.

(4) Die endgültige Lösung des Interpretationsproblems zweistelliger Jahresangaben wird in die Zukunft verlagert.

Damit keine Interpretationsprobleme bei der Verwendung von Zeitwerten auftreten, sollten diese in betrieblichen Informationssystemen gemäß der ISO-Richtlinie 8601[119] angegeben werden. Diese grundlegende Norm zur numerischen Darstellung von Zeitwerten sieht ein Datumsformat in der Form YYYY-MM-DD vor. Das Datum 1999-05-01 ist in dieser Notation eindeutig als 1. Mai 1999 interpretierbar. Die Angabe von Jahreszahlen hat mit vier Stellen zu erfolgen.

Neben der eindeutigen Interpretationsmöglichkeit dieser Angaben hat das Format den Vorteil, dass Sortierungen immer zu einer korrekten Anordnung der Zeitwerte in Bezug auf die Zeitlinie führen.

Ergänzend zur allgemeinen Darstellung von Datumswerten beschreibt diese Norm auch speziellere Datumsrepräsentationen, wie z. B. das Industriedatum oder die Berücksichtigung von Kalenderwochen bei der Datumsdarstellung.

Neben der Darstellung von Datumswerten regelt diese Norm auch die Repräsentation der Uhrzeit. Die Uhrzeit, bestehend aus den Elementen Stunde (h), Minute (m) und Sekunde (s), wird gemäß ISO 8601 in der Form hh:mm:ss repräsentiert. Der Zeitwert 13:15:25 beschreibt die Zeit 13 Uhr und 15 Minuten und 25 Sekunden. Die Stundenangabe erfolgt hierbei durch die Zahlen von 00 bis 24. Die Uhrzeit muss nicht komplett dargestellt werden; bei ihrer Repräsentation kann beispielsweise die

[119] Vgl. dazu ISO (1988); Kuhn (1999); NN (1995c).

Sekundenangabe weggelassen werden. Bei einer Beschreibung von Uhrzeiten ist auch eine Angabe zur Zeitzone möglich.

Werden Datums- und Uhrzeitwerte gemeinsam verwendet, so schreibt ISO 8601 eine Trennung beider Werte durch das Trennungsliteral „T“ vor. Die gemeinsame Verwendung der oben verwendeten beispielhaften Zeitwerte hat die Form 1999-05-01T13:15:25. Der links vom „T“ angeordnete Teil des Zeitwerts repräsentiert das Datum, der rechte Teil die Uhrzeit.

Bei der Darstellung von Perioden mit Hilfe der ISO 8601-Notation werden der Start- und Endpunkt der Periode mittels Zeitwerten dargestellt. Beide Werte sind durch das Trennzeichen „/“ voneinander abzugrenzen. Die Periode 1. Januar 1999 bis 31. Januar 1999 ist entsprechend in dem Format 1999-01-01/1999-01-31 darzustellen.

Ein unverankertes Intervall wird mit dem Literal „P“ gekennzeichnet. Ihm folgen die Zeiteinheiten Y (Jahr), M (Monat), D (Tag), H (Stunde), M (Minute) bzw. S (Sekunde) zusammen mit ihrer Zeitspanne. Damit es zu keinen Interpretations-Missverständnissen beim Gebrauch des Literals „M“ kommt, werden Zeitangaben durch das Präfix „T“ gekennzeichnet. Der Ausdruck P2DT5H30M beschreibt ein Intervall der Länge zwei Tage, fünf Stunden und dreißig Minuten.

4 Grundlagen temporaler Datenmodellierung

Temporale Datenmodelle sind Erweiterungen konventioneller Datenmodelle, welche die Aufzeichnung und Wiedergewinnung vergangener, gegenwärtiger und zukünftiger Daten in einem Modell unterstützen.[120] Das Ziel temporaler Datenbanken ist eine Versionierung der Daten zur Dokumentation von Objektevolutionen und/oder zur informationserhaltenden Speicherung der Daten. Temporale Datenbanken müssen die Zeitbindung zeitveränderlicher Informationen berücksichtigen.[121] Die Zeit wird ein integrierter Bestandteil bei der Beschreibung und Verwaltung von Objekten in Datenbanken. Die Datenmodelle, auf denen diese Datenbanken aufbauen, werden temporale Datenmodelle genannt.

Temporale Konstrukte werden meistens in bestehende Datenmodelle integriert. Wichtige Vorschläge sind die auf dem Entity-Relationship-Modell[122] basierenden temporalen Ansätze[123] sowie temporale Erweiterungen des objektorientierten Modells[124]. Die meisten temporalen Datenmodelle erweitern jedoch das relationale Datenmodell[125]. Wegen ihrer praktischen Bedeutung im Bereich betrieblicher Anwendungen und der intensiven Forschungstätigkeit im Bereich temporaler Erweiterungen des relationalen Modells beschränken sich die weiteren Ausführungen auf dieses Datenmodell.

Auch konventionelle Datenbanken drücken - zumindest implizit - einen Zeitbezug ihrer Daten aus; dieser wird jedoch im Gegensatz zu temporalen Datenbanken nicht durch eine Zeitbindung der Fakten abgebildet. Der implizite Zeitbezug bezieht sich auf den jeweils gegenwärtigen Zeitwert (*now*). Jedoch ist nicht ersichtlich, wann das

---

[120] Vgl. Tansel et al. (1993), S. XVII.

[121] Vgl. Jensen et al. (1993), S. 13; Jensen et al. (1994b), S. 55; NN (1995a).

[122] Vgl. beispielsweise Batini et al. (1992); Chen (1976).

[123] Vgl. beispielsweise Elmasri et al. (1990); Elmasri / Wuu (1990); Elmasri / Wuu (1993); Klopprogge (1983a); Klopprogge (1983b); Theodoulidis et al. (1991).

[124] Vgl. beispielsweise Cheng / Gadia (1993); Dayal / Wuu (1993); Edelweiss et al. (1993); Peressi et al. (1994); Pissinou et al. (1993); Rose / Segev (1991); Wuu / Dayal (1993).

[125] Vgl. beispielsweise Date (1986).

gespeicherte Faktum in der modellierten Realität gültig ist und wann es innerhalb der Datenbank eingefügt oder modifiziert wurde. Verändert sich das Faktum in der modellierten Realität und wird diese Veränderung durch eine Modifikation der Datenbank dokumentiert, so geht die vorherige Information verloren.

4.1 Zeitstempel als Basiskonzept temporaler Datenbank-Modellierung

Die zeitliche Bindung von Objekten wird in temporalen Datenbanken über Zeitstempel abgebildet. Ein Zeitstempel ist ein Zeitwert, der mit einem Objekt verbunden ist. Zeitstempel sind Attribute, in denen Zeitdaten gespeichert werden[126]. Ihre Wertedomäne basiert auf einem Kalender[127], welcher entweder vom System vorgegeben wird (default) oder explizit definiert werden muss. Die Spezifikation des zugrunde liegenden Kalenders erfolgt während der Datendefinition. Die durch Zeitstempel verschlüsselten Zeitwerte werden auf Basis dieses Kalenders temporal interpretiert; ohne diese temporale Interpretation ist die Bedeutung von Zeitstempeln unklar.[128]

Das Zeitstempel-Konzept hat spezifische Ausprägungen in Bezug auf die unterstützte Zeitdimension, auf die unterstützte Zeitspanne[129] und auf ihre Objektbindung.

4.1.1 Dimensionen von Zeitstempeln

Die Zeitbindung eines Faktums kann in zwei Dimensionen dargestellt werden:[130]

(1) Zeitbindung in Bezug auf die Diskurswelt und

(2) Zeitbindung in Bezug auf die Datenbank.

---

[126] Vgl. Dyreson / Snodgrass (1995b), S. 350.

[127] Wird der Zeitwert als Datum plus Uhrzeit vorgesehen, dann muss neben einem Kalender auch eine definierte Uhr als Basis des Zeitstempels zugrunde liegen. Die Detailliertheit des Kalenders bzw. der Uhr hängt von der Granularität des Zeitstempels ab. Aus Gründen der besseren Lesbarkeit des Textes wird hier jedoch nur von Kalendern gesprochen.

[128] Vgl. Dyreson / Snodgrass (1995c), S. 77; Wiederhold et al. (1991), S. 125.

[129] Vgl. NN (1995a).

[130] Vgl. Ben-Zvi (1982), S. 47; Copeland (1982), S. 28.

Während die Zeitbindung eines Faktums in der modellierten Realität durch die Gültigkeitszeit dargestellt wird, repräsentiert die Transaktionszeit die Zeitbindung eines Faktums in Bezug auf die Datenbank.[131]

4.1.1.1 Zeitstempelung durch Gültigkeitszeiten

Die Gültigkeitszeit eines Faktums ist die Zeit, zu der das Faktum in der modellierten Realität wahr ist. Die Gültigkeit eines Faktums in dieser Diskurswelt kann die Vergangenheit, Gegenwart und Zukunft betreffen. Ist ein Überschreiben bzw. Löschen der Daten nicht zulässig, dann wird durch sie eine Abbildung von Objekt-evolutionen ermöglicht.[132] Eine alleinige Zeitstempelung durch die Gültigkeitszeit verhindert jedoch nicht das physische Ersetzen von Daten bei Datenmodifikationen; ein Update-in-Place ist ebenso wie ein physisches Löschen weiterhin möglich.

Ein Faktum kann mit einer Anzahl von Chroni und/oder Zeitintervallen verbunden sein. Ein Objekt wird durch mehrere Fakten beschrieben, welche durch Attribute dargestellt werden. Die Verbindung eines Objekts mit nur einem einzelnen Chronon oder Zeitintervall stellt somit einen Spezialfall dar, da sich die Attribute des Objekts während seiner gesamten Lebensdauer nicht verändern.

Die Gültigkeitszeiten werden üblicherweise durch den Benutzer in das Datenbank-system eingegeben.[133] Deshalb sollte zur Unterstützung von Benutzereingaben und zur Vermeidung von fehlerhaften Einträgen vom System eine geeignete Oberfläche zur Verfügung gestellt werden.[134]

Die Gültigkeitszeit kann aufgrund mangelnder Informationen temporal unbestimmt sein (Abschnitt 3.3.1). Diese Unbestimmtheit kann sich sowohl auf den Beginn als auch auf das Ende der Gültigkeitszeit beziehen. Der Beginn der Gültigkeit eines Faktums ist in der Regel nur dann unbestimmt, wenn diese Zeit in der Zukunft liegt

---

[131] Vgl. Snodgrass / Ahn (1985), S. 237; Snodgrass / Ahn (1986), S. 36 f.

[132] Vgl. Snodgrass / Ahn (1986), S. 37.

[133] Vgl. NN (1995a).

[134] Vgl. dazu Thyssen / Myrach (1998).

oder wenn der Beginn seiner Gültigkeit nicht bekannt ist. Weitaus häufiger ist jedoch die Erfassung von Fakten, deren Gültigkeitsbeginn bekannt in der Vergangenheit oder Gegenwart liegt und somit i. d. R. bestimmt ist.

Ein unbestimmtes Ende der Gültigkeit liegt demgegenüber häufiger in der Zukunft. Das ist dann der Fall, wenn das Ende der Gültigkeit eines Faktums noch nicht bekannt ist. Dieser Sachverhalt kann durch einen unbestimmten offenen Zeitwert dokumentiert werden. Die beiden üblicherweise verwendeten offenen Gültigkeitszeitwerte für das Ende der Gültigkeitszeit sind *now* oder *forever*.[135]

Der Zeitwert *now* verändert sich permanent mit dem Fortschreiten der Zeit. Er kennzeichnet eine „pessimistische" Gültigkeitszeitannahme, da in die Zukunft reichende Aussagen immer ungültig sind. Eine Eingabe von Fakten in die Datenbank, deren Gültigkeit bis in die Zukunft reicht, ist unmöglich.[136] Der unbestimmte Gültigkeitszeitwert *forever* unterstellt dagegen, dass das verbundene Faktum jetzt und in alle Zukunft gültig ist. Diese „optimistische" Gültigkeitszeitannahme ermöglicht auch das Erfassen von Fakten, deren Gültigkeit in der modellierten Realität in die Zukunft hinein reicht.[137]

Die Verwendung von unbestimmten Zeitwerten zur Abbildung des Gültigkeitsendes führt jedoch immer zu einer Korrektur der Aussagen über das Ende der Gültigkeitszeit, da sich die Fakten der modellierten Realität ändern und ihre Ausprägungen irgendwann nicht mehr gültig sind. Durch den Zeitwert *now* wird in einem solchen Fall die Diskurswelt nicht mehr korrekt abgebildet, da das Ende der Gültigkeitszeit des Faktums erreicht ist und sich nicht weiter mit der fortschreitenden Zeit ändert. Der Zeitwert *forever* bildet die Diskurswelt ebenfalls nicht mehr korrekt ab, da das Faktum bereits nicht mehr gültig ist. Die unbestimmten Zeitwerte müssen dann durch

[135] Vgl. Snodgrass (1995b), S. 26.

[136] Vgl. Clifford et al. (1997).

[137] Vgl. Clifford et al. (1997).

einen bestimmten Zeitwert ersetzt werden, der das Ende der Gültigkeit dokumentiert.[138]

Solange eine Datenbank darauf beschränkt ist, die tatsächlichen Beobachtungen der realen Welt zu erfassen, ist die Verwendung von *now* als Teil des Zeitstempels angemessen, da keine Aussagen über zukünftige Zustände der Diskurswelt gemacht werden. Sobald jedoch eine Datenbank auch für planerische oder zukünftige Verpflichtungen erstellt wird, ist die Semantik von *now* nicht aussagekräftig genug und es muss *forever* eingesetzt werden.[139]

4.1.1.2 Zeitstempelung durch Transaktionszeiten

Die Zeitbindung eines Faktums in Bezug auf die Datenbank ist durch die Transaktionszeit[140] darstellbar. Diese wird durch die Datenbank zu der Zeit von der Systemuhr übernommen, zu der das Datenbankmanagement-System die Datenmodifikation erfolgreich abgeschlossen hat. Dafür können die „Transaction Commit-Zeiten" genutzt werden. In diesem Fall bekommen zwei Tupel in der gleichen oder in unterschiedlichen Tabellen identische Transaktionszeiten, wenn sie in derselben Transaktion modifiziert wurden.[141]

Da die Transaktionszeiten bei Datenmodifikationen automatisch von der Systemuhr abgeleitet werden, kann die Transaktionszeit nur die Vergangenheit und Gegenwart betreffen. Der Beginn der Transaktionszeit wird beim Einfügen eines neuen Faktums eingetragen (dies kann auch ein veränderter Wert nach einem Update sein). Die Transaktionszeit endet, wenn ein bestehendes Faktum in der Datenbank geändert oder gelöscht wird. Transaktionszeiten können von Benutzern und Anwendungen nach ihrer Speicherung nicht mehr geändert werden.

---

[138] Vgl. Snodgrass (1995b), S. 26; Wiederhold et al. (1991), S. 131.

[139] Vgl. Wiederhold et al. (1991), S. 132.

[140] Vgl. Snodgrass / Ahn (1986), S. 36.

[141] Vgl. Roddick / Snodgrass (1995a), S. 322; NN (1995a).

Ein Faktum wird in eine Datenbank zu einer bestimmten Zeit eingefügt (Insert). Nachdem es gespeichert wurde, bleibt das Faktum so lange in der Datenbank aktuell, bis eine Update- oder Delete-Operation auf ihm ausgeführt wird. Nach der Ausführung dieser Operationen ist das entsprechende Faktum aus gegenwärtiger Sicht in der Datenbank nicht mehr aktuell. Das Überschreiben bzw. Löschen erfolgt jedoch nur logisch; physisch bleiben die Daten in der Datenbank erhalten und können mit einer entsprechenden Abfrage wiedergewonnen werden. Die Transaktionszeit eines Datenbankfaktums ist die Zeit, zu der das Faktum in der Datenbank aktuell ist und aus deren Sicht es wiedergefunden werden kann (as-of-Betrachtung).

Die Vermeidung eines physischen Überschreibens bzw. Löschens bestehender Daten wird dadurch vermieden, dass bei einer Modifikations-Operation lediglich eine neue Version des entsprechenden Objekts der Datenbank hinzugefügt wird. Während durch die Transaktionszeit ein Update-in-Place vermieden werden kann, ist eine Abbildung der Objektevolutionen nicht möglich. Es werden lediglich die Zustände der Datenbank dokumentiert; wann ein Faktum in der modellierten Realität gültig war, ist nicht erkennbar.

Mit until changed (*UC*) bietet die Transaktionszeit ebenfalls einen speziellen unbestimmten Zeitwert zur Definition eines unbestimmten Endes der Transaktionszeit.[142] Durch diesen Zeitwert wird angezeigt, dass ein Faktum in die Datenbank eingefügt, jedoch noch nicht geändert bzw. gelöscht wurde. Bei einer Modifikation dieses Faktums wird der unbestimmte Zeitwert *UC*[143], der das Ende der Transaktionszeit dokumentiert, durch den gegenwärtigen bestimmten Zeitwert ersetzt.[144]

---

[142] Vgl. Snodgrass (1995b), S. 26.

[143] Eine formale Gegenüberstellung von *now* und *UC* gibt Wiederhold et al. (1991), S. 132.

[144] Vgl. Wiederhold et al. (1991), S. 131.

4.1.1.3 Bitemporale Zeitstempelung

Erfolgt in einer Datenbank eine Zeitstempelung durch die Gültigkeits- bzw. Transaktionszeit, dann wird von einer temporalen Datenbank gesprochen. Werden beide Zeitdimensionen zusammen berücksichtigt, entsteht eine bitemporale Datenbank.

In einer bitemporalen Relation sind Tupel mit Zeitwerten von zwei orthogonalen Zeitdomänen verbunden, die durch die Gültigkeits- und Transaktionszeit dargestellt werden. Diese Relationen dokumentieren sowohl die Veränderungen der Diskurswelt als auch die Modifikations-Aktivitäten der Relationen.[145] Nur bitemporale Datenbanken gewährleisten eine korrekte und umfassende informationserhaltende Abbildung der temporalen Entwicklung von Objekten. Sie verdeutlichen das Verhältnis zwischen dem Eintreten eines Faktums in der modellierten Realität und seiner Berücksichtigung in der Datenbank. Durch eine bitemporale Zeitstempelung wird sowohl die Objetevolution abgebildet (dies wird durch die Gültigkeitszeit-Komponente gewährleistet) als auch eine Dokumentation der Datenbankzustände erzielt (dies wird durch die Transaktionszeit sichergestellt). Die Dokumentation der Objektevolution führt zusammen mit der Vermeidung von physischen Datenmodifikationen zu einer umfassenden Abbildung der Diskurswelt.

4.1.1.4 Benutzerdefinierte Zeiten

Nicht jede Zeitangabe ist ein Zeitstempel. Neben den Zeitstempeln können auch benutzerdefinierte Zeiten[146] eingesetzt werden. Im Unterschied zu Zeitstempeln drücken benutzerdefinierte Zeiten keine Zeitbindung eines Faktums aus, sondern stellen selbst ein Zeitfaktum dar.[147]

Gegenüber der Transaktionszeit lassen sich benutzerdefinierte Zeiten recht einfach abgrenzen, da sich Transaktionszeiten immer aus einer Modifikation des mit ihm verbundenen Faktums ergeben. Gegenüber Gültigkeitszeitstempeln ist eine Abgren-

---

[145] Vgl. Jensen et al. (1993), S. 10; Jensen et al. (1994b), S. 54; Snodgrass / Ahn (1986), S. 37.

[146] Vgl. Jensen et al. (1993), S. 7; Jensen et al. (1994b), S. 54; Snodgrass / Ahn (1986), S. 37.

[147] Vgl. NN (1995a).

zung jedoch problematischer und nicht immer eindeutig, da sie nur indirekt über die Rolle der Zeitangabe in Bezug auf das Objekt möglich ist. Die Abgrenzung eines Zeitwertes als Zeitbindung eines Faktums oder als Zeitfaktum selbst ist nicht immer eindeutig. Wird die Zeitangabe als Zeitstempel definiert, muss eine Zeitgebundenheit des Objekts bzw. des Tupels ausgedrückt werden.

Betrachtet man beispielsweise einen Kundenauftrag, der in einer Datenbank dokumentiert ist; das Auftragsdatum ist ein Bestandteil der Dokumentation. Dieser Zeitwert kann zum einen als Zeitstempel betrachtet werden, der entweder die Startzeit der Gültigkeit des Auftrags oder die Gültigkeitszeit des Ereignisses 'Auftrag erteilt' betrachtet werden; zum anderen kann er aber auch als benutzerdefiniertes Zeitfaktum interpretiert werden, welches den Wert des Attributs 'Auftragsdatum' repräsentiert. Ist die Dokumentation des Auftragsdatums nicht explizit als Zeitstempel (und damit als Zeitbindung des Objekts 'Kundenauftrag') oder benutzerdefinierte Zeit definiert, dann ist die Rolle dieses Zeitwerts nicht eindeutig.

4.1.2 Dokumentation der Objektevolution durch Zeitstempel

Im vorangeganenen Abschnitt wurden die Zeitdimensionen beschrieben, in denen eine zeitliche Bindung von Objekten durch Zeitstempel dargestellt werden kann. In diesem Abschnitt werden die unterschiedlichen Möglichkeiten der Veränderungen von Objekten der modellierten Realität im Zeitverlauf beschrieben. Das Zeitstempel-Konzept muss dementsprechend erweitert werden, damit die verschiedenen Ausprägungen der Veränderungsformen von Objekten der Diskurswelt abbildbar sind.

4.1.2.1 Veränderungsformen von Objekten in der Diskurswelt

Entsprechend ihrer Interaktion mit der Zeit können Fakten der modellierten Realität dahingehend unterschieden werden, ob sie sich während der Lebensdauer eines Objekts nicht verändern (zeitinvariante Attribute) oder ob sie sich verändern können (zeitvariable Attribute). [148]

---

[148] Vgl. Navathe / Ahmed (1989), S. 111.

Zeitinvariante Attribute ändern sich im Laufe der betrachteten Zeitepoche nicht.[149] Ein Beispiel für ein zeitinvariantes Attribut ist die Marke eines Automobils. Während sich z. B. die Farbe, der Motor oder der Besitzer des Automobils ändern können, bleibt seine Marke während der Lebensdauer des Objekts immer identisch.

Primärschlüssel-Attribute einer Datenbank sind nicht zwingend zeitinvariant. Aus der Diskurswelt abgeleitete Primärschlüssel können aus mehreren Attributen zusammengesetzt sein und sich im Zeitverlauf ändern (z. B. werden die „objektidentifizierenden" Kundennummern nach der Fusion zweier Unternehmen umstrukturiert). Die Primärschlüssel bleiben jedoch weiterhin eindeutig.

Die objektidentifizierenden Attributwerte können u. a. künstlich erzeugt werden, indem sie beispielsweise numerische Werte repräsentieren, die bei der Einfügung eines neuen Tupels automatisch um den Wert '1' erhöht werden (interne Schlüssel, z. B. Surrogat-Schlüssel). Es gibt interne Schlüssel, die durch das System kontrolliert werden und nicht durch Modifikations-Operationen veränderbar sind. Diese Schlüssel bleiben während der gesamten Lebensdauer eines Objekts unverändert.

Zeitvariable Attribute verändern sich im Laufe der betrachteten Epoche. Sie haben eine evolutionäre Entwicklung, die mittels temporaler Datenbanken aufgezeichnet werden soll. Die Werte dieser Attribute werden durch Update-Operationen verändert. Durch diese Modifikationen ändern sich die Ausprägungen von Objekten.

Die zwei Hauptgründe für eine Update-Operation auf Attributwerten im konventionellen relationalen Datenmodell liegen bei der natürlichen Entwicklung der abgebildeten Objekte in der Zeit und bei der Beseitigung fehlerhafter Eingaben.[150] Wird die natürliche Entwicklung betrachtet, dann können reale Objekte in Zustands- und Ereignisobjekte klassifiziert werden.

---

149 Vgl. Jensen et al. (1995), S. 161.

150 Vgl. Barnert et al. (1995), S. 2.

Zustandsobjekte sind solche Objekte, die über mehrere Chroni hinweg ihre Attributwerte nicht ändern. Ereignisse, welche die Ausprägungen von Zustandsobjekten verändern, treten diskret ein, d. h. sie treten zu Zeiten ein, zwischen denen eine endliche Lücke von Chroni liegt.[151]

Eine spezielle Ausprägung der diskreten Veränderungsfrequenz von Attributwerten bei Zustandsobjekten sind zyklische Veränderungen (diskrete Veränderungen mit stetigem Veränderungsrhythmus) und chrononbezogene Veränderungen (Veränderungen, die jeweils zu bestimmten Zeitwerten eintreten).[152] Das Eintreten der zustandsverändernden Ereignisse kann also entweder zufällig, zyklisch oder zu festgelegten Zeiten erfolgen.

Die Gültigkeit von Zustands-Objekten bezieht sich auf ein Zeitintervall. Für die Darstellung ihrer Gültigkeitszeiten in konventionellen Datenbanken sind somit zwei Zeitstempel-Attribute (Startzeit T_s und Endezeit T_e) notwendig.

Die Gültigkeit von Ereignis-Objekten bezieht sich hingegen auf ein Chronon, d. h. ihre Attributwerte ändern sich bei jedem Chronon. Die Ereignisse, die den Zustand solcher Objekte verändern, treten kontinuierlich auf, d. h. sie treten chrononbezogen mit dem Verlauf der Zeit auf.[153]

Da kontinuierliche Veränderungen meistens nicht vollständig und zeitgerecht beobachtet werden können, erfolgt ihre Aufzeichnung meistens in regelmäßigen Abständen.[154] In Abhängigkeit von der Granularität der Aufzeichnungsmethode können die kontinuierlichen Attributwert-Änderungen durch Funktionen (z. B.

---

[151] Vgl. Segev / Shoshani (1988), S. 41 f.

[152] Vgl. Luttermann / Blobel (1995), S. 137.

[153] Vgl. Segev / Shoshani (1988), S. 41 f.

[154] Vgl. Dey (1995), S. 8.

Temperaturentwicklung oder Verbreitung von Schadstoffen in der Atmosphäre[155]) oder durch Datenzeitreihen beschrieben werden.[156]

Eine chrononbezogene Zeitstempelung[157] ist für die Dokumentation der Zeitbindung kontinuierlich auftretender Ereignisse nützlich, da die Werte lediglich zu ihrem Beobachtungszeitpunkt korrekt sind. Für die Darstellung der Gültigkeitszeit von Ereignisobjekten mit Hilfe konventioneller Datenbanken ist somit ein Zeitstempel-Attribut (T_{at}) ausreichend.[158]

Die Einordnung eines Objektes in eine der beiden Klassen hängt auch von der gewählten Zeitgranularität ab. Wird die Zeitgranularität verfeinert, kann ein Objekt, welches vor der Verfeinerung der Zeitgranularität nur für ein Chronon gültig war, nun über mehrere Chroni hinweg unverändert bleiben und somit über ein Zeitintervall gültig sein.[159] Statt eines Zeitstempel-Attributs wären dann in konventionellen Datenbanken auch bei diesem Objekt zwei Zeitstempel-Attribute für die Darstellung der Gültigkeitszeit notwendig.[160] Umgekehrt kann bei einer Vergröberung der Zeitgranularität ein Objekt, welches vorher über ein Zeitintervall hinweg gültig war, nun nur noch für ein Chronon gültig sein und sich somit von einem Zustands- zu einem Ereignisobjekt wandeln.

Damit solche strukturellen Veränderungen innerhalb einer Datenbank vermieden werden, ist es erforderlich, bei der Definition des Datenbank-Schemas einer temporalen Datenbank die zugrunde liegende Granularität zu bestimmen und diese bei der Anwendung auch beizubehalten.

---

[155] Vgl. beispielsweise Rademacher / Riekert (1994).

[156] Zur Behandlung von Zeitreihen in temporalen Datenbanken vgl. beispielsweise Schmidt et al. (1995); Young et al. (1996).

[157] Vgl. dazu die Modelle in Clifford / Warren (1983); McKenzie / Snodgrass (1992); Segev / Shoshani (1988).

[158] Vgl. Snodgrass / Ahn (1985), S. 239 ff.

[159] Vgl. Dutta (1989), S. 120 f.

[160] Vgl. Hoheisel (1996), S. 47.

Diskrete Attributwert-Funktionen (z. B. der Wohnort einer Person) sind bei der Modellierung und Speicherung weniger komplex als kontinuierliche Veränderungen, da die Daten über größere Zeiträume hinweg gültig bleiben und somit stabilere Zustände abgebildet werden.[161] Die Erfassung und die persistente Speicherung sämtlicher Zustände eines Objektes wirft vor allem dann Probleme auf, wenn sich die Objekte in der Zeit häufig verändern und jeder Zustand erfasst werden sollte. Die zu speichernde Datenmenge wird um so größer,

(1) je feiner die gewählte Zeitgranularität ist,

(2) je größer die Häufigkeit der Veränderungen des Objektzustands sind und

(3) je länger die Lebensdauer des Objekts ist.[162]

Werden Daten in temporalen Datenbanken durch die Transaktionszeit bzw. bitemporal gestempelt, dann wird bei jeder Veränderung eines Attributwerts die Datenbank ergänzt. Solche Datenbanken vergrößern sich permanent. Durch das Fehlen physischer Überschreibungen bzw. Löschungen ist eine Begrenzung oder sogar Verminderung der gespeicherten Daten nicht möglich. Bei Datenbanken, die lange im Einsatz sind, ist deshalb zu überlegen, ob nicht nach dem Ablauf einer festgelegten Zeitspanne (z. B. 10 Jahre) die nicht mehr gültigen und/oder nicht mehr aktuellen Daten einer Datenbank auch physisch gelöscht werden dürfen.[163] Diese Zeitdauer muss jedoch so gewählt werden, dass sie groß genug ist, um keine noch benötigten Daten physisch zu löschen, und klein genug gewählt werden, damit das Volumen der Datenbank nicht übermäßig ansteigt. Soll ein physisches Löschen grundsätzlich vermieden werden, kann eine Übertragung (von Teilen) des Datenbestands auf Tertiärspeicher erforderlich sein.

---

[161] Vgl. Luttermann / Blobel (1995), S. 136 f.

[162] Vgl. Hoheisel (1996), S. 47.

[163] Vgl. dazu beispielsweise Jensen (1995).

4.1.2.2 Ausprägungen von Zeitstempeln zur Abbildung verschiedener Veränderungsformen von Objekten

Die beschriebenen Veränderungsformen von Objekten haben Einfluss auf die Dokumentation ihrer Gültigkeitszeiten und ihre Aktualisierung in einer Datenbank. Damit die unterschiedlichen Veränderungsformen von Objekten mit Hilfe von Zeitstempeln abgebildet werden können, müssen Zeitstempel unterschiedliche Zeitspannen abdecken. In Bezug auf die Zeitspanne, die von Zeitstempeln unterstützt wird, können die folgenden Typen von Zeitstempeln in temporalen Erweiterungen des relationalen Modells genutzt werden:

(1) chrononbezogene Zeitstempel[164] (die Zeitstempel bilden ein verankertes Chronon ab),

(2) intervallbezogene Zeitstempel[165] (die Zeitstempel bilden einen verankerten Zeitraum ab) und

(3) Zeitstempel, die temporale Elemente[166] repräsentieren (die Zeitstempel bilden Untermengen der Zeitlinie ab, die durch eine endliche Vereinigung von Zeitintervallen und/oder Chroni geformt werden[167]).

Wird die Transaktionszeitdomäne unterstützt, so ist die Nutzung einer Intervall-Zeitstempelung grundsätzlich sinnvoller als eine chrononbezogene Zeitstempelung, da Transaktionen von ihrem Wesen her diskreter Natur sind, d. h. zwischen zwei Transaktionen liegt immer ein bestimmtes Zeitintervall. Ein Tupel bleibt immer für ein bestimmtes Transaktionszeit-Intervall aktuell.[168] Allerdings hängt auch hier die Form des Zeitstempels von der zugrunde liegenden Granularität der Zeit ab. Datenbank-Transaktionen werden meistens im Bereich von Milli-Sekunden oder Sekunden ausgeführt. Liegt der Anwendung eine gröbere Granularität zugrunde, dann ist auch

---

164 Vgl. z. B. die Modelle von Clifford / Warren (1983); McKenzie / Snodgrass (1992); Segev / Shoshani (1988).

165 Vgl. z. B. die Modelle von Navathe / Ahmed (1989); Sarda (1990a); Soo (1991); Tansel (1986).

166 Vgl. Jensen et al. (1993), S. 15 f.; Jensen et al. (1994a), s. 515; Jensen et al. (1994b), S. 55.

167 Vgl. z. B. die Modelle von Clifford / Croker (1987); Gadia (1988); Gadia (1992); Gadia / Yeung (1991); Snodgrass (1995a).

168 Vgl. Dey (1995), S. 8.

für die Dokumentation der Transaktionszeit ein chrononbezogener Zeitstempel ausreichend.

Wird die Gültigkeitszeit-Domäne von Zeitstempeln unterstützt, so entscheidet zum einen das zugrunde liegende temporale Datenmodell über die von Zeitstempeln unterstützten Zeitspannen (einige Datenmodelle lassen nur eine bestimmte Form der Stempelung von Gültigkeitszeiten zu oder unterstützen nicht das Konzept der temporalen Elemente). Zum anderen hängt die Art der Zeitstempel auch von dem Auftreten der dokumentierten Objekte in der modellierten Realität ab. Mit Hilfe der Intervall-Zeitstempelung können beispielsweise sich diskret verändernde Fakten einfacher dargestellt werden als mit chrononbezogenen Zeitstempeln. Mit chrononbezogenen Zeitstempeln lassen sich dagegen kontinuierliche Veränderungen von Objekten oder das Eintreten von Ereignissen leichter darstellen als mit Intervall-Zeitstempeln.

4.1.2.3 Coalescing

Bei der Dokumentation einer Objekt-Evolution in einer relationalen Datenbank kann es vorkommen, dass ein Objekt mehrfach mit identischen Zuständen repräsentiert wird, d. h. die objektbeschreibenden Attribute verschiedener Tupel haben identische Werte. Das Konzept des Coalescing[169] (Verschmelzung) betrifft solche wertäquivalente Tupel[170], die sich in einer temporalen Gültigkeitszeit-Relation oder in einer bitemporalen Relation befinden. Wertäquivalente Tupel sind dabei temporal erweiterte Tupel mit identischen Nicht-Zeitstempel-Attributwerten.

Befinden sich in einer Gültigkeitszeit- oder bitemporalen Relation mit Intervall-Zeitstempelung zwei oder mehr wertäquivalente Tupel mit entweder zeitlich aneinandergrenzenden (*meets*[171]) oder sich zeitlich teilweise überdeckenden (*overlaps*[172]) Zeitstempeln, dann sind die Informationen dieser Relation unverschmolzen. Durch die

[169] Vgl. Jensen et al. (1993), S. 29 f.; Jensen et al. (1994b), S. 58.

[170] Vgl. McKenzie / Snodgrass (1992), S. 3.

[171] Vgl. Allen (1983), S. 835.

[172] Vgl. Allen (1983), S. 835.

Ausführung eines Coalescing kann diese wertäquivalente Tupelmenge durch ein einzelnes Tupel ersetzt werden.[173] Die zeitliche Gültigkeit dieses Tupels wird durch einen Intervall-Zeitstempel ausgedrückt, dessen Wertigkeit die Vereinigung der Zeitstempelwerte der ursprünglichen Tupel-Zeitstempel ist.[174]

Abbildung 5 zeigt eine Gültigkeitszeit-Relation, deren Tupel sich in einem unverschmolzenen Zustand befinden. Beispielsweise beinhaltet diese Tabelle wertäquivalente Tupel mit den Attributwerten 'Schmidt' und 'Hamburg'. Die Gültigkeitszeiten beider Tupel grenzen aneinander, so dass sie zu einem Tupel verschmolzen werden können. Wird dieses Coalescing mit sämtlichen wertäquivalenten Tupeln der Relation durchgeführt, deren Gültigkeitszeiten aneinander grenzen oder sich überlappen, dann ergibt sich die in Abbildung 6 dargestellte vollständig verschmolzene Relation.

Außendienstgebiete		
Name	Tätigkeitsgebiet	Gültigkeitszeit
Schmidt	Hamburg	[1994-02-01/1994-12-31]
Schmidt	Hamburg	[1995-01-01/1995-05-31]
Schmidt	Zürich	[1995-06-01/1997-12-31]
Schmidt	Bern	[1998-01-01/1998-12-31]
Schmidt	Bern	[1998-07-01/*forever*]
Pfeiffer	Wien	[1992-03-15/1994-12-31]
Pfeifer	Wien	[1995-01-01/1997-06-30]
Pfeiffer	München	[1997-07-01/*forever*]

Abbildung 5: Gültigkeitszeit-Relation mit unverschmolzenen Tupeln

Außendienstgebiete		
Name	Tätigkeitsgebiet	Gültigkeitszeit
Schmidt	Hamburg	[1994-02-01/1995-05-31]
Schmidt	Zürich	[1995-06-01/1997-12-31]
Schmidt	Bern	[1998-01-01/*forever*]
Pfeiffer	Wien	[1992-03-15/1997-06-30]
Pfeiffer	München	[1997-07-01/*forever*]

Abbildung 6: Gültigkeitszeit-Relation nach Durchführung des Coalescing

173 Vgl. Hsu et al. (1995), S. 261.

174 Vgl. Böhlen et al. (1996), S. 1; NN (1995b).

Unterstützt ein temporales Datenmodell auch die Zeitstempelung in Form von temporalen Elementen[175], dann kann auch ein Coalescing durchgeführt werden, wenn eine Relation wertäquivalente Tupel enthält, deren Zeitstempel nicht aneinandergrenzen bzw. sich nicht überlappen. Auch hier wird die Menge der wertäquivalenten Tupel einer Relation durch ein einziges Tupel ersetzt, dessen Zeitstempel die Vereinigung der Zeitstempelwerte der ursprünglichen Tupel darstellt.

Eine Abbildung von Zeitstempeln als temporale Elemente führt bei ihrer Umsetzung in konventionellen Datenbank-Systemen zu redundanten Strukturen, da mehrere Tupel mit wertgleichen Nicht-Zeitstempel-Attributen in einer Relation gespeichert werden müssen. Diese Struktur kommt deshalb zustande, da temporale Elemente die Gültigkeit eines Faktums durch eine Menge unverbundener Chroni und/oder Intervalle abbilden. Bei ihrer Darstellung in konventionellen Datenbanken müssen diese unverbundenen Zeitelemente partitioniert werden. Durch jede Partition wird ein separates Tupel zeitgestempelt und somit seine Gültigkeitszeit dokumentiert.

Wäre die Möglichkeit gegeben - wie durch den in SQL3 vorgeschlagenen Datentyp PERIOD vorgesehen - verankerte Perioden als Attributwerte darstellen zu können, dann wäre die Abbildung von intervallbezogenen Zeitstempeln durch ein Attributwert möglich. Dennoch tritt bei der Repräsentation von temporalen Elementen innerhalb eines Tupels das Problem auf, dass mehrere Werte notwendig sind, um den Zeitstempel darstellen zu können und somit mehrere Werte eines Attributs in einem Tupel abgebildet werden müssen. Die erste Normalform könnte im Bereich der Zeitstempel-Attribute nicht eindeutig umgesetzt werden. Eine Abbildung von Zeitstempeln, welche temporale Elemente repräsentieren, ist daher mit konventionellen Datenbanken nur schwer möglich.

Zur Darstellung des Coalescing mit unverbundenen Zeitstempeln wird das obige Beispiel etwas erweitert. Das Tätigkeitsgebiet des Außendienst-Mitarbeiters 'Schmidt' war in der ersten Phase seiner Betriebszugehörigkeit in Hamburg gewesen. Nach

[175] Vgl. beispielsweise die Modelle von Gadia / Nair (1993); Jensen / Snodgrass (1992); Jensen et al. (1994a); Jensen et al. (1995).

einer Tätigkeit in Zürich und Bern kehrt Mitarbeiter Schmidt am 1. Januar 1999 wieder nach Hamburg zurück. Die Relation in Abbildung 7 dokumentiert die Tätigkeitsbereiche des Mitarbeiters Schmidt. Diese Gültigkeitszeit-Relation befindet sich in einem unverschmolzenen Zustand. Dennoch wird deutlich, dass die Gültigkeitszeiten der wertäquivalenten Tupel {Schmidt, Hamburg} unterbrochen sind, d. h. sie grenzen nicht immer aneinander bzw. sind nicht immer überlappend. Wird ein Coalescing durchgeführt und sind Zeitstempel in Form von temporalen Elementen zulässig, dann resultiert die in Abbildung 8 dargestellte Gültigkeitszeit-Relation. Der Gültigkeitszeitwert des verschmolzenen Tupels {Schmidt, Hamburg} besteht aus zwei unverbundenen, jedoch vereinigten verankerten Perioden und stellt somit ein temporales Element dar.

Coalescing ist ein auf temporale Datenbanken anwendbarer Operator. Eine Coalescing-Operation übernimmt als Argument eine Menge wertäquivalenter Tupel und gibt ein einziges Tupel zurück, welches schnappschuss-äquivalent mit der Argumentenmenge der Tupel ist. Coalescing verringert somit die Kardinalität einer Menge von Argument-Tupeln.[176] Die Funktionsweise dieses Operators ist ähnlich der Vermeidungs-Vorschrift von doppelten Einträgen in Relationen konventioneller Datenbanken.

Außendienstgebiete		
Name	Tätigkeitsgebiet	Gültigkeitszeit
Schmidt	Hamburg	[1994-02-01/1994-12-31]
Schmidt	Hamburg	[1995-01-01/1995-05-31]
Schmidt	Zürich	[1995-06-01/1997-12-31]
Schmidt	Bern	[1998-01-01/1998-12-31]
Schmidt	Bern	[1998-07-01/*forever*]
Pfeiffer	Wien	[1992-03-15/1994-12-31]
Pfeifer	Wien	[1995-01-01/1997-06-30]
Pfeiffer	München	[1997-07-01/*forever*]

Abbildung 7: Gültigkeitszeit-Relation in einem unverschmolzenen Zustand

[176] Vgl. NN (1995b).

Außendienstgebiete		
Name	Tätigkeitsgebiet	Gültigkeitszeit
Schmidt	Hamburg	{[1994-02-01/1995-05-31] ∪ [1999-01-01/*forever*]}
Schmidt	Zürich	{[1995-06-01/1997-12-31]}
Schmidt	Bern	{[1998-01-01/*forever*]}
Pfeiffer	Wien	{[1992-03-15/1997-06-30]}
Pfeiffer	München	{[1997-07-01/*forever*]}

Abbildung 8: Gültigkeitszeit-Relation nach Durchführung eines Coalescing mit Zeitstempeln in Form von temporalen Elementen

Ist eine Relation in einem verschmolzenen Zustand, dann kann sie durch Anwendung von Datenbank-Operationen in einen Zustand überführt werden, der nicht mehr verschmolzen ist. Das kann zum einen durch Update- bzw. Insert-Operationen geschehen, in dem wertäquivalente Tupel zu einer Relation hinzugefügt werden, ohne dass ein automatisches Coalescing durchgeführt wird. Zum anderen kann eine unverschmolzene Relation jedoch auch durch die Ausführung einer Projektion von temporalen Relationen entstehen, die sich in einem Zustand des Coalescing befinden.

Die Durchführung eines Coalescing ist sinnvoll, damit eine korrekte Semantik der Ergebnisse von Datenbank-Operationen in temporalen Datenbanken sichergestellt wird (wie beispielsweise eine Aggregation[177] oder Selektion[178] temporaler Daten).[179] Wird die Relation in Abbildung 5 betrachtet, dann kann eine Selektions-Abfrage „Gib mir alle Mitarbeiter aus, die länger als 3 Jahre an einem Ort tätig waren“ (Abbildung 9) zu einem unvollständigen Ergebnis führen, da sich die betreffende Relation in einem unverschmolzenen Zustand befindet. Bei unverschmolzenen Relationen werden evtl. nicht alle Mitarbeiter korrekt aufgelistet. Wird unterstellt, dass die Abfrage am 1. Januar 1999 ausgeführt wird, dann ist ihr Ergebnis eine leere Menge. Der Mitarbeiter Pfeiffer, dessen Tätigkeit in Wien länger als drei Jahre dauerte, wird nicht aufgelistet, da die relevante Information auf zwei wertäquivalente Tupel aufgeteilt ist, deren Gültigkeitszeit-Intervalle jeweils kleiner als drei Jahre sind. Wird

[177] Vgl. dazu Kline et al. (1995).

[178] Vgl. dazu Soo et al. (1994).

[179] Vgl. Soo et al. (1995), S. 510 f.

eine identische Abfrage auf eine Relation ausgeführt, die sich in einem verschmolzenen Zustand befindet, dann wird als Ergebnis die in Abbildung 10 dargestellte Relation ausgegeben.

```
SELECT *
FROM Außendiensttätigkeit
WHERE Gültigkeitszeit ≥ INTERVAL 3 YEAR
```

Abbildung 9: Beispiel einer temporalen Abfrage auf die Tabelle 'Außendiensttätigkeit'

Außendienstgebiete		
Name	Tätigkeitsgebiet	Gültigkeitszeit
Pfeiffer	Wien	[1992-03-15/1997-06-30]

Abbildung 10: Ergebnis-Relation der Abfrage in Abbildung 9

Die Unterstützung des Coalescing-Konzepts kann auf zwei Arten erfolgen:

(1) Mit Hilfe der Datenbanksprache kann das Coalescing über explizite Konstrukte durchgeführt werden. Ein Beispiel für eine Datenbanksprache, die ein explizites Coalescing unterstützt ist HSQL[180]. In HSQL steht die Klausel COALESCE ON innerhalb des Select-Statements zur Verfügung. Darüber hinaus bietet diese Datenbanksprache eine optionale COALESCE-Spezifikation, die in der Select-Klausel direkt hinter dem reservierten Wort SELECT folgen kann.[181] Ein weiteres Beispiel für ein explizites Coalescing ist die vorgeschlagene Klausel NORMALIZE ON[182] im SQL/Temporal-Teil von SQL3.[183] Mit Hilfe dieser Klausel lässt sich über spezifizierte Attribute hinweg ein Coalescing durchführen.

(2) Innerhalb einer temporalen Datenbank wird ein Coalescing erzwungen. Dieses wird weitgehend automatisch durchgeführt. Ein Beispiel für ein erzwungenes Coalescing sind Datenbanken, die auf dem TSQL2[184] zugrunde liegenden

---

[180] Vgl. dazu Sarda (1990a); Sarda (1990b), Sarda (1993).

[181] Vgl. Sarda (1993), S. 125 ff.

[182] Vgl. dazu Darwen (1996a); Darwen (1996b).

[183] Vgl. dazu Melton (1996).

[184] Vgl. dazu Snodgrass et al. (1994a); Snodgrass et al. (1994b); Snodgrass (1995a); Snodgrass (1995c).

Datenmodell BCDM[185] basieren (Abschnitt 4.2). Datenbanksprachen, die auf Modellen basieren, welche ein automatisches Coalescing unterstützen, enthalten in der Regel keine expliziten Konstrukte für ein Coalescing. Datenbanksprachen, die auf solchen Modellen basieren, müssen demgegenüber Funktionen bereitstellen, welche eine Partitionierung der temporalen Elemente ermöglichen. Stehen diese Konstrukte nicht zur Verfügung, dann werden Datenbank-Abfragen, welche sich auf nur eine Gültigkeitszeit-Partition eines temporalen Elements beziehen, schwer durchführbar, wenn nicht gar unmöglich.

Böhlen et al.[186] schlagen einen Ansatz für eine effiziente Ausführung von Coalescing vor und zeigen eine Umsetzung des Coalescing mit SQL-89.

4.1.2.4 Attribut-Zeitstempelung oder Tupel-Zeitstempelung zur Dokumentation von Objektevolutionen im relationalen Datenmodell

Werden Objekte im relationalen Datenmodell um Zeitstempel ergänzt, so kann diese Erweiterung auf zwei Arten geschehen:

(1) Zeitstempelung auf Tupelebene (Tupel-Zeitstempelung)[187].

Jedes Tupel in einer temporalen Relation ist mit einem Zeitstempel verbunden. Dadurch wird die Zeitbindung ganzer Objekte dokumentiert. Der Beispiel-Relation in Abbildung 11 wurden zwei zusätzliche Attribute hinzugefügt, welche Gültigkeits- bzw. Transaktionszeit-Intervalle dokumentieren. Verändert sich ein Attributwert eines Tupels, dann wird der unbestimmte Zeitwert *forever* durch den bestimmten Zeitwert des Gültigkeitsendes ersetzt. In einem neu einzufügenden Tupel wird der jetzt gültige Wert des veränderten Attributs dokumentiert. Die Transaktionszeit der beiden Tupel dokumentiert, wann diese Update-Operation in der Datenbank durchgeführt wurde. Da die Modifikation von Attributwerten immer zum Hinzufügen eines neuen Tupels führt, bleiben atomare Attributwerte

---

[185] Vgl. dazu Jensen / Snodgrass (1992); Jensen et al. (1994a); Jensen et al. (1995).

[186] Vgl. Böhlen et al. (1996).

[187] Vgl. z. B. die Modelle von Ariav (1983); Ariav (1986); Ben-Zvi (1982); Jensen / Snodgrass (1992); Jensen et al. (1994a); Lorentzos / Johnson (1988); Navathe / Ahmed (1993); Snodgrass / Ahn (1985); Snodgrass / Ahn (1986); Snodgrass (1987); Snodgrass (1993).

auch nach einer Datenmodifikation einstellig. Die von konventionellen Datenbanken her bekannte erste Normalform, welche die Einstelligkeit von Attributwerten fordert, kann bei Tupel-Zeitstempelung für die Nicht-Zeitstempel-Attribute realisiert werden.

(2) Zeitstempelung auf Attrributebene (Attribut-Zeitstempelung)[188].

Jedes zeitvariable Attribut wird mit einem Zeitstempel verbunden. Dadurch wird die Zeitbindung einzelner Fakten dokumentiert. Die Evolution eines Objekts wird nicht wie bei der Tupel-Zeitstempelung auf mehrere Tupel verteilt, sondern direkt auf Attributebene dokumentiert. Attributwerte können somit ihrerseits Relationen sein. Dieses Konzept führt zu verschachtelten Relationen und kann somit das Konzept der ersten Normalform nicht aufrecht erhalten, da die Attributwerte nicht mehr einwertig sind.[189] Durch die Möglichkeit der Realisierung von verschachtelten Relationen kann dieses Konzept zu sehr komplexen Tabellenstrukturen führen (NFNF-Relationen). In Abbildung 12 ist eine bitemporale Relation dargestellt, die auf Attribut-Zeitstempelung basiert. Grundlage der Beispiel-Relation ist das (leicht modifizierte) Datenmodell, welches der temporalen Datenbanksprache TempSQL[190] zugrunde liegt. In diesem Modell werden die Attributwerte mit einer endlichen Vereinigung von Gültigkeitszeit-/Transaktionszeit-Intervallen verbunden. Zeitstempel werden in diesem Modell entsprechend als temporale Elemente abgebildet.

Außendienstgebiete			
Name	Tätigkeitsgebiet	Gültigkeitszeit	Transaktionszeit
Schmidt	Hamburg	[1994-02-01/1995-05-31]	[1994-02-11/*UC*]
Schmidt	Zürich	[1995-06-01/1997-12-31]	[1995-04-16/*UC*]
Schmidt	Bern	[1998-01-01/*forever*]	[1997-11-02/*UC*]
Pfeiffer	Wien	[1992-03-15/1997-06-30]	[1992-03-27/*UC*]
Pfeiffer	München	[1997-07-01/*forever*]	[1995-05-03/*UC*]

Abbildung 11: Beispiel einer Relation mit Tupel-Zeitstempelung in Anlehnung an Snodgrass[191]

188 Vgl. z. B. die Modelle von Clifford / Croker (1987); Clifford / Croker (1993);; Clifford / Tansel (1985); Dutta (1989); Gadia / Nair (1993); Gadia / Vaishnav (1985) Tansel (1990); Tansel (1993).

189 Vgl. Knolmayer (1989), S. 82.

190 Vgl. dazu Gadia (1992).

191 Vgl. das Model von Snodgrass (1987).

Außendienstgebiete	
Name	Tätigkeitsgebiet
[1994-02-01/1995-05-31] X [1994-02-11/*UC*] Schmidt [1995-06-01/1997-12-31] X [1995-04-16/*UC*] Schmidt [1998-01-01/*forever*] X [1997-11-02/*UC*] Schmidt	[1994-02-01/1995-05-31] X [1994-02-11/*UC*] Hamburg [1995-06-01/1997-12-31] X [1995-04-16/*UC*] Zürich [1998-01-01/*forever*] X [1997-11-02/*UC*] Bern
[1992-03-15/1997-06-30] X [1992-03-27/*UC*] Pfeiffer [1997-07-01/*forever*] X [1995-05-03/*UC*] Pfeiffer	[1992-03-15/1997-06-30] X [1992-03-27/*UC*] Wien [1997-07-01/*forever*] X [1995-05-03/*UC*] München

Abbildung 12: Beispiel einer Relation mit Attribut-Zeitstempelung in Anlehnung an Gadia[192]

4.1.2.5 Darstellung von absoluten und relativen Zeitbezügen von Objekten durch Zeitstempel

Die absolute Zeit zeigt an, dass eine spezielle Gültigkeitszeit zu einer gegebenen Zeitstempel-Granularität mit einem Faktum verbunden ist. Diese Zeit hängt weder von der Gültigkeitszeit eines anderen Faktums noch von der aktuellen Zeit *now* ab. Ein Beispiel für einen absoluten Zeitwert ist das Geburtsdatum eines Mitarbeiters. Absolute Zeiten können nur mit chronologisch bestimmbaren Aussagen verbunden werden.[193]

Die relative Zeit ist eine Gültigkeitszeit eines Faktums, die sich entweder auf die Gültigkeitszeit eines anderen Faktums oder auf die aktuelle Zeit *now* bezieht. Die Beziehung zwischen diesen Zeiten kann qualitativ (z. B. vor, nach) oder quantitativ (z. B. 2 Tage vor, 30 Tage nach) sein. Besteht eine quantitative Beziehung zwischen der Gültigkeitszeit eines Faktums bzw. dem Zeitwert *now* und einer relativen Zeitangabe, dann ist als Ergebnis wiederum ein absoluter Zeitwert bestimmbar. Dieser resultierende absolute Zeitwert kann als ein von der Gültigkeitszeit des Faktums bzw. vom Zeitwert *now* abgeleiteter Zeitwert verstanden werden. Die Darstellung eines relativen Zeitbezugs erfolgt meist in Form eines unverankerten Intervalls.[194]

---

[192] Vgl. das Modell von Gadia (1992).

[193] Vgl. NN (1995b).

[194] Vgl. NN (1995b); Özsoyoglu / Snodgrass (1995), S. 514.

Ein Beispiel für einen relativen Zeitwert mit quantitativem Bezug zur Gültigkeitszeit eines Faktums enthält die Aussage „8 Stunden nach Beendigung der Gültigkeit des Faktums". Diese relative Zeitaussage ist chronologisch unbestimmt, d. h. durch sie wird kein bestimmter absoluter Zeitwert ausgedrückt. Der relative Zeitbezug wird durch das unverankerte Intervall '8 Stunden' abgebildet.

Chronologisch bestimmte Aussagen können auch relative Zeiten enthalten. Ein Beispiel für eine solche Aussage ist „Heilig Abend 1999 (1999-12-24) vor einem Jahr". Dabei bilden 'Heilig Abend 1999' bzw. '1999-12-24' den chronologisch bestimmten Teil und „vor einem Jahr" den relativen Zeitbezug der Aussage. Auch hier wird der relative Zeitbezug durch ein unverankertes Intervall ausgedrückt, welches hier die Länge '1 Jahr' hat.[195]

4.2 TSQL2 – Ein Vorschlag für eine temporale Datenbanksprache

In den vergangenen 25 Jahren wurden viele temporale Erweiterungen des relationalen Datenmodells vorgeschlagen. Die meisten dieser Modellvorschläge enthalten auch Abfragesprachen auf Benutzerebene. Diese Sprachen wurden häufig nicht vollkommen neu entwickelt, sondern stellen Erweiterungen bestehender, nicht-temporaler Sprachen dar. Erweiterungen von SQL[196] sind beispielsweise die Abfragesprachen TOSQL[197], TSQL[198], TempSQL[199] und HSQL[200].

Mit TSQL2[201] wurde ein Versuch unternommen, eine umfassende temporale Datenbanksprache zu entwerfen und mit diesem Sprachvorschlag einen Standardisie-

---

[195] Vgl. NN (1995b).

[196] Vgl. dazu Chamberlin (1976); Melton / Simon (1993); Schicker (1996).

[197] Vgl. dazu Ariav (1986).

[198] Vgl. dazu Navathe / Ahmed (1988); Navathe / Ahmed (1989).

[199] Vgl. dazu Gadia (1992).

[200] Vgl. dazu Sarda (1990b).

[201] Vgl. dazu Snodgrass et al. (1994a); Snodgrass et al. (1994b); Snodgrass (1995a); Snodgrass (1995c).

rungsversuch zu unterbreiten. TSQL2 ist derzeit die umfassenste temporale Erweiterung von SQL.

4.2.1 Bitemporal Conceptual Data Model (BCDM)

Das TSQL2 zugrunde liegende Datenmodell ist das Bitemporal Conceptual Data Model (BCDM)[202]. Das BCDM ist eine bitemporale Erweiterung des konventionellen relationalen Datenmodells.

Das BCDM unterscheidet zwischen expliziten und impliziten Attributen. Durch explizite Attribute werden die Objekteigenschaften des abgebildeten Faktums in einer Relation repräsentiert. Zwischen den expliziten Attributen einer bitemporalen Relation im BCDM und den Attributen einer konventionellen Relation besteht kein Unterschied. Explizite Attribute im BCDM sind einwertig und entsprechen somit der ersten Normalform. Die Attribute, welche die Zeitstempel im BCDM repräsentieren, sind dagegen implizite Attribute und somit für den Benutzer nicht direkt zugreifbar. Implizite Attribute müssen nicht einwertig sein. Eine bitemporale Relation R besteht im BCDM somit aus einer beliebigen Anzahl expliziter Attribute $\{A_1,..,A_n\}$ und einem impliziten Zeitstempel-Attribut T. Während die expliziten Attribute ein bestimmtes Faktum der modellierten Realität abbilden, repräsentiert das implizite Zeitstempel-Attribut die zeitliche Bindung dieses Faktums.

Für jedes bitemporale Tupel spezifiziert ein impliziter Attributwert, wann das dargestellte Faktum in der modellierten Realität gültig und in der gespeicherten Realität der Datenbank aktuell ist. Durch das BCDM wird also nur eine Tupel-Zeitstempelung und keine Zeitstempelung auf Attributebene unterstützt.

Zur Repräsentation der Zeitstempel wurde eine chrononbasierte Darstellung gewählt. Jeder bitemporale Zeitstempel besteht aus einer Menge von bitemporalen Chroni $\{T_t, T_v\}$. Die Transaktionszeit-Komponente eines bitemporalen Chronons wird durch T_t, die Gültigkeitszeit-Komponente durch T_v spezifiziert. Dabei ist die Domäne der

[202] Vgl. dazu Jensen / Snodgrass (1992); Jensen et al. (1994a); Jensen et al. (1995).

Chroni isomorph zu der Domäne der natürlichen Zahlen. Durch diese Menge bitemporaler Chroni entsteht ein zweidimensionaler Raum, der von der Gültigkeits- und Transaktionszeit umspannt wird.[203]

In bitemporalen Relationen dürfen keine wertäquivalenten expliziten Attributwerte vorhanden sein; in diesem Datenmodell ist ein Coalescing unbedingt erforderlich. Dementsprechend wird die gesamte Historie eines Faktums in einem einzigen Tupel dargestellt. Die zeitliche Bindung des Faktums wird durch einen einzigen Zeitstempel repräsentiert. Zeitstempel sind deshalb im BCDM bitemporale Elemente[204].

Da eine temporale Relation nur durch *ein* Zeitstempel-Attribut ergänzt wird, sollten alle expliziten Attribute temporal homogen sein, d. h. alle Attributwerte müssen sich zur gleichen Zeit ändern. Ändern sich die Werte der Attribute eines Tupels zu unterschiedlichen Zeiten, dann muss bei Änderung von nur einem Attributwert ein neues Tupel eingefügt werden, in dem die Werte der unveränderten Attribute erneut gespeichert werden und nur das geänderte Attribut einen neuen Wert erhält.

Ein Faktum ist in einer bitemporalen Relation dann aktuell, wenn das bitemporale Tupel, welches das Faktum repräsentiert, mit einem bitemporalen Chronon (t_t, t_v) verbunden ist, dessen Transaktionszeit den Wert *UC* (Until Changed) aufweist. Bei fortschreitender Zeit wird der Wert *UC* durch den neuen gegenwärtigen Zeitwert ersetzt und ein neues bitemporales Chronon mit dem Wert *UC* für die Transaktionszeit dem Zeitstempel hinzugefügt. Auf Basis der gewählten Granularität vergrößert sich ein Zeitstempel eines aktuellen Faktums mit jedem „Uhrschlag" um ein weiteres bitemporales Chronon.[205]

---

[203] Vgl. Jensen et al. (1995), S. 187 f.

[204] Vgl. Jensen et al. (1995), S. 188; Snodgrass (1995d), S. 312. Nach Jensen et al. (1992), S. 13; Jensen et al. (1995), S. 188 stellen bitemporale Elemente Spezialformen von temporalen Elementen dar.

[205] Vgl. Jensen et al. (1995), S. 188 ff.

Wird ein Faktum einer Relation gelöscht, dann erfolgt die Löschung nur auf logischer Ebene, indem das Chronon mit dem Wert *UC* für die Transaktionszeit aus dem Zeitstempel entfernt wird. Durch den fehlenden *UC*-Wert bleibt der Zeitstempel auch bei fortschreitender Zeit unverändert; bei einem neuen Uhrschlag wird kein weiteres Chronon dem Zeitstempel beigefügt. Ist ein bitemporales Tupel mit einem Zeitstempel verbunden, der kein bitemporales Chronon mit dem Wert *UC* für die Transaktionszeit enthält, dann ist das in diesem Tupel dargestellte Faktum in der Datenbank nicht mehr aktuell.[206]

Neben der Darstellung von bitemporalen Relationen unterstützt das BCDM auch Gültigkeitszeit- und Transaktionszeit-Relationen sowie konventionelle (so genannte Schnappschuss-) Relationen. Diese werden als Spezialfälle bitemporaler Relationen verstanden.[207] Ein Tupel in einer Gültigkeitszeit-Relation ist mit einem Zeitstempel verbunden, der aus einer Menge von Gültigkeitszeit-Chroni besteht. Diese Menge bildet ein Gültigkeitszeit-Element t_v (valid time element). Entsprechend ist ein Tupel einer Transaktionszeit-Relation mit einem Zeitstempel verbunden, der aus einer Menge von Transaktionszeit-Chroni besteht. Diese Menge bildet ein Transaktionzeit-Element t_t (transaction time element). Konventionelle Relationen enthalten Tupel, die weder mit bitemporalen, noch mit Transaktionszeit- bzw. Gültigkeitszeit-Elementen verbunden sind.[208]

Da mit der Gültigkeitszeit sowohl Zustände als auch Ereignisse abgebildet werden können, sind im BCDM insgesamt sechs Relationentypen darstellbar.[209] Neben Transaktionszeit- und konventionellen Relationen lassen sich Gültigkeitszeit-Zustands- und Gültigkeitszeit-Ereignisrelationen sowie bitemporale Zustands- und bitemporale Ereignisrelationen repräsentieren.

---

[206] Vgl. Jensen et al. (1995), S. 190 ff.

[207] Vgl. Jensen et al. (1995), S. 190.

[208] Vgl. Jensen et al. (1995), S. 190.

[209] Vgl. Snodgrass (1995b), S. 28.

In Abbildung 13 wird eine bitemporale Zustandsrelation gezeigt, welche Teil einer Personaldaten-Verwaltung ist. Die Attribute 'P-Nr.', 'Name' und 'Zeitstempel' repräsentieren die Personalnummer, den Namen des Mitarbeiters und den impliziten bitemporalen Zeitstempel[210]. Die Darstellung der Zeitstempel wird auf jene bitemporalen Chroni begrenzt, welche die oberen und unteren Grenzpunkte der Gültigkeits- und Transaktionszeit repräsentieren; die dazwischen liegenden Chroni werden durch Auslassungspunkte (...) gekennzeichnet. Der Mitarbeiter Mayer (Personalnummer 0010) hat zum Zeitpunkt '6' sein Beschäftigungsverhältnis begonnen. Der Endzeitpunkt seiner Anstellung steht noch nicht fest, was durch den unbestimmten Zeitwert *forever* in der Gültigkeitszeit dargestellt ist. Dieses abgebildete Faktum ist in der Datenbank noch aktuell, was durch den Wert *UC* in dem Teil der bitemporalen Chroni zu erkennen ist, der die Transaktionszeit abbildet. Aktuell wurde das Faktum zum Zeitwert '5', so dass die Darstellung der beiden Zeitdimensionen des Zeitstempels wegen der besseren Übersichtlichkeit durch die vier bitemporalen Chroni (5,6), (5,*forever*), (*UC*,6) und (*UC*,*forever*) erfolgt.

Nicht ganz so einfach ist die Abbildung der Mitarbeiterin Kraus (Personalnummer 0011). Frau Kraus wurde zum Zeitwert '2' eingestellt. Allerdings ließ sie sich während ihrer Anstellungszeit von ihrem Mann scheiden und nahm ihren früheren Namen ('Brosius') wieder an. Die Namensänderung wurde zum Zeitpunkt '15' gültig und auch zu diesem Zeitpunkt in die Datenbank eingetragen. Zum folgenden Uhrschlag (Zeitwert '16') wurde der neue Attributwert in der Datenbank aktuell. Das bitemporale Chronon (*UC*,*forever*) verdeutlicht, dass das Faktum {0011, Brosius} in der Datenbank noch aktuell ist und auch in der modellierten Realität noch Gültigkeit besitzt.

Der Mitarbeiter Kremer (Personalnummer 0012) hingegen wurde befristet für den Zeitraum '[11/15]' eingestellt. Diese Information wurde in der Datenbank zum Zeitpunkt '10' aktuell. Jedoch stellte sich heraus, dass die Dauer des Arbeitsverhältnisses falsch erfasst wurde. Tatsächlich wurde der Mitarbeiter Kremer für die

[210] Wegen der besseren Übersichtlichkeit werden im Folgenden die Zeitwerte eines Zeitstempels als Inkremente von Datums- bzw. Zeitangaben spezifiziert. In den nachfolgenden Beispielen beträgt die Granularität der Inkremente einen Monat.

Periode '[11/20]' eingestellt. Diese Änderung wurde zum Zeitpunkt '12' in die Datenbank eingefügt. Nach dem Ausscheiden aus dem Unternehmen wurde Herr Kramer zum Zeitwert '25' erneut eingestellt, diesmal jedoch mit einem unbefristeten Vertrag. Diese erneute Einstellung von Herrn Kremer wurde zum Zeitwert '22' in der Datenbank aktuell.

MITARBEITER		
P-Nr	Name	Zeitstempel
0010	Mayer	{(5,6)...(5,*forever*)...(*UC*,6) ... (*UC*,*forever*)}
0011	Kraus	{(3,2)...(3,15)...(15,2)...(15,15)}
0011	Brosius	{(16,15)...(16,*forever*)...(*UC*,15)...(*UC*,*forever*)}
0012	Kremer	{(10,11)...(10,15)...(12,11)...(12,15) (13,11)...(13,20)...(*UC*,11)...(*UC*,20) (22,25)...(22,*forever*)...(*UC*,25)...(*UC*,*forever*)}

Abbildung 13: Darstellung einer bitemporalen Relation im BCDM

4.2.2 TSQL2

TSQL2[211] ist eine temporale Datenbanksprache. Sie wurde für die Abfragen und Manipulation zeitvariabler Daten in einer relationalen Umgebung entwickelt. TSQL2 ist eine aufwärtskompatible Erweiterung von SQL2[212], der 1992 international standardisierten Datenbanksprache für relationale Datenbanken.[213]

Zusätzlich zu dem in SQL2 verfügbaren temporalen Datentyp INTERVAL und den Zeit-Datentypen DATE, TIME und TIMESTAMP wurde in TSQL2 der zusätzliche Datentyp PERIOD eingeführt.[214] Dieser Datentyp ist für eine Darstellung verankerter Zeitperioden einsetzbar. Die Verankerung der abgebildeten Zeitdauer unterscheidet diesen Datentyp vom Datentyp INTERVAL. Die verankerte Zeitperiode wird durch

---

211 Vgl. dazu Snodgrass et al. (1994a); Snodgrass et al. (1994b); Snodgrass (1995a); Snodgrass (1995c).

212 Vgl. dazu Melton / Simon (1993).

213 Vgl. Bair et al. (1997), S. 31 ff.; Snodgrass (1995b), S. 19; Snodgrass (1998b).

214 Vgl. Snodgrass (1995b), S. 25.

einen startenden und einen beendenden Zeitwert begrenzt. Die Spezifikation von PERIOD wird wie bei Zeit-Datentypen durchgeführt.[215]

Spezielle Werte für den Start von PERIOD sind *beginning* oder *now*. Während *now* den gegenwärtigen Zeitwert darstellt, wird durch den unbestimmten Zeitwert *beginning* ein Zeitwert ausgedrückt, der unendlich weit in der Vergangenheit liegt. Ein spezieller Wert für das Ende von PERIOD ist neben *now* (*now* kann also sowohl als Anfangs- als auch als Endezeitwert von PERIOD eingesetzt werden) der unbestimmte Zeitwert *forever*, der einen unendlich in der Zukunft liegenden Zeitwert ausdrückt.[216]

SCALE()[217], CAST()[218] und INTERVAL()[219] sind spezielle Funktionen, die in TSQL2 zur Verfügung gestellt werden[220]. Mit der Funktion INTERVAL(period) kann beispielsweise eine verankerte Zeitdauer in eine unverankerte transformiert werden. Mit den Operatoren SCALE() und CAST() sind dagegen Transformationen von Granularitäten möglich. Während CAST() immer ein definiertes Ergebnis liefert, führt die Anwendung von SCALE() zu unbestimmten Zeitwerten, da eine Transformation in feinere Granularitäten vorgenommen wird.

Die in Abbildung 14 dargestellte Beispiel-Funktion übernimmt den in der Granularität DAY zur Verfügung stehenden Zeitwert 1999-02-12 und wandelt ihn in die Granularität MINUTE um. Da jedoch der resultierende Zeitwert nicht genau bekannt ist, wird unterstellt, dass dieser irgendwo in den durch die Anfangs- und Endminuten bestehenden Begrenzungen des Tages liegt. Das Ergebnis ist also ein unbestimmter Zeitwert der Form '1999-02-12T00:00~1999-02-12T23:59'. Bei Anwendung der Funktion CAST() hingegen wird als Ergebnis nur der erste Zeitwert der Periode

[215] Vgl. Snodgrass / Kucera (1995), S. 5; Snodgrass / Soo (1995), S. 125 ff.

[216] Vgl. Myrach (1997a), S. 145.

[217] Vgl. Dyreson / Snodgrass (1995b), S. 366 ff.

[218] Vgl. Dyreson / Snodgrass (1995b), S. 371 ff.

[219] Vgl. Myrach (1997a), S. 144.

[220] In diesem Abschnitt werden nicht alle speziellen Funktionen von TSQL2 beschrieben, sondern nur jene, die für den Kontext dieser Arbeit am wichtigsten sind.

ausgegeben. Somit besteht bei den Ergebnissen dieser Funktion keine temporale Unbestimmtheit (Abbildung 15).

SCALE (TIMESTAMP '1999-02-12' AS MINUTE)
Ergebnis: '1999-02-12T00:00~1999-02-12T23:59'

Abbildung 14: Beispiel für die Funktion SCALE()

CAST (TIMESTAMP '1999-02-12' AS MINUTE)
Ergebnis: '1999-02-12T00:00'

Abbildung 15: Beispiel für die Funktion CAST()

4.2.2.1 Schema-Definition

Die Schema-Definition in TSQL2[221] (Abbildung 16[222]) wird wie bei SQL2 mit dem Befehlswort CREATE TABLE eingeleitet. Jedoch wird die von SQL2 her bekannte Spezifikation durch eine spezielle temporale Definition (Abbildung 17) und eine Vacuuming-Definition (Abbildung 18) ergänzt. Diese Erweiterungen sind jedoch optional, so dass auch eine Schema-Definition in SQL2-Notation erfolgen kann.

In der temporalen Definition kann spezifiziert werden, ob es sich um eine Gültigkeitszeit-Relation (AS VALID), eine Transaktionszeit-Relation (AS TRANSACTION) oder um eine bitemporale Relation (AS VALID AND TRANSACTION) handelt. Bei der Definition der Gültigkeitszeit kann gewählt werden, ob es sich bei den in der Relation abgebildeten Fakten um Ereignisse (EVENT) oder Zustände (STATE) handelt. Während bei der Transaktionszeit die Granularität systemabhängig und damit vorgegeben ist, kann sie bei der Gültigkeitszeit explizit bestimmt werden.

221 Vgl. dazu Snodgrass et al. (1995b).

222 Bei der formalen Notationsweise handelt es sich um eine Variante der Backus Naur Form (BNF), vgl. dazu NN (1994); NN (1995d); NN (1997a); van der Lans / Verbaan (1989), S. 367 ff.

```
<Tabellen-Definition> ::=
CREATE [{GLOBAL | LOCAL} TEMPORARY]
        TABLE <Tabellenspezifikation>
                <Tabellenelement> (, {Tabellenelement}...)
         [<temporale Definition]>
         [<Vacuuming Definition]>
                [ON COMMIT {DELETE | PRESERVE} ROWS]
```

Abbildung 16: Schema-Definition in TSQL2[223]

```
<Temporale Definition> ::=
         AS {VALID [STATE | EVENT] } [ <Granularität> ]
                [AND TRANSACTION]
         | AS TRANSACTION
```

Abbildung 17: Temporale Definition der Schema-Definition in TSQL2[224]

Eine um die Transaktionszeit erweiterte Datenbank wächst beständig an, da physische Überschreibungen und Löschungen nicht zulässig sind. Bei jeder Modifikation der Datenbank vergrößert sich somit ihr Volumen. Die VACUUMING-Klausel (Abbildung 18) bietet optional die Möglichkeit, in der CREATE TABLE-Anweisung festzulegen, nach welcher Zeitdauer bestehende Daten auch physisch gelöscht werden sollen. Die Vacuuming-Definition ist nur zulässig, wenn die definierte Tabelle die Transaktionszeit unterstützt.[225]

---

[223] Vgl. Snodgrass (1995a), S. 608.

[224] Vgl. Snodgrass (1995a), S. 608.

[225] Weitere Ausführungen zur Verwendung von VACUUMING gibt Jensen (1995).

```
<Vacuuming Definition> ::=
        VACUUM <Datetime-Wertausdruck>
```

Abbildung 18: Vacuuming-Definition der Schema-Definition in TSQL2[226]

Als Beispiel wird in Abbildung 19 gezeigt, wie die Schema-Definition der in Abbildung 13 dargestellten Relation in TSQL2 ausssieht.

```
CREATE TABLE Mitarbeiter (P-Nr integer, Name char(20) )
AS VALID STATE AND TRANSACTION
```

Abbildung 19: Schema-Definition der Tabelle Mitarbeiter

4.2.2.2 Datenmodifikationen

Die Eingabe von Daten in eine Datenbank erfolgt wie bei SQL2 durch ein INSERT-Statement. Dieses Statement wurde in TSQL2 um eine optionale VALID-Klausel ergänzt, welche die Gültigkeitszeiten der einzugebenden Fakten spezifiziert (Abbildung 20).

```
<Insert-Statement> ::=
  INSERT INTO <Tabellenspezifikation>
        [ (<Spaltenspezifikation> [, {<Spaltenspezifikation>}...] ) ]
  VALUES (Attributwert [, {Attributwert}...])
  [VALID PERIOD <Zeitausdruck>]
```

Abbildung 20: Insert-Statement in TSQL2[227]

---

[226] Vgl. Snodgrass (1995a), S. 608.

[227] Vgl. Leung et al. (1995), S. 299 ff.

Soll beispielsweise in einer bitemporalen Relation der Zustand eines Faktums aufgezeichnet werden, der über eine gewisse Periode in der modellierten Realität gültig ist, so müssen die entsprechenden expliziten Attributwerte des Objekts zusammen mit dem Gültigkeitszeitstempel in die Relation aufgenommen werden. Wird das entsprechende Tupel gespeichert, kommt es zur Transformation der Gültigkeitszeit-Chroni in bitemporale Chroni, da das System automatisch die Transaktionszeit-Chroni zum Zeitstempel hinzufügt. Der unbestimmte Zeitwert *UC* als Repräsentation der Transaktionszeit innerhalb des bitemporalen Chronons zeigt an, dass dieses Tupel aus Sicht der Datenbank aktuell ist.[228]

War das explizite Faktum vor der Einfügung noch nie in der Relation aufgezeichnet, dann wird ein vollständig neues Tupel in die Relation aufgenommen. War das explizite Faktum dagegen schon ein Teil vorhergehender Zustände dieser Relation, dann wird zur Vermeidung wertäquivalenter Tupel ein automatisches Coalescing ausgeführt und lediglich die Gültigkeitszeit des Tupels erweitert. Wird beim Speichern festgestellt, dass die Gültigkeitszeit des bereits in der Relation vorhandenen Faktums die des eingegebenen identischen Faktums voll überdeckt (CONTAINS), so wird die Information nicht eingefügt, da keine Veränderung des gültigen Zustands vorliegt.[229]

Wird die optionale VALID-Klausel bei der Eingabe eines Tupels nicht genutzt, dann bekommt das neu hinzugefügte Tupel ein vorgegebenes Gültigkeitszeit-Element zugewiesen. Diese Vorgaben werden als Teil der Tabellendefinition spezifiziert. Wurde für eine Tabelle kein vorgegebenes Gültigkeitszeit-Element spezifiziert, dann wird ein Element der Form '[*present*,*forever*]' dem Tupel hinzugefügt, wobei *present* den gegenwärtigen Zeitwert ausdrückt, der nicht verändert wird.[230]

Soll in die Relation von Abbildung 13 ein neues Tupel hinzugefügt werden, so könnte das INSERT-Statement aussehen wie in Abbildung 21. Die expliziten Attributwerte

[228] Vgl. Jensen et al. (1995), S. 191.

[229] Vgl. Jensen et al. (1995), S. 191.

[230] Vgl. Leung et al. (1995), S. 301.

'1020' und 'Kunz' werden in die Relation eingefügt. Ihre Gültigkeit beginnt mit dem Wert '15' und bleibt in alle Zukunft bestehen. Nach Ausführung der INSERT-Operation enthält die Relation die in Abbildung 22 dargestellten Informationen.

```
INSERT INTO Mitarbeiter
VALUES (1020, 'Kunz')
VALID PERIOD '[15,forever]'
```

Abbildung 21: Beispiel für ein Insert-Statement

MITARBEITER		
P-Nr	Name	Zeitstempel
0010	Mayer	{(5,6)...(5,*forever*)...(*UC*,6) ... (*UC*,*forever*)}
0011	Kraus	{(3,2)...(3,15)...(15,2)...(15,15)}
0011	Brosius	{(16,15)...(16,*forever*)...(*UC*,15)...(*UC*,*forever*)}
0012	Kremer	{(10,11)...(10,15)...(12,11)...(12,15) (13,11)...(13,20)...(*UC*,11)...(*UC*,20) (22,25)...(22,*forever*)...(*UC*,25)...(*UC*,*forever*)}
1020	Kunz	{(*UC*,15)...(*UC*,*forever*)}

Abbildung 22: Relation nach Ausführung der Insert-Operation

Wird eine Datenbank als Transaktionszeit- oder bitemporale Datenbank definiert, dann werden beim Ausführen einer UPDATE- bzw. DELETE-Operation durch TSQL2 - im Gegensatz zu SQL2 - keine physischen Überschreibungen bzw. Löschungen der expliziten Attributwerte durchgeführt; die Löschungen und Überschreibungen finden nur in logischer Weise statt, so dass auch die ursprünglichen Daten erhalten bleiben.

Beim Löschen eines Tupels aus einer Datenbank wird das Tupel vom aktuellen Zustand der Relation entfernt. Dabei kann durch eine explizite Angabe von Gültigkeitszeiten in der DELETE-Operation spezifiziert werden, welcher Gültigkeitsbereich des Tupels gelöscht werden soll (Abbildung 23). Dazu werden alle relevanten aktuellen Chroni (Transaktionszeit hat den Wert *UC*) aus dem Zeitstempel des Tupels entfernt. Erfolgt die Löschung eines Tupels über seine gesamte Gültigkeitszeit hinweg, dann wird als weitere Konsequenz die Transaktionszeit nicht weiter mit der fortlaufenden Zeit fortgeschrieben. Das Tupel ist somit aus dem aktuellen Zustand der Relation entfernt.[231]

```
<Delete-Statement> ::=
    DELETE FROM <Tabellenspezifikation>
    WHERE <Prädikate> [ {AND <Prädikat>}...]
    [VALID PERIOD <Zeitausdruck>]
```

Abbildung 23: Delete-Statement in TSQL2[232]

Stellt sich beispielsweise heraus, dass die Einfügung des Mitarbeiters 'Kunz' nicht korrekt war und dieser Mitarbeiter erst zum Zeitwert '20' die Arbeit aufnimmt, dann müssen die fehlerhaften Gültigkeitszeit-Chroni aus dem aktuellen Zustand der Datenbank entfernt werden (Abbildung 24). Die Gültigkeitszeit-Elemente '15' bis '19' werden gelöscht. Die Löschung wird zum Zeitwert '25' durchgeführt. Als Ergebnis entsteht die in Abbildung 25 dargestellte Relation.

```
DELETE FROM Mitarbeiter
WHERE P-Nr = 1020
VALID PERIOD '[15,19]'
```

Abbildung 24: Beispiel einer Delete-Operation

Ist bei der DELETE-Operation die optionale VALID-Klausel nicht angegeben worden, dann wird implizit ein vorgegebenes Gültigkeitszeit-Element für die Löschung angenommen. Diese vorgegebene Gültigkeitszeit-Periode ist '[*present*/*forever*]'. Der

[231] Vgl. Jensen et al. (1995), S. 192.

[232] Vgl. Leung et al. (1995), S. 301 ff.

Zeitwert *present* spezifiziert hierbei den aktuellen Zeitwert (CURRENT DATE), während *forever* das bekannte unbestimmte zukünftige Gültigkeitszeit-Ende darstellt.[233]

MITARBEITER		
P-Nr	Name	Zeitstempel
0010	Mayer	{(5,6)...(5,*forever*)...(*UC*,6) ... (*UC*,*forever*)}
0011	Kraus	{(3,2)...(3,15)...(15,2)...(15,15)}
0011	Brosius	{(16,15)...(16,*forever*)...(*UC*,15)...(*UC*,*forever*)}
0012	Kremer	{(10,11)...(10,15)...(12,11)...(12,15) (13,11)...(13,20)...(*UC*,11)...(*UC*,20) (22,25)...(22,*forever*)...(*UC*,25)...(*UC*,*forever*)}
1020	Kunz	{(16,15)...(16,19)...(25,15)...(25,19) (26,20)...(26,*forever*)...(*UC*,20)...(*UC*,*forever*)}

Abbildung 25: Beispiel-Relation nach Durchführung der Lösch-Operation

Werden Tupel mittels der UPDATE-Operation von TSQL2 modifiziert, dann kann der ausgelöste Vorgang als eine logische Löschung mit nachfolgender Einfügung verstanden werden. Das Tupel mit den nicht mehr gültigen Attributwerten wird aus dem aktuellen Zustand der Relation entfernt. Bei der nachfolgenden Einfügung wird das Tupel mit den neuen gültigen Attributwerten in die Relation eingefügt. Dieses Tupel wird dem aktuellen Zustand der Relation hinzugefügt, indem die Transaktionszeit des bitemporalen Chronons innerhalb des Zeitstempels den Wert *UC* bekommt.[234]

Durch die UPDATE-Operation (Abbildung 26) werden explizite Attributwerte im Rahmen ihrer Gültigkeitszeiten modifiziert. Mit Hilfe der optionalen VALID-Klausel kann man die Gültigkeitszeit bestimmen, für die das Update durchgeführt werden soll.

---

[233] Vgl. Leung et al. (1995), S. 303.

[234] Vgl. Leung et al. (1995), S. 303; Jensen et al. (1995), S. 192.

Entschließt sich die Mitarbeiterin 'Brosius' (Abbildung 25) erneut zu heiraten und den Namen ihres neuen Gatten anzunehmen, so muss in der Mitarbeiter-Datenbank eine UPDATE-Operation durchgeführt werden. Wird angenommen, dass die Hochzeit zum Zeitwert '30' stattgefunden hat und somit zu dieser Zeit die Namensänderung vollzogen wurde (der neue Name von Frau Brosius ist nun 'Adam'), so sieht die UPDATE-Operation wie in Abbildung 27 aus. Wird darüber hinaus angenommen, dass diese Datenmodifikation der Datenbank zum Zeitwert '33' mitgeteilt wird, dann ergibt sich die in Abbildung 28 dargestellte Relation.

```
<Update-Statement> ::=
 UPDATE <Tabellenspezifikation>
 SET <Spaltenspezifikation> TO <Ausdruck>
        [, {<Spaltenspezifikation> TO <Ausdruck>}...]
    [VALID PERIOD <Zeitausdruck>]
 [WHERE <Prädikate>]
```

Abbildung 26: Update-Statement in TSQL2

```
UPDATE Mitarbeiter
SET Name TO 'Adam'
   VALID PERIOD '[30,forever]'
WHERE Name = 'Brosius'
```

Abbildung 27: Beispiel einer Update-Operation

MITARBEITER		
P-Nr	Name	Zeitstempel
0010	Mayer	{(5,6)...(5,*forever*)...(*UC*,6)...(*UC*,*forever*)}
0011	Kraus	{(3,2)...(3,15)...(15,2)...(15,15)}
0011	Brosius	{(16,15)...(16,*forever*)...(33,15)...(33,*forever*)}
0011	Adam	{(34,30)...(34,*forever*)...(*UC*,30)...(*UC*,*forever*)}
0012	Kremer	{(10,11)...(10,15)...(12,11)...(12,15) (13,11)...(13,20)...(*UC*,11)...(*UC*,20) (22,25)...(22,*forever*)...(*UC*,25)...(*UC*,*forever*)}
1020	Kunz	{(16,15)...(16,19)...(25,15)...(25,19) (26,20)...(26,*forever*)...(*UC*,20)...(*UC*,*forever*)}

Abbildung 28: Beispiel-Relation nach Durchführung einer Update-Operation

4.2.2.3 Abfragen

Abfragen in TSQL2 werden wie in SQL2 durch die Ausführung des SELECT-Statements durchgeführt. Wenngleich für die Selektion von Gültigkeitszeiten auf eine zusätzliche Klausel, wie z. B. TIMESLICE[235] oder WHEN[236] verzichtet wurde, enthält das SELECT-Statement eine zusätzliche optionale VALID-Klausel für eine Projektion von Gültigkeitszeiten. Diese Klausel besteht entweder aus dem Schlüsselwort VALID oder VALID INTERSECT gefolgt von einem temporalen Ausdruck (Abbildung 29).[237]

Die VALID-Klausel kennzeichnet eine so genannte allgemeine Gültigkeitszeit-Projektion.[238] Werden Abfragen auf bitemporale Relationen ausgeführt, dann besteht der Zeitstempel der ausgegebenen Tupel bei Anwendung dieser Klausel nur noch aus der Gültigkeitszeit. Diese Gültigkeitszeiten erhalten die Zeitwerte, welche in dem temporalen Ausdruck der VALID-Klausel spezifiziert wurden. Sollen in eine Datenbank durch Ausführung einer INSERT-Operation neue Informationen eingefügt

[235] Vgl. z. B. Clifford / Croker (1987), S. 533 f.; Navathe / Ahmed (1993), S. 104.

[236] Vgl. z. B. Clifford / Croker (1987), S. 534; Navathe / Ahmed (1993), S. 100.

[237] Vgl. Hsu et al. (1995), S. 291 ff.

[238] Vgl. Hsu et al. (1995), S. 292.

werden und lassen sich diese mittels des SELECT-Statements aus bereits bestehenden Daten berechnen, dann können die Gültigkeitszeiten der neuen Informationen über die VALID-Klausel bestimmt werden. Die Klausel VALID INTERSECT wird als Einschränkung der VALID-Klausel verstanden, da der aus einer Abfrage resultierende Gültigkeits-Zeitstempel aus der Schnittmenge des spezifizierten temporalen Ausdrucks und der Gültigkeitszeit der einzelnen Tupel derjenigen Ausgangsrelationen gebildet wird, die in der FROM-Klausel aufgeführt sind.[239]

```
<Select-Statement> ::=
    SELECT [SNAPSHOT] {* | <Spaltenspezifikation
        [, {<Spaltenspezifikation> }...] }
    [VALID [INTERSECT <temporaler Ausdruck>] ]
    FROM {<Tabellenspezifikation> | <Gruppierungsspezifikation>}
        [(PERIOD)] [AS <Tupelvariable>]
            [, {<Tabellenspezifikation> | <Gruppierungsspezifikation> }
             [(PERIOD)] [AS <Tupelvariable>] }...]
    [WHERE [<Prädikate>] [{AND|OR}]
        [VALID(<Tabellenspezifikation> <temporaler Vergleichsoperator>
            (<temporaler Ausdruck>)] [{AND|OR}
        TRANSACTION(<Tabellenspezifikation>
            <temporaler Vergleichsoperator> [<temporaler Ausdruck>)] ]]
```

Abbildung 29: Verkürztes Select-Statement in TSQL2[240]

Bei nicht expliziter Verwendung der VALID-Klausel wird ein Default-Wert für die Gültigkeitszeit angenommen. Dieser Vorgabewert ergibt sich aus der Schnittmenge der Zeitstempel derjenigen Relationen, die in die Abfrage einbezogen sind. Ist mindestens eine dieser Relationen eine Schnappschuss-Relation, dann ist auch das Ergebnis der Abfrage (ohne explizite VALID-Klausel) eine Schnappschuss-Relation.

---

239 Vgl. Hsu et al. (1995), S. 292 f.

240 Vgl. Myrach (1997a), S. 148.

Sind dagegen alle betroffenen Argument-Relationen Gültigkeitszeit- oder bitemporale Relationen und der Benutzer möchte als Ergebnis einer Abfrage eine Schnappschuss-Relation erhalten, so kann dies durch das reservierte Wort SNAPSHOT im Anschluss an das Schlüsselwort SELECT spezifiziert werden.[241]

Ein wichtiges Konstrukt bei der Selektion von Gültigkeitszeiten ist der Vergleich von Zeitstempeln. Die von TSQL2 zur Verfügung gestellten Vergleichsoperatoren sind PRECEDES, = (EQUAL), OVERLAPS, CONTAINS und MEETS.[242] Sollen beispielsweise alle Personen der Relation 'Mitarbeiter' (Abbildung 28) aufgelistet werden, welche die gesamte Periode von '10' bis '15' im Unternehmen tätig waren, so lässt sich die geforderte Gültigkeitszeit-Einschränkung wie in der Abfrage von Abbildung 30 mit Hilfe des Vergleichsoperators CONTAINS durchführen. Die Ergebnis-Relation wird in Abbildung 31 dargestellt. Diese Relation enthält nur den Mitarbeiter 'Mayer'. Bei Betrachtung der Ausgangs-Relation fällt auf, dass auch das Tupel mit dem Attributwert 'Kraus' mit einer Gültigkeitszeit verbunden ist, die den gewünschten Zeitraum überdeckt. Dieses Tupel wird jedoch nicht in der Ergebnis-Relation aufgelistet, da es aus gegenwärtiger Sicht in der Datenbank nicht mehr aktuell ist (Transaktionszeit hat nicht den Wert *UC*). Da in der Abfrage die Transaktionszeit nicht explizit spezifiziert wurde, werden nur Tupel berücksichtigt, die zur gegenwärtigen Zeit aktuell sind. Sollen vergangene Zustände der Datenbank betrachtet werden (as-of-Betrachtung), dann muss in der WHERE-Klausel die Transaktionszeit spezifiziert werden. Eine solche Spezifikation ist in der Abfrage von Abbildung 32 dargestellt. Die Datenbank wird in dem Zustand angesehen, der zum Zeitwert '15' bestanden hat. In Abbildung 33 wird sichtbar, dass das zur gegenwärtigen Zeit nicht aktuelle Faktum {0011, Kraus} mit Hilfe dieser Abfrage in der Ergebnis-Relation aufgelistet wird.

[241] Vgl. Hsu et al. (1995), S. 293.

[242] Vgl. Hsu et al. (1995), S. 287.

```
SELECT *
FROM Mitarbeiter
WHERE VALID(Mitarbeiter) CONTAINS PERIOD('[10-15]')
```

Abbildung 30: Beispielabfrage mit TSQL2

MITARBEITER		
P-Nr	Name	Zeitstempel
0010	Mayer	{(5,6)...(5,*forever*)...(*UC*,6)...(*UC*,*forever*)}

Abbildung 31: Ergebnis der Abfrage von Abbildung 30

```
SELECT *
FROM Mitarbeiter
WHERE Name = 'Kraus'
    AND VALID(Mitarbeiter) CONTAINS PERIOD('[10-15]')
    AND TRANSACTION(Mitarbeiter) OVERLAPS TIMESTAMP '15'
```

Abbildung 32: Abfragebeispiel mit Transaktionszeitspezifikation in TSQL2

MITARBEITER		
P-Nr	Name	Zeitstempel
0011	Kraus	{(3,2)...(3,15)...(15,2)...(15,15)}

Abbildung 33: Ergebnis-Relation der Abfrage aus Abbildung 32

Wie das Faktum {'0012', 'Kremer'} in Abbildung 28 zeigt, kann sich ein Zeitstempel aus mehreren unverbundenen Perioden zusammensetzen. Möchte ein Benutzer mit Hilfe einer Abfrage Informationen gewinnen, die sich nur auf einzelne Perioden eines solchen temporalen Elements beziehen (beispielsweise über die ununterbrochene Anstellungsdauer eines Mitarbeiters), dann kann in der SELECT-Anweisung das

Schlüsselwort PERIOD genutzt werden.[243] Mit Hilfe dieses Konstrukts lassen sich die temporalen Elemente der Zeitstempel in ihre einzelnen unverbundenen Perioden zerlegen. Der Benutzer erhält mehrere wertäquivalente Tupel mit unterschiedlichen Gültigkeitszeit-Perioden. Die Ermittlung derjenigen Mitarbeiter, die länger als 10 Jahre[244] im Unternehmen ohne Unterbrechung angestellt waren, kann durch die Ausführung der in Abbildung 34 dargestellten SELECT-Anweisung erfolgen. Wird diese Abfrage auf die in Abbildung 28 dargestellte Relation angewendet und unterstellt man, dass die Abfrage zum Zeitpunkt '30' durchgeführt wird, dann ist der Mitarbeiter Kremer nicht in der Ergebnis-Relation vorhanden, da er zwar insgesamt länger als 10 Jahre im Unternehmen angestellt war, die einzelnen Perioden seiner Anstellung waren jedoch kürzer.

Damit Berechnungen von Zeitperioden zu korrekten Ergebnissen führen, müssen in manchen Fällen die Werte von Zeitstempeln, welche z. B. dem unbestimmten Zeitwert *forever* enthalten, auf den gegenwärtigen Zeitpunkt begrenzt werden. Durch Anwendung der Funktion INTERSECT() wird der Betrachtungszeitraum auf vergangene und gegenwärtige Gültigkeitszeiten beschränkt. Das erfolgt durch die Bildung der Schnittmenge zwischen den einzelnen unverbundenen Gültigkeitszeit-Perioden der Zeitstempel und der spezifizierten Periode '[*beginning*/*now*]'. Die in der Beispiel-Relation vorkommenden, unendlich in die Zukunft reichenden Gültigkeitszeiten (*forever*) werden bei der Berechnung der Anstellungsdauer somit nicht berücksichtigt.

```
SELECT P-Nr
FROM Mitarbeiter (PERIOD)
WHERE VALID(Mitarbeiter) OVERLAPS TIMESTAMP 'now'
AND CAST INTERSECT (VALID(Mitarbeiter) PERIOD '[beginning,now]')
AS INTERVAL YEAR) ≥ INTERVAL '10' YEAR
```

Abbildung 34: Verwendung des Konstrukts PERIOD in TSQL2-Abfragen

[243] Vgl. Myrach (1997a), S. 149.

[244] Hier wird unterstellt, dass die Granularität eines Inkrements des Zeitstempels ein Jahr ist.

MITARBEITER		
P-Nr	Name	Zeitstempel
0010	Mayer	{(5,6)...(5,*forever*)...(*UC*,6)...(*UC*,*forever*)}
1020	Kunz	{(16,15)...(16,19)...(25,15)...(25,19) (26,20)...(26,*forever*)...(*UC*,20)...(*UC*,*forever*)}

Abbildung 35: Ergebnis der in Abbildung 34 dargestellten Abfrage

Die FROM-Klausel in TSQL2 identifiziert - wie auch die FROM-Klausel in SQL2 - die der Abfrage zugrunde liegenden Relationen, von denen die gewünschten Informationen gewonnen werden sollen. Die in TSQL2 vorgenommenen Erweiterungen der FROM-Klausel dienen in erster Linie zur Erhöhung der temporalen Ausdrucksfähigkeit der Sprache und zur Vereinfachung der Abfrageformulierung. Deshalb wird an dieser Stelle nicht auf Details eingegangen.[245]

4.2.3 Umsetzungsmöglichkeiten von BCDM und TSQL2

Bislang ist kein kommerzielles Produkt verfügbar, welches das BCDM oder gar TSQL2 unterstützt. Bei dem Versuch einer Umsetzung der konzeptionellen Vorschläge des BCDM in kommerziell verfügbaren Datenbankmanagement-Systemen treten einige Probleme auf. Eine grundlegende Schwierigkeit liegt bei der Implementierung des impliziten Zeitstempels. Da der Zeitstempel von aktuellen Datensätzen eine ständig wachsende Menge bitemporaler Chroni darstellt, kann die erste Normalform nicht erfüllt werden. Deshalb besteht die Gefahr von Inkonsistenzen. Eine alternative Darstellungsform der Zeitstempel wäre die Abstraktion der Mengen von Chroni in Perioden. Bei dieser Darstellungsform wird jedoch eine getrennte Speicherung der Gültigkeitszeit- und Transaktionszeit-Perioden in separaten Attributen erforderlich. Diese recht elegante Umsetzung kann jedoch nicht implementiert werden, da in kommerziellen Datenbankmanagement-Systemen derzeit kein Datentyp unterstützt wird, der eine verankerte Zeitdauer darstellt. Ein solcher Datentyp ist im Modul SQL/Temporal des geplanten SQL3-Standards vorgesehen.[246] Da dieser Datentyp derzeit noch nicht zur Verfügung steht, müssen die Perioden-

[245] Vgl. dazu Snodgrass et al. (1995a).

[246] Vgl. z. B. Snodgrass (1998a).

grenzen der beiden Zeitdimensionen durch jeweils ein Attribut dargestellt werden, so dass zur Repräsentation des Zeitstempels insgesamt vier Attribute erforderlich sind. Eine solche Darstellung ähnelt recht stark älteren Modellvorschlägen, wie beispielsweise den Modellansätzen von Ben-Zvi[247] oder Snodgrass / Ahn[248].

Eine weitere Schwierigkeit bei der Umsetzung des BCDM in kommerziell verfügbare Datenbankmanagement-Systeme liegt in der Definition von Schlüsseln bzw. in der Definition von Beziehungen zwischen Relationen. In konventionellen Datenbanken werden Objekte durch eindeutige Primärschlüssel-Attribute identifiziert. Unterliegen die einzelnen Fakten von Objekten einer evolutionären Entwicklung, dann muss neben den neuen zeitveränderlichen Werten auch jeweils das zeitunveränderliche Primärschlüssel-Attribut gespeichert werden. Dadurch verlieren diese Attributwerte ihre Identifikationsfähigkeit einzelner Tupel. Damit eine eindeutige Tupelidentifikation hergestellt werden kann, ist eine Erweiterung des Primärschlüssels erforderlich. Diese kann durch ein oder mehrere Zeitstempel-Attribute oder durch ein so genanntes Surrogat-Attribut erfolgen, welches die einzelnen Objektversionen mit internen Indices durchnummeriert.

Im BCDM kann man nicht eindeutig unterscheiden, ob ein Tupel aufgrund seiner Evolution modifiziert bzw. gelöscht oder ob diese Operationen zwecks Korrekturen fehlerhafter Eingaben durchgeführt wurden. Dieser semantische Unterschied ist dann wichtig, wenn aus gegenwärtiger Sicht auf frühere Objektzustände zugegriffen werden soll. Der Benutzer möchte gewöhnlicherweise nur auf korrekte (wenn auch evtl. nicht mehr gültige oder aktuelle) Tupel zugreifen, jedoch nicht auf fehlerhafte, beispielsweise durch Eingabefehler verursachte Fakten. Eine mögliche Lösung bietet das temporale Datenmodell von Ben-Zvi[249], in dem eine temporale Relation um ein weiteres Attribut ergänzt wird, dessen Zeitwerte Korrekturdaten enthalten. Der Zeitstempel wird hier somit über fünf Attribute (bei einer Umsetzung in einem kommerziell verfügbaren Datenbankmanagement-System) verteilt. Das Attribut der Kor-

247 Vgl. Ben-Zvi (1982).

248 Vgl. Snodgrass / Ahn (1985); Snodgrass / Ahn (1986).

249 Vgl. Ben-Zvi (1982).

rekturzeit ist ein spezieller Fall der Transaktionszeit, da dieser Zeitwert bei der Durchführung von Korrekturen automatisch durch die Systemuhr gesetzt wird.

Eine weitergehende Diskusion der Schlüsselproblematik sowie der Fehlerkorrekturen in temporalen Datenbanken findet sich bei Knolmayer[250], Knolmayer / Myrach[251] und Myrach et al.[252]

[250] Vgl. Knolmayer (1991).

[251] Vgl. Knolmayer / Myrach (1997).

[252] Vgl. Myrach et al. (1996).

5 Übertragbarkeit von Konzepten temporaler Datenmodellierung auf die Geschäftsprozessmodellierung

5.1 Geschäftsregelbasierter Modellierungsansatz

In Organisationen ist viel Wissen und eine Vielzahl an Regelungen über die Abwicklung von Geschäften vorhanden. Durch diese Regelungen werden die Abläufe zur Erreichung der Organisationsziele vorgeschrieben. Einige dieser Regeln bestehen in formalisierter Form (z. B. in Organisationshandbüchern), andere sind nicht dokumentiert und nur informell vorhanden. Die verfügbaren Regelungen unterscheiden sich darüber hinaus im Ausmaß ihrer Detailliertheit. Während einige Regeln derart präzise formuliert sind, dass sie automatisiert ausgeführt werden können, lassen andere Ermessensspielräume offen.[253]

Durch Geschäftsregeln können die in Organisationen stattfindenen Abläufe beschrieben und ansatzweise formalisiert werden. Als Geschäftsregeln werden dementsprechend Aussagen über die Abwicklung von Geschäften verstanden, d. h. sie sind Aussagen über Richtlinien und Beschränkungen hinsichtlich der Zustände und Prozesse in einer Organisation.[254]

In diesem Kapitel wird untersucht, inwieweit bei der Modellierung von Geschäftsregeln und -prozessen neben den kausalen Ablaufvorschriften auch temporale Restriktionen berücksichtigt werden müssen, um eine umfassende Beschreibung der Organisationsabläufe zu erhalten. Darüber hinaus wird beschrieben, wie durch eine Abbildung zeitlicher Abhängigkeiten von Geschäftsabläufen zusätzliche Informationen für Zeitplanungen und Zeitmanagement bzw. über Auswirkungen von Zeitverzögerungen beim Prozessablauf zur Verfügung gestellt werden können. Die Betrachtungen beziehen sich auf die temporalen Abhängigkeiten der einzelnen Objekte des Prozessmodells. Dabei sind nicht nur ihre Gültigkeits- und Transaktionszeiten relevant (Abschnitte 5.2 und 5.3.2), sondern auch ihre strukturellen

---

[253] Vgl. Knolmayer et al. (1999).

[254] Vgl. Herbst / Knolmayer (1995), S. 150; Ross (1994), S. 11.

Veränderungen im Zeitablauf, die mit Hilfe eines bitemporalen Repositories dokumentiert werden können (Abschnitt 5.3.1). Die Schema-Evolution[255] des Repositories wird jedoch nicht betrachtet, da die Veränderungen des Prozessmodells innerhalb eines gegebenen Datenbankschemas abbildbar sind.

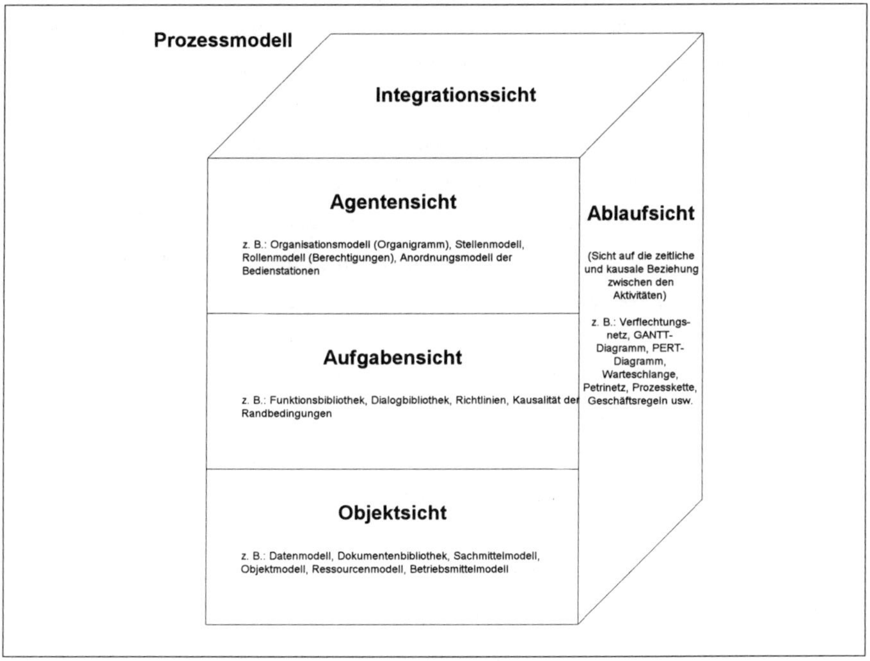

Abbildung 36: Mögliche Sichten auf Prozessmodelle[256]

Von den in AAbbildung 36 dargestellten Sichten auf ein Prozessmodell liegt der Schwerpunkt der nachfolgenden Betrachtungen auf der Ablaufsicht, da durch diese Sicht auf ein Prozessmodell die zeitlichen bzw. kausalen Zusammenhänge zwischen den Aktivitäten eines Prozesses beschrieben werden.[257] Als Grundlage der Unter-

---

[255] Vgl. dazu De Castro et al. (1995); McKenzie / Snodgrass (1990); Roddick (1992); Roddick / Snodgrass (1995b)

[256] In Anlehnung an DIN (1996), S. 18.

[257] Vgl. DIN (1996), S. 18 f.

suchung dient ein auf Geschäftsregeln basierender Modellierungsansatz, mit dem sich die Geschäftsabläufe einer Organisation in strukturierter Form abbilden lassen. Die allgemeinen Aussagen über temporale Phänomene bei der Geschäftsprozessmodellierung können aber auch auf andere semantische Prozessmodelle[258] übertragen werden.

Als Basis der Untersuchung möglicher Konstrukte zur Abbildung von zeitlichen Abhängigkeiten von Organisationsabläufen dienen die Konzepte temporaler Datenmodellierung. Bei einer Überprüfung von Möglichkeiten der Übertragbarkeit dieser temporalen Konzepte auf die Geschäftsprozessmodellierung spielt das Konzept der Zeitstempelung eine wesentliche Rolle. Die Dokumentation der Zeitbindung von Objekten besitzt auch außerhalb temporaler Datenbanken große Bedeutung. Mit diesem Konzept können nicht nur die Evolutionen von Objekten aufgezeichnet, sondern Zeitstempel können auch für Steuerungszwecke in Prozessen verwendet werden.

Wird die Architektur des regelbasierten Modellierungsansatzes zugrunde gelegt (Abbildung 37), dann beziehen sich die nachfolgenden Betrachtungen auf folgende Architektur-Komponenten:

(1) Modellierungskomponente (Abschnitt 5.2).
Im Rahmen der Prozessmodellierung werden zunächst einzelne Geschäftsregeln formuliert, welche dann zu einer Prozesskette zusammengesetzt werden. Die Berücksichtigung zeitlicher Bezüge ist hier nicht allein bei der Modellierung von Regeln bzw. Prozessen von Bedeutung, sondern bereits bei der Definition und Abgrenzung der einzelnen Regelkomponenten.

(2) Geschäftsregel-Repository (Abschnitt 5.3.1).
Die modellierten Regeln und deren Einbindung in Geschäftsprozesse werden in einem Repository dokumentiert. Da ein Repository auch eine Datenbank ist, besteht hier ein sehr enger Bezug zu den Konzepten temporaler Datenbanken. Das Geschäftsregel-Repository ist somit ein praktisches Anwendungsfeld der temporalen Datenbank-Modellierung.

---

[258] Vgl. beispielsweise Scheer / Spang (1990); Spang (1991).

(3) Transaktions-Repository (Abschnitt 5.3.2).

Werden die modellierten Regeln bzw. Prozesse zur Unterstützung und Steuerung von Prozessabläufen in einem Workflowmanagement-System (WFMS) eingesetzt, müssen die modellierten Prozesse zunächst in eine Workflow-Spezifikation umgesetzt werden. Beim Einsatz einzelner Workflows werden diese zu Zwecken der Steuerung und des Monitoring in ein Transaktions-Repository abgelegt. Ein solches Repository auf Transaktionsebene hat spezielle Anforderungen an zeitliche Abhängigkeiten der einzelnen Transaktionen, welche in der Datenbank berücksichtigt werden sollten.

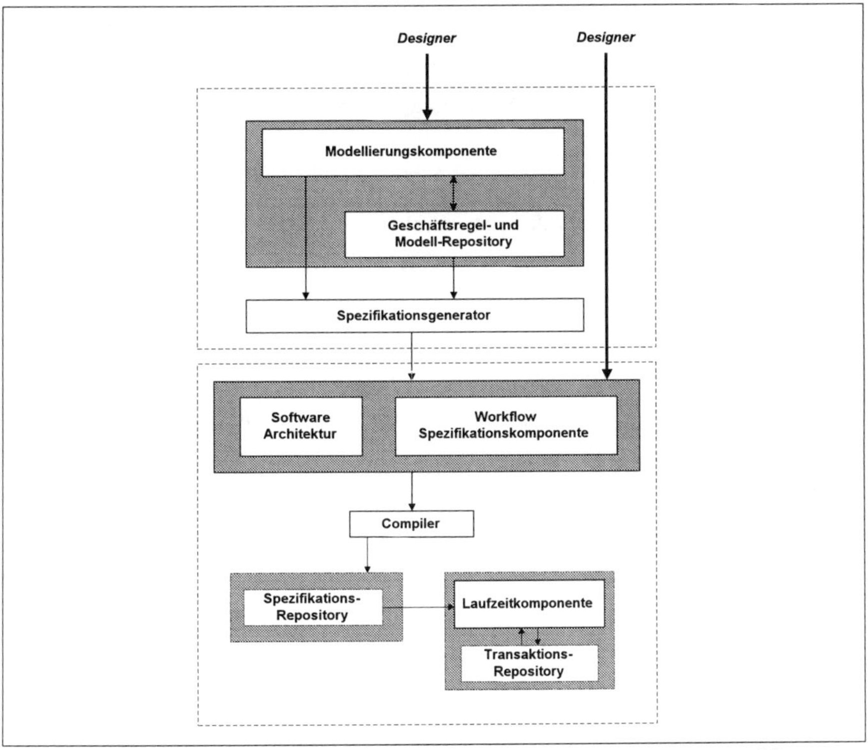

Abbildung 37: Modellarchitektur des regelbasierten Modellierungsansatzes[259]

[259] In Anlehnung an Knolmayer et al. (1997), S. 28.

5.2 Prozessmodellierung mit Geschäftsregeln

In einem Prozessmodell wird die ablauforganisatorische Struktur eines Unternehmens abgebildet. Es wird das zeitlich-logische (dynamische) Verhalten von Vorgängen beschrieben, die zur Erfüllung der Aufgaben in einem Unternehmen dienen. Dieses Unternehmensprozessmodell kann auf Basis von Geschäftsregeln in einem betrieblichen Informationssystem abgebildet werden. Mit ihm lassen sich die durchzuführenden Aktionen (auch Funktionen genannt) in ihren zeitlich-logischen Abhängigkeiten darstellen.[260]

Empirische Studien im Bereich von Workflow Management Systemen zeigen, dass Geschäftsregeln eine wichtige Rolle bei der Beschreibung von Geschäftsprozessen einnehmen.[261] Die Ablauflogik der Prozesse wird durch Ereignisse beeinflusst, welche Aktionen starten, die wiederum Ereignisse auslösen.

In betrieblichen Abläufen wird häufig vor dem Ausführen von Aktionen das Zutreffen definierter Bedingungen geprüft. Über diese Bedingungen lässt sich der Start von zwei alternativen Aktionen steuern (IF-THEN-ELSE-Steuerung). Mit Hilfe der Geschäftsregeln können diese unter bestimmten Bedingungen auszuführenden Aktivitäten und die sie auslösenden Ereignisse in Beziehung gesetzt werden. In diesem Sinne lassen sich Geschäftsprozesse auf der Grundlage von Geschäftsregeln beschreiben und ausführen.[262] Durch die drei Konstrukte eintretendes Ereignis, zu prüfende Bedingung und auszuführende Aktion ergibt sich dabei eine Modellierung der Ablaufsteuerung in Analogie zu den in aktiven Datenbankmanagement-Systemen[263] verwendeten ECA-Regeln (Event-Condition-Action Rules)[264], die um eine zweite Aktionskomponente erweitert werden, um bei Nicht-Erfüllung der Bedingung eine Alternativaktion ausführen zu können (ECAA-Regeln;

---

[260] Vgl. Keller et al. (1992), S. 15; Scheer (1998), S. 3.

[261] Vgl. Joosten et al. (1994).

[262] Hoheisel / Pfahrer (1999), S. 568 f.; Knolmayer et al. (1997), S. 15 f.

[263] Einen unfassenden Überblick über aktive Informationssysteme bietet Jasper (1998).

[264] Vgl. beispielsweise Dayal (1988); Gatziu / Dittrich (1992); Hanson (1992); Kotz-Dittrich (1989); Stonebraker et al. (1990); Widom / Finkelstein (1990).

vgl. Abbildung 38).[265] Die Eignung der ECAA-Regeln zur Modellierung von Geschäftsregeln wurde im regelbasierten Modellierungsansatz[266] aufgegriffen. Das Konzept der Regeln wurde in diesem Ansatz erweitert und stellt die Grundlage für eine strukturierte Modellierung von Geschäftsregeln und -prozessen dar. Die Erweiterung der Regelmodellierung um eine explizite Bedingungskomponente ermöglicht eine praxisnähere Modellierung von Geschäftsregeln, als es beispielsweise mit Ereignisorientierten Prozessketten (EPK)[267] möglich ist und bietet zusätzliche Möglichkeiten für eine Modellierung der Ablaufsteuerung.[268]

Liegt innerhalb einer Geschäftsregel keine zu überprüfende Bedingung vor, so ist eine Modellierung von EA-Regeln möglich, die einen Sonderfall der ECAA-Notation darstellen. Diese Regeln beschreiben ein Ereignis, welches bei seinem Eintreten direkt eine Aktion aktiviert Abbildung 39).[269] Die in diesem Ansatz verwendeten EA-Regeln sind von jenen in Gehani et al.[270] und Behrends / Jasper[271] zu unterscheiden. Die dort vorgestellten Operatoren bieten die Möglichkeit, auch Teilausdrücken komplexer Ereignisse direkt Bedingungen zuzuordnen. In diesen Regelsprachen werden EA-Regeln angeboten, in deren Spezifikationsblock komplexe Ereignisse und Bedingungen integriert werden. Die im geschäftsregelbasierten Modellierungsansatz zur Verfügung gestellten EA-Regeln beinhalten dagegen keinerlei Spezifikationen von Bedingungen.

ON	*Event*
IF	*Condition*
Then DO	*Action*
Else DO	*Alternative Action*

Abbildung 38: ECAA-Regel

ON	*Event*
DO	***Action***

Abbildung 39: EA-Regel

[265] Vgl. Herbst (1996), S. 149.

[266] Vgl. dazu beispielsweise Endl et al. (1998); Knolmayer et al. (1997).

[267] Vgl. dazu beispielsweise Keller et al. (1992); Scheer (1998).

[268] Hoheisel (1999), S. 3 f.

[269] Hoheisel (1999), S. 4.

[270] Vgl. Gehani et al. (1992).

[271] Vgl. Behrends / Jasper (1993).

Der regelbasierte Modellierungsansatz nutzt die ECAA-Notation zur Formalisierung von Geschäftsregeln auf der konzeptionellen Modellierungsebene. Die in Geschäftsregeln dokumentierten Aussagen über die in einer Organisation durchzuführenden Aufgaben können durch ECAA-Regeln strukturiert und aussagekräftig in einer semiformalen Notation abgebildet werden. Durch Verknüpfung von ECAA-Regeln lassen sich die Prozesse einer Organisation beschreiben, indem eintretende Ereignisse Regeln auslösen, in deren Verlauf Aktivitäten durchgeführt werden, bei deren Abschluss wiederum bestimmte Ereignisse eintreten.[272]

Neben dieser logischen Ablaufmodellierung spielen die zeitlichen Zusammenhänge des Prozess-Ablaufs bei der Durchführung betrieblicher Prozesse eine wichtige Rolle.[273] Diese zeitliche Komponente wird jedoch bei der Geschäftsprozessmodellierung meist außer Acht gelassen und auch die verfügbaren Modellierungsmethoden bieten i. d. R. keine Konstrukte, welche die Modellierung temporaler Strukturen in den Prozess-Abläufen unterstützen. In diesem Kapitel wird untersucht, wie durch eine Erweiterung von Geschäftsregeln solche temporalen Konstrukte in die Prozessmodellierung integriert und wie mit Hilfe dieser Konstrukte neben der kausallogischen Modellierung von Geschäftsprozessen auch jene zeitlicher Phänomene innerhalb und zwischen Geschäftsregeln modelliert werden können.[274] Da Geschäftsregeln auf der konzeptionellen Modellierungsebene in semi-formaler Notation beschrieben werden, sollten auch die temporalen Erweiterungen in solch einer Struktur modellierbar sein. Auf Formeln basierende Beschreibungsformalismen, wie beispielsweise die Temporale Logik[275], welche zeitliche Aussagen über Zustände bzw. Zustandsfolgen in aktiven Systemen formulieren können, spielen dabei keine Rolle.

Durch die Berücksichtigung der zeitlichen Abhängigkeiten im Prozessmodell ist eine Modellierung des zeitlichen Prozessverlaufs und eine zeitliche Prozess-Steuerung

[272] Hoheisel (1999), S. 4.

[273] Vgl. Jasper et al. (1996), S. 70.

[274] Hoheisel (1999), S. 4 f.

[275] Vgl. Manna / Pnueli (1991).

und Planung möglich. Darüber hinaus wird durch die Berücksichtigung temporaler Konstrukte bei der Geschäftsregel-Modellierung eine bessere Abgrenzung der einzelnen Regelkomponenten voneinander unterstützt, was eine eindeutige und strukturierte Modellierung von Geschäftsprozessen fördert.[276]

Eine wichtige Rolle bei der Modellierung zeitlicher Abläufe durch Geschäftsregeln spielt das von der temporalen Datenbank-Modellierung her bekannte Zeitstempelkonzept, welches die zeitliche Bindung von Objekten abbildet (Abschnitt 4.1). Dabei wird bei der temporalen Datenmodellierung ein bestimmter Ausschnitt der Realität in einem Datenmodell beschrieben und in einer temporalen Datenbank dokumentiert. Bei dieser Dokumentation der modellierten Realität ist es meist erforderlich, sowohl die Gültigkeitszeit als auch die Transaktionszeit der modellierten Objekte abzubilden, damit sowohl ihre tatsächliche Gültigkeit in der Realität als auch ihre Aktualität in der Datenbank dokumentiert und somit ein vollständiges und korrektes Abbild der Diskurswelt erzielt wird. Die gespeicherten und damit wiedergewinnbaren Informationen erstrecken sich nicht nur auf gegenwärtig gültige Objekte, sondern auch auf in der Vergangenheit und in der Zukunft gültige Objekte. Außerdem werden Abfragen auf frühere Datenbankzustände möglich.[277]

Während temporale Datenbanken die Diskurswelt nur passiv abbilden[278], nehmen Workflowmanagement-Systeme aktiv an betriebswirtschaftlichen Abläufen teil und beeinflussen selbst die modellierte Realität.[279] Durch eine auszuführende Regel eines Prozesses werden Aktivitäten angestoßen, die von Akteuren der Organisation auszuführen sind. Diese Aktivitäten führen wiederum zu Ereignissen, die dem WFMS mitgeteilt werden und weitere Regeln auslösen können. Die Gültigkeit betriebswirtschaftlicher Objekte sowie der modellierten Regelkomponenten wird zur Laufzeit vom System selbst beeinflusst. Ein Prozess wird nur fortgesetzt, wenn dem System die Aktivitäten der Akteure mitgeteilt werden. Durch diese Mitteilungen werden die

---

[276] Hoheisel (1999), S. 5.

[277] Hoheisel (1999), S. 5.

[278] Eine Ausnahme stellen aktive Datenbankmanagement-Systeme dar.

[279] Vgl. Jablonski et al. (1997), S. 23.

Zustände der Regelkomponenten auf Systemebene aktuell, so dass die Gültigkeitszeit und die Transaktionszeit beim Prozess-Ablauf zusammenfallen. Eine scharfe Trennung der beiden Zeitdimensionen ist wegen dieser Interaktion zwischen System und Diskurswelt bis auf Ausnahmen nicht möglich. Eine separate Modellierung von Gültigkeits- und Transaktionszeit ist somit i. d. R. bei einem Prozessmodell nicht erforderlich (Abbildung 40).[280]

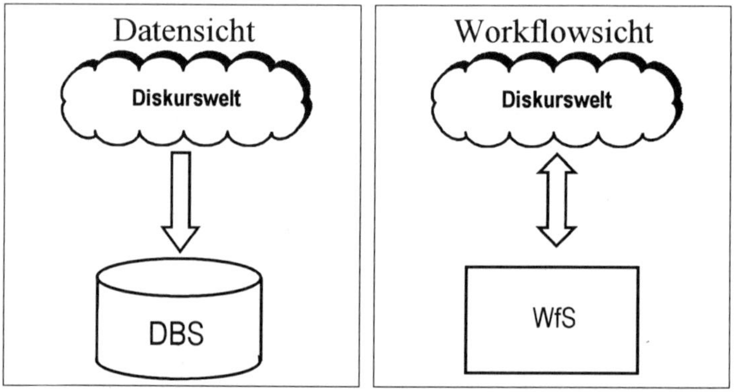

Abbildung 40: Beziehung von Datenbank- und Workflow-System zur Diskurswelt

Dieser grundlegende Unterschied zwischen der temporalen Datenmodellierung und der Prozessmodellierung wird bei der Beschreibung der einzelnen Geschäftsregel-Komponenten im regelbasierten Modellierungsansatz besonders deutlich.

5.2.1 Regelkomponenten

In den nachfolgenden Abschnitten werden die grundlegenden Komponenten des regelbasierten Modellierungsansatzes näher beschrieben. Ein Schwerpunkt der Betrachtung liegt dabei auf den temporalen Abhängigkeiten der einzelnen Elemente und den Möglichkeiten, diese zu modellieren.

---

[280] Hoheisel (1999), S.6.

5.2.1.1 Ereignis-Komponente

5.2.1.1.1 Allgemeine Definition von Ereignissen im Kontext des regelbasierten Modellierungsansatzes

Das Eintreten von Ereignissen löst innerhalb eines Prozesses bestimmte Regeln aus. Durch diese Regeln werden Aktionen gestartet, die wiederum das Eintreten von Ereignissen zur Folge haben können. Ereignisse spielen somit bei der Steuerung von Geschäftsprozessen eine wesentliche Rolle.

Ein Ereignis ist ein Phänomen, welches durch sein Auftreten eine bestimmte Situation beeinflusst. Es besteht aus dem Paar (<Ereignisbeschreibung>, <Zeit>, Abbildung 41), wobei die Ereignisbeschreibung den Anlass kennzeichnet, zu dem eine Regel ausgelöst wird, und die Zeit beschreibt, wann ein solcher Anlass dem System mitgeteilt wurde.[281] Der Benutzer legt innerhalb dieser Ereignisdefinition nur die Ereignisbeschreibung fest. Die Festlegung der Zeitkomponente erfolgt zur Laufzeit durch das System.[282]

Hier stellt sich die Frage, ob es sich bei der Zeitkomponente von Ereignissen um eine Transaktions- oder eine Gültigkeitszeit-Komponente handelt. Werden Ereignisse in einer temporalen Datenbank abgebildet und soll eine temporale Datenbank ein umfassendes Abbild der modellierten Realität dokumentieren, dann sind zur Darstellung eines Ereignisses sowohl die Gültigkeits- als auch die Transaktionszeit erforderlich. Da das Auftreten von Ereignissen in der modellierten Realität vom Zeitpunkt seiner Dokumentation in der Datenbank abweichen kann, müssen beide Zeitdimensionen modelliert und erfasst werden, damit keine Informationen verloren gehen.

Im Gegensatz zu der „passiven" Dokumentation der modellierten Realität in temporalen Datenbanken stehen WFMS in „aktiver" Interaktion mit der Diskurswelt (Abbildung 40). Das Eintreten eines Ereignisses im regelbasierten Prozessmodell führt zu einer Aktivierung von Regeln, deren Ablauf durch ein WFMS gesteuert und

---

[281] Vgl. Gatziu (1995), S. 7 f.

[282] Hoheisel (1999), S. 6.

kontrolliert wird. Diese Regeln lösen Aktivitäten aus, die von Akteuren der Diskurswelt durchzuführen sind und wiederum das Eintreten von Ereignissen zur Folge haben. Im Prozessmodell fallen somit beide Zeitdimensionen von Ereignissen zusammen. Da das Eintreten des Ereignisses zu der Zeit erfolgt, zu der eine Aktivität dem System als abgeschlossen mitgeteilt wird und somit das Eintreten eines Ereignisses systemgetrieben ist, handelt es sich bei der Zeitkomponente innerhalb der allgemeinen Definition einer Ereignis-Spezifikation um eine Transaktionszeit-Beschreibung.

<Ereignisbeschreibung>	t

Abbildung 41: Darstellung von Ereignissen

In Bezug auf die Zeitspanne ihres tatsächlichen Auftretens, d. h. der Dauer der Gültigkeit von Ereignissen in der modellierten Realität, werden Ereignisse verschieden interpretiert. Ereignisse können sich über einen Augenblick hinaus ausdehnen und damit über eine Zeitperiode hinweg bestehen.[283] Somit werden auch die Gültigkeitszeiten von Ereignissen als zeitraumbezogen interpretiert und müssen durch ein Zeitintervall abgebildet werden, um die Gültigkeit von Ereignissen dokumentieren zu können.

Betrachten wir beispielsweise die Kreditabteilung einer Bank. Unter Berücksichtigung dieser Ereignis-Interpretation beschreibt ein mögliches Ereignis 'Kreditantrag bearbeiten' einen über ein Zeitintervall andauerndes Ereignis.

Ereignisse können demgegenüber auch chrononbezogen interpretiert werden.[284] Diese Chrononbezogenheit führt bei Berücksichtigung der zugrunde liegenden Zeitgranularität zu der Interpretation von Ereignissen als einen Übergang von einem Zustand in einen anderen (Zustandsübergang).

---

[283] Vgl. beispielsweise Allen / Ferguson (1994), S. 3 f.; French (1986), S. 211; Jasper (1998), S. 127.

[284] Vgl. beispielsweise Becker (1998); Myrach (1996), S. 43; NN (1995a); NN (1999); Scheer (1995), S. 49 u. v. a.

Betrachten wir auch hier die Kreditabteilung einer Bank, so beschreibt das Ereignis 'Start der Bearbeitung des Kreditantrags' den Übergang des Zustands 'Kreditantrag liegt in Eingangskorb' zu dem Zustand 'Kreditantrag wird bearbeitet'. Diese etwas komplexer erscheinende Interpretation von Ereignissen hat zwei Vorteile in Bezug auf eine regelbasierte Geschäftsprozessmodellierung:[285]

(1) eine strikte Trennung von Zuständen und Ereignissen ist möglich und

(2) die Chrononbezogenheit von Ereignissen entspricht dem Kontext von ECAA-Regeln eher als eine Zeitraumbezogenheit von Ereignissen, da eine Regel im Allgemeinen direkt zur Zeit des Eintretens eines Ereignisses ausgelöst wird. Erstreckt sich ein Ereignis jedoch über einen Zeitraum, dann ist das Auslösen einer Aktion nicht genau spezifizierbar. Die Auslösung könnte exakt am Anfang bzw. genau am Ende des Zeitintervalls oder irgendwann innerhalb des Zeitintervalls erfolgen.

Werden Ereignisse chrononbezogen definiert, spielt die zugrunde liegende Zeitgranularität eine entscheidende Rolle.[286] Wird die Zeitgranularität innerhalb des betrachteten Modells verfeinert und verändert sich damit auch die Granularität der Chroni, dann ändert sich ein Chronon zu einem Zeitintervall, das aus mehreren Chroni mit feinerer Granularität besteht.[287] Ein chrononbezogenes Ereignis kann sich bei Verfeinerung der Zeitgranularität zu einem zeitintervallbezogenen Zustand verändern. Damit diese Transformation vermieden wird, ist es erforderlich, dass die Modellierung der Geschäftsregeln innerhalb einer vorab definierten Zeitgranularität verläuft und diese Granularität nicht verändert wird.

Zusammenfassend können die folgenden Kennzeichen von Ereignissen im regelbasierten Modellierungsansatz dargestellt werden:[288]

(1) Ereignisse können Regeln auslösen

(2) Aktionen werden durch Ereignisse aktiviert

[285] Hoheisel (1999), S. 7.

[286] Vgl. Behrends (1995), S. 91 sowie S. 96.

[287] Vgl. Dutta (1989), S. 119.

[288] Hoheisel (1999), S. 7.

(3) Ereignisse stellen den Übergang eines betriebswirtschaftlichen Zustands in einen anderen dar

(4) Ereignisse können sich auf Objekte des Datenmodells beziehen und können selbst Objekte des Datenmodells sein.

Grundsätzlich können Ereignisse in zwei Typen klassifiziert werden:[289]

(1) Elementare Ereignisse.

Ereignisse dieses Typs sind atomar und lassen sich nicht weiter zerlegen. Sie können unterschiedliche Ausprägungen haben.

- Datenbezogene Ereignisse.
  Diese werden von Manipulationen an Daten ausgelöst, die in der Realwelt vorhanden oder in einem Informationssystem gespeichert sind.
- Zeitbezogene Ereignisse.
  Diese werden durch die Angabe ihrer Gültigkeitszeit spezifiziert und bei Eintreten dieses Zeitwerts ausgelöst (Abschnitt 5.2.1.1.2).
- Benutzerbezogene Ereignisse.
  Diese können von Benutzern oder von Anwendungssystemen erkannt und signalisiert werden.

(2) Komplexe Ereignisse.

Sie werden durch die Anwendung von Operatoren auf andere Ereignisse spezifiziert, die entweder elementar oder ebenfalls komplex sein können. Entsprechend der angewendeten Operatoren können komplexe Ereignisse im Kontext des geschäftsregelbasierten Modellierungsansatzes wie folgt klassifiziert werden:[290]

- Disjunktionsereignis.
  Ein Disjunktionsereignis tritt ein, wenn eines seiner zwei Komponenten-Ereignisse E_1 bzw. E_2 eintritt. Die beiden Komponenten-Ereignisse sind durch den booleschen Operator exklusives OR miteinander verknüpft (E_1 XOR E_2).
- Konjunktionsereignis.
  Ein Konjunktionsereignis tritt ein, wenn jedes seiner definierten Komponenten-Ereignisse $\{E_1, E_2, \ldots, E_n\}$ eingetreten ist. Die in der Ereignismenge enthaltenen Komponenten-Ereignisse sind durch den booleschen Opeator UND verknüpft (E_1 AND E_2 AND ... AND E_n). Es ist keine

---

[289] Vgl. Behrends (1995), S. 18 f.; Chakravarthy / Mishra (1993), S. 7 ff.; Gatziu (1995), S. 30; Herbst / Knolmayer (1995), S. 151 f.

[290] In Anlehnung an Behrends (1995), S. 95 ff.; Chakravarthy / Mishra (1993), S. 15; Gatziu (1995), S. 47.

zeitliche Abhängigkeit zwischen den einzelnen Komponenten-Ereignissen vorgegeben.

- Sequenzereignis.
  Ein Sequenzereignis tritt ein, wenn alle in einer Liste enthaltenen Komponenten-Ereignisse $\{E_1 \rightarrow E_2 \rightarrow ... \rightarrow E_n\}$ in der spezifizierten chronologischen Reihenfolge eingetreten sind. Ein Sequenzereignis ist somit eine spezielle Form eines Konjunktionsereignisses.
- Intervallereignis.
  Ein Intervallereignis tritt ein, wenn ein spezifiziertes Komponenten-Ereignis E innerhalb eines definierten Intervalls eintritt. Das Intervall ist durch zwei andere Komponenten-Ereignisse $[E_1/E_2]$ begrenzt ($\{E\ [E_1/E_2]\}$).

5.2.1.1.2 Gültigkeitszeiten von Ereignissen

Bei der Modellierung von Ereignissen in einem Prozessmodell steht häufig der zukünftige Zeitpunkt ihres tatsächlichen Auftretens in der modellierten Realität nicht fest. Dieses Auftreten wird zum Teil durch das System im Prozessverlauf aktiv beeinflusst. Die Ereignis-Spezifikation enthält somit keinen expliziten Gültigkeits-Zeitstempel, der ihre zeitliche Bindung beschreiben würde. Im regelbasierten Modellierungsansatz wird angenommen, dass der Zeitpunkt ihres Eintretens in der Diskurswelt identisch mit dem Zeitwert ist, zu dem das aufgetretene Ereignis dem System mitgeteilt wird.

Erhält ein Kreditinstitut beispielsweise von einem Kunden einen Überweisungsauftrag, dann wird dieser Auftrag zunächst erfasst und danach ausgeführt. In diesem Teilprozess wird die Regel, welche die Ausführung des Auftrags beschreibt, durch das Ereignis 'Überweisungsauftrag erfasst' ausgelöst. Dieses tritt ein, wenn die Erfassung des Auftrags abgeschlossen ist und dem System als abgeschlossen bestätigt wurde. Innerhalb eines Prozesses treten Ereignisse also dann ein, wenn bei der Regelausführung ein bestimmter Status erreicht bzw. wenn das Durchlaufen einer Regel abgeschlossen wird. Daraus resultieren identische Zeitwerte für die Transaktionszeit und die Gültigkeitszeit von Ereignissen.[291]

---

[291] Hoheisel (1999), S. 8.

Etwas anders verhält es sich bei Ereignissen, die einen Prozess anstoßen. Diese treten außerhalb des modellierten Prozesses auf und können deshalb auch nicht vom System aktiv beeinflusst werden.

Wird beispielsweise das Ereignis 'Überweisungsauftrag durch Kunden erteilt' modelliert, dann ist dessen Eintreten unabhängig von einem Prozessverlauf, da der Prozess zur Bearbeitung dieses Auftrags erst duch dieses Ereignis ausgelöst wird. Erteilt nun der Kunde dem Kreditinstitut diesen Auftrag, dann kann der Zeitpunkt des tatsächlichen Eintretens dieses Ereignisses in der modellierten Realität zu einem anderen Zeitwert als die Mitteilung seines Eintretens an das WFMS erfolgen. Das kann beispielsweise dann der Fall sein, wenn das Überweisungs-Dokument zunächst mit einem Eingangsstempel versehen und erst zu einem späteren Zeitpunkt in den Arbeitsablauf eingeführt wird.

Bei einer Erfassung des Auftrags in einer temporalen Datenbank kann das tatsächliche Eintreten des Ereignisses durch die Gültigkeitszeit und das Erfassen des Ereignisses in der Datenbank durch die Transaktionszeit dokumentiert werden. Für eine umfassende Abbildung des betrachteten Realitätsausschnitts sind beide Zeitwerte erforderlich. Wird in einer temporalen Datenbank dieses Ereignis nur mit der Transaktionszeit gestempelt, dann ist nicht bekannt, wann der Überwiesungsauftrag tatsächlich erteilt wurde. Ist nur die Gültigkeitszeit verfügbar, dann fehlen die Angaben über die Speicherungszeit des Ereignisses in der Datenbank und es können evtl. bestehende Versionen verloren gehen, wenn das Datenbanksystem ein Überschreiben der Daten nicht auf andere Art verhindert.

Für ein WFMS tritt ein Ereignis jedoch erst zu dem Zeitpunkt auf, zu dem dieses Ereignis dem System mitgeteilt wird. Erst zu diesem Zeitpunkt wird der (Teil-) Prozess durch das eingetretene Ereignis angestoßen. Deshalb ist im Gegensatz zu einer dokumentierenden temporalen Datenbank eine Zeitstempelung von Ereignissen durch die Transaktionszeit im Prozessmodell ausreichend.

Neben diesen allgemeinen Ereignissen gibt es bei der Regelmodellierung im regelbasierten Modellierungsansatz auch spezielle zeitabhängige Ereignis-Beschreibungen, deren Spezifikation einen explizit zu modellierenden Zeitwert enthält. Diese können absolute (Abschnitt 5.2.1.1.2.1) oder relative (Abschnitt 5.2.1.1.2.3) Zeitwerte darstellen.[292] Eine Regel wird durch solche Ereignisse dann ausgelöst, wenn der spezifizierte Zeitwert erreicht wird.

Im Gegensatz zu den Darstellungen von Chakravarthy / Mishra[293]; Gatziu[294] und Endl et al.[295], welche die Bezeichnung „temporale Ereignisse“ verwenden und das Eintreten des entsprechenden Zeitwertes als das Auftreten des Ereignisses auffassen, handelt es sich bei diesen Zeitwerten innerhalb der Ereignis-Spezifikation nicht um Ereignisse selbst, sondern um explizit modellierte Gültigkeitszeiten der Ereignisse oder um Ableitungen von diesen Gültigkeitszeiten. Die Zeitwerte selbst stellen jedoch keine Ereignisse dar, da die Zeit kein Träger irgendwelcher betriebswirtschaftlicher Semantik ist. Werden Ereignisse chrononbezogen betrachtet, dann markieren die explizit modellierten Gültigkeitszeiten die Zeitwerte, zu denen die modellierten Ereignisse in der Diskurswelt eintreten sollen.[296] Der Zeitwert 18:30 hat beispielsweise allein keine betriebswirtschaftliche Aussagekraft. Erst in Verbindung mit dem Ereignis 'Ladenschluss', dessen Gültigkeitszeit dieser Wert darstellt, erhält der Zeitwert betriebswirtschaftliche Relevanz.

Die explizite Modellierung der Gültigkeitszeiten von Ereignissen ermöglicht u. a. eine Modellierung von Zeitplänen, periodisch ausgeführten Aktivitäten oder Ausführungsbegrenzungen, sowie von Warte- und Prozesszeiten. Die explizite Modellierung von Gültigkeitszeiten der Ereignisse ermöglicht darüber hinaus eine Reaktion auf „nicht

---

[292] Vgl. Gatziu (1995), S. 43.

[293] Vgl. Chakravarthy / Mishra (1993), S. 9.

[294] Vgl. Gatziu (1995), S. 43.

[295] Vgl. Endl et al. (1998).

[296] Hoheisel (1999), S. 8.

eingetretene Ereignisse“, d. h. während eines definierten Zeitintervalls ist das spezifizierte Ereignis nicht aufgetreten.[297]

In den nachfolgenden Abschnitten werden verschiedene Möglichkeiten dargestellt, wie die Gültigkeitszeiten von Ereignissen explizit modelliert werden können.

5.2.1.1.2.1 Ereignismodellierung und absolute Zeitwerte

Die explizite Modellierung der Gültigkeitszeit von Ereignissen als absolutem Zeitwert spezifiziert einen bestimmten Zeitwert, zu dem das modellierte Ereignis gültig ist, d. h. zu diesem absoluten Zeitwert wird das Ereignis in der Zukunft eintreten oder es ist zu diesem Zeitpunkt in der Vergangenheit oder Gegenwart eingetreten. Dieser Zeitwert ist unabhängig von der Gültigkeitszeit anderer Fakten bzw. vom gegenwärtigen Zeitwert *now*.[298]

Mit Hilfe der Gültigkeitszeit können exakte Zeit- und/oder Datumswerte in der Ereignis-Spezifikation dargestellt werden. Statt der Ereignisbeschreibung ohne explizite Gültigkeitszeit-Angaben wird die Gültigkeit des Ereignisses in der Ereignis-Spezifikation ausdrücklich modelliert (Abbildung 42). Wird der definierte Zeitwert erreicht, dann tritt das Ereignis in der modellierten Realität ein. Als Reaktion auf das Eintreten des Ereignisses wird eine definierte Regel ausgelöst. Eine allgemeine Darstellung der Ereignisbeschreibung durch die Gültigkeitszeit als absolutem Zeitwert wird in Abbildung 43 gezeigt.[299]

$<T_{(\text{Event})}>$	t

Abbildung 42: Absolute Gültigkeitszeit von Ereignissen

---

297 Vgl. Endl et al. (1998).

298 Vgl. NN (1995b).

299 Hoheisel (1999), S. 9.

Ereignisbeschreibung = $T_{(Event)}$

$T_{(Event)}$ = (YEAR|-|MONTH|-|DAY| |HOUR|:||MINUTE|:|SECOND).

Abbildung 43: Ereignisbeschreibung durch die Gültigkeitszeit als absolutem Zeitwert

Ein Modellierungsbeispiel für eine Geschäftsregel in einem Kreditinstitut sind die Vorschriften zur Berechnung von Jahreszinsen. Beim Eintreten des Ereignisses 'Jahreswechsel', dessen Gültigkeitszeit durch den absoluten Zeitwert '1999-01-01' ausgedrückt wird, erfolgt das Auslösen der Geschäftsregel zur Berechnung der Jahreszinsen. Diese Berechnung wird durch die Aktion 'Berechnung Jahreszins 1998' modelliert (Abbildung 44).[300]

ON	$T_{(Jahreswechsel)}$ =1999-01-01
DO	Berechnung Jahreszins 1998

Abbildung 44: Geschäftsregel mit absolutem Zeitwert

Die Spezifikation expliziter absoluter Gültigkeitszeiten von Ereignissen ermöglicht die Modellierung exakter Zeitbindungen von Geschäftsregeln. Das ist zum einen erforderlich, wenn definierte Geschäftsregeln zu bestimmten festgelegten Terminen auszuführen sind und zum anderen, wenn eine exakte zeitliche Steuerung bzw. Kontrolle von Geschäftsprozessen erforderlich ist. Beim Eintreten der modellierten Gültigkeitszeit wird die Geschäftsregel ausgelöst, d. h. die Zeitkomponente der Ereignis-Spezifikation wird auf den gleichen Zeitwert gesetzt, der in der Ereignisbeschreibung definiert wurde. Durch die Definition absoluter Gültigkeitszeiten von Ereignissen ist ein hoher Automatisierungsgrad bei der Ausführung von (Teil-) Prozessen möglich.

[300] Hoheisel (1999), S. 9.

5.2.1.1.2.2 Modellierung von sich wiederholenden Ereignissen

Soll eine Geschäftsregel innerhalb einer definierten Zeitperiode in regelmäßigen Abständen aktiviert werden, dann ist dies durch ein periodisch eintretendes Ereignis möglich. Dieses periodische Auftreten wird durch den Wiederholungsgrad (frequency) des Eintretens des Ereignisses in Verbindung mit einem Zeitwert modelliert.[301] Durch diese Angaben werden die periodischen absoluten Gültigkeitszeiten ermittelt, zu denen das spezifizierte Ereignis eintritt. Die Häufigkeit der Wiederholung wird durch eine definierte Periode begrenzt. Außerhalb dieser Periode sind keine absoluten Gültigkeitszeiten des modellierten Ereignisses spezifiziert.[302]

Eine allgemeine Beschreibung von Ereignissen mit periodischen Gültigkeitszeiten wird in Abbildung 45 gegeben.

Ereignisbeschreibung = $T_{(Event)}$		
$T_{(Event)}$ =	EVERY [frequency]	(YEAR|-|MONTH|-|DAY| |HOUR||MINUTE|SECOND)
	Time_point [WITHIN [time_interval]	

Abbildung 45: Ereignisbeschreibung mit periodischen Gültigkeitszeiten

Die Modellierung von sich regelmäßig wiederholenden monatlichen Zinsberechnungen innerhalb des Kalenderjahres 1998 durch ein Kreditinstitut ist ein Beispiel für eine sich periodisch wiederholende Geschäftsregel. Die Berechnung der Monatszinsen soll immer am ersten Tag des folgenden Monats erfolgen (Abbildung 46). Das regelauslösende Ereignis ist in diesem Fall 'Monatswechsel'. Die Gültigkeitszeiten dieses Ereignisses sind spezifiziert als jeder „Erste“ der Monate Februar bis Dezember im Jahr 1998 und der 1999-01-01. Das modellierte Ereignis tritt also genau zwölfmal auf. Durch das erste Eintreten am 1998-02-01 wird die Regel ausgelöst, durch deren Aktivitäten die Monatszinsen von Januar 1998 ermittelt

[301] Vgl. Gatziu (1995), S. 38 ff.

[302] Hoheisel (1999), S. 10.

werden; das letzte Eintreten des Ereignisses am 1999-01-01 löst die Regel zur Ermittlung der Monatszinsen von Dezember 1998 aus.[303]

ON	$T_{(Monatswechsel)}$ = EVERY MONTH 01 WITHIN [1998-02-01,1999-01-01]
DO	Zinsberechnung_vorhergehender_Monat

Abbildung 46: Geschäftsregel mit einem sich wiederholenden absoluten Zeitwert

Die Modellierung von periodisch eintretenden Gültigkeitszeiten von Ereignissen ist eine Erweiterung der Spezifikation absoluter Gültigkeitszeiten von Ereignissen. Durch eine Modellierung periodisch eintretender Ereignisse kann die Vorschrift einer periodisch auszuführenden Geschäftsregel leicht modelliert werden und es wird die Steuerungs- und Kontrollfunktionalität bei der Prozess-Ausführung erhöht. Darüber hinaus wird die Automatisierungsmöglichkeit beim Prozess-Ablauf gesteigert.

5.2.1.1.2.3 Ereignismodellierung und Verzögerungszeiten

Die Verzögerungszeit[304] definiert eine relative Zeitspezifikation, die von der Gültigkeitszeit eines Ereignisses abgeleitet wird. Ein eingetretenes Ereignis führt erst dann zur Aktivierung einer Aktion, wenn die definierte Zeitverzögerung abgelaufen ist. Dieses temporale Konstrukt charakterisiert also ein Zeitintervall, dessen Grenzpunkte zum einen durch eine Zeitdauer (definierte Verzögerungszeit, die sich aus einer Granularität und einem Zeitfaktor zusammensetzt, der die Anzahl der Granulate definiert) und zum anderen durch die Gültigkeitszeit des eingetretenen Ereignisses definiert sind. Der resultierende abgeleitete Zeitwert spezifiziert die Zeit, welche sich aus der Gültigkeitszeit des Ereignisses zuzüglich der definierten Verzögerungszeit ergibt. Eine allgemeine Beschreibung von Ereignissen mit Verzögerungszeit findet sich in Abbildung 47.[305]

---

303 Hoheisel (1999), S. 10.

304 Vgl. dazu beispielsweise Holliday / Vernon (1987); Ramamoorthy / Ho (1980); Zuberek (1991).

305 Hoheisel (1999), S. 10 f.

Ereignisbeschreibung = $T_{(Event)} + t_v$

t_v = <Zeitfaktor> <Granularität>
Granularität = YEAR|MONTH|DAY|HOUR||MINUTE|SECOND.

Abbildung 47: Beschreibung von Ereignissen mit Verzögerungszeit

In den Ausführungen von Gatziu[306] kann die Gültigkeitszeit der Ereignisse sowohl den unteren als auch den oberen Begrenzungspunkt des Intervalls definieren. Diese Möglichkeiten sind bei der Modellierung von Geschäftsregeln dahingehend eingeschränkt, dass die Gültigkeitszeiten von Ereignissen bei der Modellierung abgeleiteter Gültigkeitszeiten immer die untere Intervallgrenze bilden. Nach Ablauf des definierten Zeitintervalls ($[T_{(Event)} + t_v]$) wird der Zeitwert erreicht, der die obere Intervallgrenze darstellt und damit die Regel aktiviert.

Bildet nun die Gültigkeitszeit des eintretenden Ereignisses die obere Intervallgrenze ($[T_{(Event)} - t_v]$), dann liegt der abgeleitete absolute Zeitwert in der Vergangenheit. Da eine Regel im regelbasierten Modellierungsansatz direkt beim Eintreten eines Ereignisses bzw. nach Ablauf des definierten Zeitintervalls aktiviert wird, löst ein in der Vergangenheit liegender abgeleiteter Zeitwert eine Regel nicht aus. Die innerhalb der Regel auszuführende Aktion wird unter diesen Umständen nie durchgeführt und damit die gesamte Regel nicht voll durchlaufen.

Ein Beispiel für die Modellierung einer Geschäftsregel mit einem von der Gültigkeitszeit eines Ereignisses abgeleiteten Zeitwert ist die Zahlung von Rechnungen. Ein Unternehmen hat einen Standardlieferanten, der seine Rechnungen mit Zahlungsziel 30 Tage stellt. Das Unternehmen möchte das Zahlungsziel voll ausschöpfen und verzögert das Aufrufen der Geschäftsregel und damit die Aktion 'Zahlung der

[306] Vgl. Gatziu (1995), S. 38 ff.

Rechnung' nach dem Eintreten des Ereignisses 'Rechnung eingegangen' um 30 Tage (Abbildung 48).[307]

ON	$T_{(Rechnung\_eingegangen)}$ + 30 DAY
DO	Zahlung_der_Rechnung

Abbildung 48: Geschäftsregel mit Verzögerungszeit

Im Gegensatz zu explizit modellierten absoluten Gültigkeitszeiten von Ereignissen steht der Zeitpunkt des Eintretens der Ereignisse bei der Spezifikation ihrer abgeleiteten Gültigkeitszeiten nicht fest. Die Beschreibung der Ereignisse erfolgt wie bei der Modellierung allgemeiner Ereignisse. Ihre Gültigkeitszeit wird erst dann bekannt, wenn ihr Eintreten dem System mitgeteilt wird. Erst nachdem die Gültigkeitszeit bekannt ist, lässt sich über das in der Ereignisbeschreibung spezifizierte Zeitintervall die abgeleitete Gültigkeitszeit des Ereignisses ermitteln. Durch diesen abgeleiteten Zeitwert wird dann bestimmt, wann die Regel ausgeführt wird.

5.2.1.1.2.4 Ereignismodellierung und Aktivierungszeiten

Sind Ereignisse mit Aktivierungszeiten[308] verbunden, wird bei ihrem Eintreten sofort eine Regel aktiviert. Jedoch verhindert das System, dass für die Dauer der Aktivierungszeit dieses Ereignis erneut auftreten kann. Ereignisse bleiben also für eine bestimmte Periode „aktiviert“, was in diesem Fall gleichbedeutend mit „blockiert“ ist.

Die Aktivierungszeit in Verbindung mit dem Eintreten von Ereignissen ist eher bei technischen Prozessen relevant. Wird beispielsweise bei einer Fotokopieranlage der Startknopf betätigt, dann tritt das Ereignis 'Kopiervorgang gestartet' ein. Wird dieser Knopf direkt nach der ersten Betätigung erneut gedrückt, dann erfolgt während der Aktivierungsdauer des Ereignisses keine Reaktion der Maschine. Erst nachdem die Aktivierungszeit abgelaufen ist, tritt bei Betätigung des Startknopfes erneut das Ereignis 'Kopiervorgang gestartet' ein.

[307] Hoheisel (1999), S. 11.

[308] Vgl. beispielsweise Bowden (1996).

Bei der Modellierung von Geschäftsregeln ist die Spezifizierung von Aktivierungszeiten bei Ereignissen eher eine unnatürliche Art der Modellierung. Bei einer solchen Beschreibung tritt ein Ereignis ein und kann während eines definierten Zeitintervalls (Aktivierungszeit) nicht erneut eintreten. Im Gegensatz zur Modellierung von technischen Abläufen, bei denen eine solche Eintrittsblockade technisch sinnvoll sein kann, ist diese Art der Ereignismodellierung für betriebswirtschaftliche Abläufe weder realisierbar noch sinnvoll. Das Eintreten von Ereignissen während der Ausführung eines Geschäftsprozesses kann i. d. R. nicht nach seinem ersten Eintreten durch technische Beschränkungen verhindert werden. In den Fällen, bei denen eine solche Einschränkung realisierbar ist (z. B. könnte der Zutritt zu einem Kreditinstitut für eine bestimmte Zeitdauer gesperrt sein, nachdem ein Kunde den Eingang passiert hat) erscheint eine solche Einschränkung nicht sinnvoll, da der Ablauf der Geschäftsprozesse in unnatürlicher Form beeinträchtigt wird. Die Modellierung von Ereignissen mit Aktivierungszeiten ist daher ungeeignet für eine konsistente Modellierung betriebswirtschaftlicher Abläufe.[309]

Darüber hinaus werden durch die Benutzung von Aktivierungszeiten Ereignisse über eine Zeitperiode hinweg modelliert, da sich ihre Gültigkeit über die gesamte Aktivierungsdauer hin erstreckt. Werden Ereignisse jedoch chrononbezogen als Zustandsübergänge verstanden, dann ist eine periodenbezogene Ereignismodellierung inkonsistent.

5.2.1.2 Bedingungskomponente

5.2.1.2.1 Allgemeine Definition von Bedingungen im Kontext des regelbasierten Modellierungsansatzes

Eine Bedingung im regelbasierten Modellierungsansatz formuliert, in welchem Zustand sich der zu überprüfende Ausschnitt der modellierten Realität (Situation) befinden muss, damit eine bestimmte Aktion ausgeführt wird.[311] Bei der Modellierung von

[309] Vgl. Bowden (1996).

[310] Vgl. Knolmayer et al. (1999).

[311] Vgl. Behrends (1995), S. 109; Dittrich / Gatziu (1996), S. 9 f ; Gatziu (1995), S. 7.

Geschäftsregeln zeigt eine Bedingung an, welcher Sachverhalt überprüft werden soll, bevor eine Entscheidung über die Ausführung einer bestimmten Aktion getroffen wird.[312]

Die Bedingung einer Geschäftsregel ist eine aktive Regelkomponente, deren Ausführung in einem Boolschen Wert (wahr/falsch) resultiert.[313] Das Ergebnis ihrer Überprüfung (entweder „wahr" oder „falsch") entscheidet darüber, welche der in einer Geschäftsregel modellierten Aktionen auszuführen ist. Ergibt eine Überprüfung der Bedingung den Wert „wahr", so wird die Aktion aus der THEN DO-Komponente aktiviert; ist er „falsch", dann wird die Alternativ-Aktion der ELSE DO-Komponente ausgeführt.

Durch ihr Ergebnis und die damit verbundene Entscheidung über die Ausführung einer Aktion gewinnt die Bedingungskomponente eine Prozess-Steuerungsfunktion (Abschnitt 5.2.3.1.2). Diese Steuerungsfunktion bezieht sich auf eine ausschließende Disjunktionsverknüpfung, da eine Bedingung entweder wahr oder falsch ist. Somit können die Aktionen der THEN DO- und die ELSE DO-Komponente einer Geschäftsregel nie gleichzeitig (Konjunktionssteuerung) aktiviert werden.

Die zu prüfenden Bedingungen können in zwei Kategorien unterteilt werden:[314]

(1) Elementare Bedingungen.
Dieser Typ von Bedingung beschreibt eine einzelne zu überprüfende und nicht weiter zerlegbare (atomare) Bedingung.

(2) Komplexe Bedingungen.
Dieser Bedingungstyp setzt sich aus mehreren elementaren und/oder komplexen Bedingungen zusammen, die durch Operatoren miteinander verknüpft sind.

[312] Hoheisel (1999), S. 14.

[313] Vgl. Knolmayer et al. (1999).

[314] Vgl. Herbst / Knolmayer (1995), S. 152.

Im Gegensatz zu komplexen Ereignissen (Abschnitt 5.2.1.1.1) gibt es bei komplexen Bedingungen nur zwei Ausprägungen:[315]

(1) Konjunktionsbedingung.

Diese Ausprägung einer komplexen Bedingung besteht aus einer Menge von Komponenten-Bedingungen $\{B_1, B_2, \ldots, B_n\}$, welche durch den Operator AND miteinander verknüpft sind. Ist nur eine seiner Komponenten falsch, dann ist die gesamte komplexe Bedingung falsch (B_1 AND B_2 AND ... AND B_n).

(2) Disjunktionsbedingung.

Diese Ausprägung einer komplexen Bedingung besteht aus zwei Komponenten-Bedingungen $\{B_1, B_2\}$, welche mit dem Operator OR verknüpft sind. Ist eine dieser definierten Komponenten wahr, dann ist die gesamte komplexe Bedingung wahr (B_1 OR B_2).

5.2.1.2.2 Gültigkeitszeiten von Bedingungen

Das Durchlaufen der Bedingungskomponente einer Geschäftsregel ist zeitkonsumierend, d. h. die Überprüfung einer Bedingung erfordert einen gewissen Zeitaufwand.[316] Deshalb kann die Bedingungs-Spezifikation als ein Paar verstanden werden, welches sich aus der Bedingungsbeschreibung und der vorgegebenen Bedingungsdauer zusammensetzt (Abbildung 49).

<Bedingungsbeschreibung>	<T_D>

Abbildung 49: Bedingungs-Spezifikation

T_D = <Zeitfaktor> <Granularität>

Granularität = YEAR|MONTH|DAY|HOUR|MINUTE|SECOND.

Abbildung 50: Spezifikation von T_D

315 Vgl. Behrends (1995), S. 110; Herbst / Knolmayer (1995), S. 152.

316 Vgl. Knolmayer et al. (1999).

Der temporale Teil der Bedingungs-Spezifikation wird während der Modellierung als unverankertes Intervall T_D abgebildet (Abbildung 50). Dieses Intervall gibt an, wie lange die Überprüfung der Bedingung gültig sein soll, d. h. wie lange die Bedingungsprüfung maximal andauern darf. Mit diesem temporalen Konstrukt T_D kann der Modellierer der Bedingungskomponente eine Soll-Zeit zuweisen, welche bei der Ausführung der Geschäftsregel die zeitliche Ablaufkontrolle der Bedingungsprüfung übernimmt.

Wird zur Laufzeit die entsprechende Geschäftsregel aktiviert, dann erhält das regelauslösende Ereignis einen Zeitstempel mit dem Zeitwert seines Eintretens. Da die Prüfung der Bedingung sofort gestartet wird, sobald ein Ereignis eingetreten ist[317], gilt der absolute Zeitwert des Ereigniseintritts als Startzeitwert der Gültigkeit der Bedingungsprüfung. Dieser Zeitwert bestimmt zusammen mit dem unverankerten Interval T_D eine verankerte Periode, welche die vorgegebene Gültigkeitszeit und damit auch einen definierten spätesten Endzeitpunkt der Bedingungsprüfung festlegt (Abbildung 51).

Modellierungsphase

ON	Kreditantrag gestellt
IF	Bonität OK [1 DAY]
THEN DO	...
ELSE DO	...

Ausführungsphase

		T
ON	Kreditantrag gestellt →	[1999-07-06]
IF	Bonität OK →	[1999-07-06/1999-07-07]
THEN DO	...	...
ELSE DO	...	...

Abbildung 51: Modellierte Überprüfungsdauer der Bedingungskomponente in der Modellierungs- und Ausführungsphase

Die Überprüfungsdauer von Bedingungen kann dementsprechend auf zwei Ebenen betrachtet werden:

(1) Konzeptionelle Ebene.

Auf dieser Ebene wird die Überprüfungsdauer von Bedingungen als Soll-Größe modelliert. Sie dient als Vorgabezeit für die Bedingungsüberprüfung in der Diskurswelt und kann als Gültigkeitszeit-Komponente betrachtet werden.

[317] Vgl. Jasper (1998), S. 64.

(2) Physische Ebene.
Auf dieser Ebene wird die tatsächlich benötigte Überprüfungsdauer von Bedingungen betrachtet, d. h. es werden die dem System mitgeteilten Start- und Abschlusszeiten der Bedingungsprüfung betrachtet (Ist-Zeiten). Da diese Zeiten systemgetrieben sind (eine Bedingung gilt erst dann als überprüft, wenn das Ergebnis der Überprüfung dem System mitgeteilt wurde), kann diese Zeit als Transaktionszeit-Komponente betrachtet werden.

Während sich auf der physischen Ebene die Ausführungsdauer bei elementaren Bedingungen auf die Prüfung dieser atomaren Bedingung bezieht, müssen bei komplexen Bedingungen die Ausführungsdauern der Komponenten-Bedingungen mit berücksichtigt werden. Die Ausführung einer Konjunktionsbedingung ist dann beendet, wenn alle Komponenten-Bedingungen überprüft wurden. Demgegenüber ist die Ausführung von Disjunktionsbedingungen bereits dann beendet, wenn eine der beiden Komponenten-Bedingungen als wahr erkannt wurde.

Die Prüfungsdauer kann über ein bitemporales Transaktions-Repository (Abschnitt 5.3.2) kontrolliert werden. Während der Regelausführung wird die auszuführende Bedingung zusammen mit ihrer Gültigkeitszeit in ein solches bitemporales Transaktions-Repository gespeichert. Da die Bedingungskomponente automatisch bei der Regelauslösung in das Repository geschrieben wird, sind ihre Gültigkeits- und Transaktions-Startzeit identisch. Wird jedoch das Ende der Gültigkeitszeit erreicht (der definierte Zeitwert des Gültigkeits-Endes der Bedingung ist identisch mit dem Zeitwert der Systemuhr), dann kann die Zeitüberschreitung durch das System festgestellt werden und zur Generierung des Ereignisses 'Zeitüberschreitung eingetreten' führen. Mögliche Regeln, die durch dieses Ereignis ausgelöst werden können, sind in Abschnitt 5.2.1.3.2 beschrieben.

Der Vergleich der Soll- und Ist-Zeiten (Gültigkeits- und Transaktionszeiten) liefert neben der Kontrollfunktion bei Zeitüberschreitungen auch wichtige statistische Informationen und damit Hinweise auf mögliche Anpassungserfordernisse bei der Ausführung von Geschäftsregeln.

Der für eine Überprüfung von Bedingungen erforderliche Zeitbedarf kann im Vergleich zur Ausführung der ihr nachfolgenden Aktionskomponente (Abschnitt 5.2.1.2) relativ gering ausfallen, da beispielsweise ein Zugriff auf ein Informationssystem oder ein Blick auf ein Dokument ausreichend ist, um die Bedingungsprüfung abschließend durchzuführen. Ein Beispiel für eine Bedingung mit sehr kurzer Durchführungsdauer ist die Überprüfung, ob ein Kunde eines Kreditinstituts anwesend ist. Das Ergebnis dieser Bedingungsprüfung entscheidet darüber, ob bestimmte Formulare ausgefüllt werden können oder ob der Kunde schriftlich benachrichtigt werden muss. Die Prüfung erfolgt innerhalb eines Augenblicks, d. h. eine explizite Modellierung der vorgegebenen Prüfungszeit erscheint hier nicht sinnvoll. Deshalb sollte bei der Geschäftsregel-Modellierung die Angabe des vorgegebenen Zeitaufwands für eine Bedingungsprüfung optional sein.

Wird bei einer Bedingungsprüfung, welche sehr wenig Zeit konsumiert, die Ausführungsdauer dennoch explizit modelliert, dann ist oftmals eine feinere Granularität erforderlich als bei der Beschreibung der Ausführung einer nachfolgenden Aktion.[318]

In Abbildung 52 ist eine Geschäftsregel beschrieben, die ausgelöst wird, wenn ein Kunde bei einem Kreditinstitut einen Kreditantrag stellt. In der Bedingungskomponente wird die beantragte Kreditsumme überprüft. Beläuft sich der beantragte Kredit auf ein Volumen größer CHF 50.000, dann wird der Antrag an die Abteilung Großkredit, andernfalls an die Abteilung Kleinkredit zur Bearbeitung weitergeleitet; der Antrag kann nicht an beide Abteilungen gleichzeitig gesendet werden.

ON	Kreditantrag
IF	Kreditsumme > CHF 50.000[2 MINUTE]
THEN DO	Sende_an_Abt_Großkredit[1 HOUR]
ELSE DO	Sende_an_Abt_Kleinkredit[1 HOUR]

Abbildung 52: Geschäftsregel mit Bedingungskomponente

[318] Vgl. Hoheisel (1999), S. 14 f.

Während im obigen Beispiel der Kreditantrag innerhalb einer Stunde weiterzuleiten ist (vorgegebene Ausführungsdauer der Aktionskomponenten, siehe Abschnitt 5.2.1.3.2), soll die Prüfung der Kreditsumme innerhalb zwei Minuten erfolgen. Für die Ermittlung des gesamten Zeitbedarfs der Durchführung dieser Geschäftsregel wäre somit entweder eine gemischte Granularität (1 HOUR + 2 MINUTE) oder eine entsprechend feine Granularität (62 MINUTE) erforderlich. Beide Alternativen führen zu einer Erhöhung der Komplexität und einer Reduktion der Übersichtlichkeit der temporalen Strukturen der einzelnen Geschäftsregeln und darüber hinaus auch von ganzen Geschäftsprozessen. Deshalb wird bei sehr kurzen Prüfungszeiten empfohlen, die Dauer der Bedingungsprüfung nicht explizit zu modellieren, sondern implizit in die Ausführungsdauer der in der Geschäftsregel nachfolgenden Aktionen zu integrieren.

5.2.1.2.3 Erweiterung der Bedingungskomponente

Die Modellierung der Bedingungskomponente einer Geschäftsregel sollte neben den allgemeinen Aussagen darüber, was zu überprüfen ist, auch eine Verbindung zum Organisationsmodell, zu „invoked applictions" oder zu einer detaillierten Arbeitsliste ermöglichen. In den nachfolgenden Abschnitten werden die Erweiterungen der Bedingungskomponente beschrieben, welche unter temporalen Gesichtspunkten eine wichtige Rolle bei der Bedingungsmodellierung spielen.

5.2.1.2.3.1 Checkliste

In der Bedingungskomponente einer Geschäftsregel wird beschrieben, welcher Sachverhalt überprüft werden muss, damit auf Grundlage des Ergebnisses dieser Prüfung die relevante Aktion ausgeführt werden kann. Diese allgemeine Beschreibung der zu überprüfenden Situation kann durch eine detaillierte Beschreibung einzelner Arbeitsschritte ergänzt werden, die bei der Bedingungsüberprüfung durchlaufen werden müssen. Diese Erweiterung der Bedingungskomponente kann in Form einer Checkliste modelliert werden (Abbildung 53).

<table>
<tr><td>ON</td><td colspan="3">Event</td></tr>
<tr><td>IF</td><td>Condition[T_D]</td><td>CHECKLIST</td><td>jobstep1 [t_d]
jobstep2 [t_d]
...</td></tr>
<tr><td>DO</td><td colspan="3">...</td></tr>
</table>

Abbildung 53: Erweiterung der Bedingungskomponente durch eine Checkliste

Die einzelnen durchzuführenden Arbeitsschritte der Checkliste können ebenfalls optional mit vorgegebenen Ausführungszeiten versehen werden. Die Summe der Ausführungszeiten der durchzuführenden Arbeitsschritte ist identisch mit der gesamten Prüfungsdauer der Bedingung. Die Ermittlung der vorgegebenen Gesamtzeit der Bedingungsprüfung kann mit Hilfe der Durchführungszeiten der einzelnen Arbeitsschritte oft exakter durchgeführt werden als ohne diese detaillierten Zeitangaben. Darüber hinaus können durch die Checkliste Arbeitsschritte vorgegeben werden, deren Modellierung auf einem anderen Aggregationsniveau als die allgemeine Bedingungsbeschreibung durchgeführt wird. Diese verschiedenen Aggregationsebenen lassen sich durch die Erweiterung der Bedingungskomponente strukturiert modellieren und abbilden.

5.2.1.2.3.2 Akteure

Für die Überprüfung einer Bedingung ist jeweils ein Akteur[319] zuständig. Während der konzeptionellen Modellierung wird in der Erweiterung der Bedingungskomponente ein Akteur-Typ durch eine Rollenbeschreibung modelliert. Zur Ausführungszeit der Geschäftsregel wird diese Rollendefinition durch einen konkreten Akteur (Mitarbeiter oder Anwendung) instanziiert, der für die Prüfung der Bedingung zuständig ist.

---

[319] Das in Knolmayer et al. (1997), S. 38 ff. für die Aktionskomponente einer Geschäftsregel vorgeschlagene Akteur-Konzept kann auch auf die Bedingungskomponente übertragen werden.

Eine Möglichkeit der zeitlichen Prozess-Steuerung im Rahmen der Akteur-Spezifikation bietet das Konstrukt der Haltezeit[320]. Die optional zu modellierende Haltezeit verbindet einen Akteur mit einer Zeitdauer, welche bei der konzeptionellen Modellierung durch ein unverankertes Intervall T_H definiert wird. Tritt ein regelauslösendes Ereignis ein, muss die Bedingung der Geschäftsregel überprüft und damit ein zuständiger Akteur bestimmt werden. Der Startzeitwert der Bedingung ist gleichzeitig der Startwert der Haltezeit. Der zur Laufzeit bestimmte absolute Zeitwert bildet zusammen mit dem unverankerten Intervall der Haltezeit-Spezifikation T_H eine bestimmte verankerte Periode, welche die zur Laufzeit konkrete Haltezeit definiert (Abbildung 54). Eine Darstellung der erweiterten Geschäftsregel-Schemata findet sich in Abbildung 55.

Akteurspezifikation = <Akteur-Beschreibung> <T_H>

T_H = <Zeitfaktor> <Granularität>

Granularität = YEAR|MONTH|DAY|HOuR|MINUTE|SECOND

Abbildung 54: Allgemeine Akteur-Spezifikation

ON	Event		
IF	Condition[T_D]	ACTOR	Actor [T_H]
DO	...		

Abbildung 55: Erweiterung der Bedingungs-komponente durch Akteure

Tritt nun ein identisches Ereignis erneut auf und erfordert eine Überprüfung der identischen Bedingung der Geschäftsregel, dann wird wiederum die Rollenspezifikation instanziiert und ein zuständiger Akteur bestimmt. Der für die Überprüfung der ersten Bedingung zuständige Akteur darf jedoch für die Dauer seiner definierten Haltezeit keinen neuen Auftrag zur Bedingungsprüfung zugewiesen bekommen,

[320] Vgl. dazu beispielsweise van der Aalst (1993).

damit die Wartezeiten der nachfolgenden Bedingungsprüfungen eines Akteurs verringert werden können.

Das Konzept der Haltezeit ist nur für den Akteurtyp Mitarbeiter interessant. Bei Applikationen fehlt in den meisten Fällen die Relevanz einer explizit zu modellierenden Haltezeit, da ihre Ausführungszeiten meistens im Bereich sehr feiner Zeitgranularitäten liegen und auf die Durchführungsdauer eines Geschäftsprozesses kaum Einfluss haben. Darüber hinaus haben Informationssysteme oft Mechanismen implementiert, die der Haltezeit recht ähnlich sind. So können beispielsweise bestimmte Datenbank-Operationen erst dann ausgeführt werden, wenn die Transaktion der vorhergehenden Operationen vollständig abgeschlossen ist.

Wurde auf der konzeptionellen Modellierungsebene die Haltezeit spezifiziert, dann kann zur Laufzeit das System erkennen, dass ein Akteur innerhalb der spezifizierten Haltezeit bereits einen Auftrag zur Überprüfung der Bedingung erhalten hat und somit einen neuen Auftrag an einen anderen Mitarbeiter weiterleitet. Mit Hilfe dieses Konstrukts ist eine gleichmäßigere Arbeitsverteilung zwischen den Mitarbeitern einer Organisation mit gleicher Rollenbeschreibung möglich. Somit können Arbeitsüberlastungen einzelner Mitarbeiter eingeschränkt werden. Darüber hinaus reduzieren sich die „Liegezeiten" der einzelnen Arbeitsaufträge, da durch ihre gleichmäßigere Verteilung und die damit verbundene Reduzierung der Wartezeiten eine insgesamt schnellere Auftragsbearbeitung möglich wird.

5.2.1.3 Aktionskomponente

5.2.1.3.1 Allgemeine Definition von Aktionen im Kontext des regelbasierten Modellierungsansatzes

Die Aktionskomponente ist neben der Bedingungskomponente die zweite aktive Regelkomponente einer Geschäftsregel. Die modellierten Aktionen haben entsprechend ähnliche Eigenschaften wie die modellierten Bedingungen.

In der Aktionskomponente von Geschäftsregeln wird festgelegt, welche Aktivitäten ausgeführt werden müssen.[321] Von den in Gray / Reuter[322] dargestellten sicheren, unsicheren und realen Aktionen, welche bei aktiven Informationssystemen eine Rolle spielen, sind für die Modellierung von Geschäftsregeln und -prozessen nur die realen und sicheren Aktionen von Bedeutung. Diese führen zu konsistenten und dauerhaften Ergebnissen, sind von realen Akteuren auszuführen und – im Fall von realen Aktionen – in der Regel nicht rückgängig zu machen. Eine definierte Aktion wird dann aktiviert, wenn das regelauslösende Ereignis auftritt und – im Fall von ECAA-Regeln - die definierte Bedingung der Regel wahr ist.[323] Der Abschluss einer Aktion ist wiederum durch das Eintreten eines oder mehrerer prozessrelevanter Ereignisse charakterisiert.

Der Begriff Aktion wird bei der Modellierung von Geschäftsregeln - ähnlich dem Funktionsbegriff bei Keller et al.[324] - im Sinne der Aufgabe verwendet. Mit Hilfe von Aktionen werden durch physische oder geistige Aktivitäten zu verwirklichende Soll-Leistungen definiert. Diese kann durch einen Menschen und/oder eine Applikation durchgeführt werden. Bei der Regelmodellierung wird dabei das Ziel der Aktionsausführung betrachtet und nicht der Weg, mit dem dieses Ziel erreicht werden soll.[325]

Auch Aktionen lassen sich in elementare und komplexe Aktionen unterteilen.[326] Elementare Aktionen bestehen aus einer einzelnen auszuführenden Operation. Der Abschluss dieser Operation führt zu mindestens einem Ereignis, das andere Geschäftsregeln auslösen kann. Elementare Aktionen können datenbezogen (es handelt sich hierbei z. B. um Datenbank-Operationen), meldungsbezogen (es wird eine Nachricht ausgegeben) oder benutzerbezogen (der Benutzer bekommt einen Handlungsauftrag) sein.[327]

---

[321] Vgl. Knolmayer et al. (1999).

[322] Vgl. Gray / Reuter (1993), S. 163 f.

[323] Vgl. Jasper (1998), S. 53.

[324] Vgl. Keller et al. (1992), S. 8.

[325] Keller et al. (1992), S. 8; Hoheisel (1999), S. 11.

[326] Vgl. Herbst / Knolmayer (1995), S. 152.

[327] Vgl. Herbst / Knolmayer (1995), S. 152.

Komplexe Aktionen umfassen mehrere elementare und/oder komplexe Aktionen, die durch Operatoren verknüpft sind. Im Gegensatz zu komplexen Ereignissen gibt es im Kontext des geschäftsregelbasierten Modellierungsansatzes jedoch nur zwei Typen von komplexen Aktionen:

(1) Konjunktions-Aktion.
Die Komponenten dieser Aktion sind durch den Operator AND miteinander verknüpft. Erst wenn alle Komponenten-Aktionen $\{A_1, A_2, ...A_n\}$ ausgeführt sind, ist die komplexe Aktion abgeschlossen und es tritt das nachfolgende definierte Ereignis ein ($\{A_1$ AND A_2 AND...AND $A_n\}$).

(2) Sequenz-Aktion.
Die Komponenten dieser Aktion $\{A_1, A_2, ..., A_n\}$ sind sequenziell auszuführen, d. h. ihre Ausführung hat in chronologischer Reihenfolge stattzufinden. Erst wenn die letzte definierte Komponenten-Aktion abgeschlossen wird, ist die komplexe Aktion beendet und das Ereignis tritt ein, welches diese Zustandsänderung beschreibt (A_1 -> A_2 -> ... -> A_n). Eine Sequenz-Aktion ist deshalb eine Spezialform einer Konjunktions-Aktion, bei der die auszuführenden Aktionen in einer geordneten Reihenfolge durchzuführen sind.

5.2.1.3.2 Gültigkeitszeiten von Aktionen

Die Ausführung einer Aktion ist zeitkonsumierend, d. h. die Dauer einer Aktion erstreckt sich über ein Zeitintervall. Bei ihrer Modellierung steht jedoch im Allgemeinen noch nicht fest, zu welchem absoluten Zeitwert die Aktion beginnt, da i. d. R. der Eintrittszeitpunkt des regelauslösenden Ereignisses und die tatsächliche Prüfungsdauer der Bedingung nicht bekannt sind. Bei EA-Regeln hängt die absolute Gültigkeitszeit von Aktionen zum einen von dem Eintrittszeitwert des regelauslösenden Ereignisses und zum anderen von der Dauer der Aktionsausführung ab.

Wird eine Geschäftsregel durch ein Ereignis mit allgemeiner Beschreibung ausgelöst, dann ist der Beginn der Gültigkeit einer Aktion bei der Modellierung unbestimmt, da nicht bekannt ist, wann das Ereignis eintritt. Wurde jedoch die Ereignisbeschreibung durch einen absoluten Gültigkeitszeitwert modelliert, dann kann von diesem Zeitwert der Gültigkeitszeit-Beginn der Aktion bereits zur Modellierungszeit abgeleitet werden. Die Art der Gültigkeitszeit-Bestimmung hängt jedoch davon ab, ob die Regel eine Bedingungskomponente enthält oder ob es sich um eine EA-Regel handelt (Abbildung 56).

Regel-Komponente	Modellierungsart					
Ereignis	Allgemeine Ereignisbeschreibung			Gültgkeitszeit als Ereignisbeschreibung		
Bedingung	In Regel vorhanden		In Regel nicht vorhanden	In Regel vorhanden		In Regel nicht vorhanden
	Soll-Zeit definiert	Soll-Zeit nicht definiert		Soll-Zeit definiert	Soll-Zeit nicht definiert	
Aktion	Unbestimmte Gültigkeitsstartzeit $VT_{(Aktion)}$. Die Gültigkeitszeit kann erst zur Ausführungszeit bestimmt werden.			$VT_{(Aktion)} = T_{(Event)} + T_{D(Bedingung)}$	$VT_{(Aktion)} = T_{(Event)}$	

Abbildung 56: Modellierung des Gültigkeitszeit-Beginns von Aktionen

Bei EA-Regeln leitet sich die Startzeit der Aktion direkt aus der Gültigkeitszeit des Ereignisses ab, d. h. die Startzeit der Aktion ist identisch mit der modellierten Gültigkeitszeit der Ereigniskomponente. Beinhaltet die Geschäftsregel jedoch eine Bedingungskomponente, dann bestehen für die Modellierung der Gültigkeitszeit zwei Möglichkeiten:

(1) Die Option zur Modellierung der vorgegebenen Ausführungsdauer der Bedingungskomponente wurde wahrgenommen. In diesem Fall kann die Startzeit der Aktion ebenfalls nur mit einem Soll-Zeitwert versehen werden, der sich aus dem Gültigkeits-Zeitwert des Ereignisses und der vorgegebenen Ausführungsdauer der Bedingung ableitet.

(2) Die Option zur Modellierung der vorgegebenen Ausführungsdauer der Bedingung wurde nicht wahrgenommen. In diesem Fall kann die Startzeit der Aktion – wie bei EA-Regeln – direkt von der Gültigkeitszeit des Ereignisses abgeleitet werden. Die Gültigkeitszeit des Ereignisses ist identisch mit dem Startzeitwert der Aktion.

Da eine Aktion nur durch das Eintreten eines Ereignisses ausgelöst werden kann, wird während der Prozess-Ausführung ihre Startzeit direkt (bei EA-Regeln) bzw. indirekt (bei vorhandener Bedingungskomponente) von der Eintrittszeit des Ereignisses bzw. beim Erreichen der abgeleiteten Gültigkeitszeit des Ereignisses definiert. Während bei Jasper / Zukunft[328] einer Aktion direkt ein absoluter oder relativer Anfangszeitwert zugewiesen werden kann, wird die Startzeit einer Aktion im geschäftsregelbasierten Modellierungsansatz durch die Gültigkeitszeit des Ereignisses der Regel definiert.[329]

Neben dem Zeitwert der Aktionsaktivierung ist ihre Ausführungsdauer der zweite temporale Bezug von Aktionen. Die Ausführungsdauer von Aktionen kann – wie die Überprüfungsdauer von Bedingungen - auf zwei Ebenen betrachtet werden:

(1) Konzeptionelle Ebene.
Auf dieser Ebene wird die Ausführungsdauer von Aktionen als Soll-Größe modelliert. Sie dient als Vorgabezeit für die Aktionsausführung in der Diskurswelt und kann als Gültigkeitszeit-Komponente betrachtet werden.

(2) Physische Ebene.
Auf dieser Ebene wird die tatsächlich benötigte Ausführungsdauer von Aktionen betrachtet, d. h. es werden die dem System mitgeteilten Start- und Abschlusszeiten der Aktionsausführung betrachtet (Ist-Zeiten). Da diese Zeiten systemgetrieben sind (eine Aktion gilt erst dann als beendet, wenn ihr Abschluss dem System mitgeteilt wurde), kann diese Zeit als Transaktionszeit-Komponente betrachtet werden.

Auf der konzeptionellen Ebene wird die zur Ausführung einer Aktion zur Verfügung stehende Zeit (Vorgabezeit) direkt in der Aktionskomponente modelliert.[330] Da die Startzeit einer Aktion in den meisten Fällen zur Modellierungszeit noch nicht bekannt ist, kann die Ausführungsdauer nur in Form eines unverankerten Intervalls modelliert werden.

Auf der physischen Ebene, bei der Prozess-Ausführung, wird der absolute Startzeitwert der Aktion ermittelt. Durch Addition der modellierten Ausführungsdauer zu diesem Aktivierungszeitpunkt der Aktion wird die gesamte bestimmte Gültigkeitszeit

---

[328] Vgl. Jasper / Zukunft (1996), S. 112.

[329] Vgl. Hoheisel (1999), S. 12.

[330] Vgl. Hoheisel (1999), S. 12.

der Aktion festgestellt, d. h. es wird der vorgegebene absolute Abschluss-Zeitwert der Aktionsausführung ermittelt.

Die Aktions-Spezifikation wird im regelbasierten Modellierungsansatz somit in Analogie zu der Bedingungs-Spezifikation als ein Paar von Aktionsbeschreibung und vorgegebener Ausführungsdauer der Aktion T_D verstanden (Abbildung 57). Ihre allgemeine Darstellung in einer Geschäftsregel zeigt Abbildung 58.[331]

<Aktionsbeschreibung>	T_D

Abbildung 57: Allgemeine Darstellung von Aktionen

DO	Action[T_D]

Abbildung 58: Aktionskomponente

Der Parameter T_D definiert die vorgegebene Dauer der Aktionsausführung. Seine Aussage ist analog zu dem unverankerten Zeitintervall T_D, welches zur Beschreibung der Prüfungsdauer von Bedingungen verwendet wird (Abbildung 50). Ein Beispiel für eine vorgegebene Ausführungsdauer einer Aktion und damit für eine Ausprägung von T_D ist 'T_D = 15 MINUTE'. Dabei stellt '15' den Zeitfaktor und 'MINUTE' die Granularität dar.

Während der Prozess-Ausführung können sowohl die Gültigkeitszeiten (modellierte Soll-Zeiten) als auch die Transaktionszeiten (Ist-Zeiten der Aktionsausführung) zusammen mit der Aktionsbeschreibung in einem bitemporalen Transaktions-Repository (Abschnitt 5.3.2) gespeichert werden. Wird zur Laufzeit das Gültigkeitszeit-Ende der Aktion erreicht, ohne dass die Aktionsausführung beendet wurde, dann ist das Ende der Gültigkeitszeit gleich dem gegenwärtigen Zeitwert der Systemuhr und das Ende ihrer Transaktionszeit ist durch keinen bestimmten Zeitwert gestempelt. Tritt diese Situation ein, dann kann automatisch das Ereignis 'Zeitüberschreitung eingetreten' generiert werden, welches beispielsweise eine Regel zur

[331] Hoheisel (1999), S. 12.

Überprüfung der Gründe dieser Zeitüberschreitung auslöst oder eine Regel zur Versendung von Warnmeldungen aktiviert (Abbildung 59).[332]

Durch diese temporale Erweiterung der Aktionskomponente wird ein Kontrollmechanismus in Geschäftsregeln integriert, der einen termingerechten Prozessablauf unterstützt. Diese Kontrollregel kann vom System zur Verfügung gestellt werden und muss somit nicht für jede Regel erneut modelliert werden.[333]

ON	$T_{(Aktionsende)} = T_{(Event)} + T_D$
IF	$T_{(Aktionsende)} \geq$ *now* AND NOT Aktionsende
THEN DO	RAISE EVENT Zeitüberschreitung_eingetreten
ELSE DO	End_of_rule

Abbildung 59: Kontrollregel zur Überprüfung des Aktionsendes

Das Ereignis 'Zeitüberschreitung eingetreten' löst eine Regel aus, die eine vom Modellierer zu spezifizierende Aktion aktiviert. Diese Aktion kann beispielsweise das automatische Versenden einer Warnmeldung enthalten, die auf das Überschreiten der erwarteten Ausführungsdauer der Aktion hinweist (Abbildung 60).[334]

Durch die Rückmeldungen von Überschreitungen der erwarteten Ausführungsdauer von Aktionen können darüber hinaus Engpässe beim Durchlaufen eines Prozesses ermittelt und somit Rückschlüsse über die Effizienz der modellierten Prozesse gezogen werden. Damit stehen Informationen über den Anpassungsbedarf der modellierten Geschäftsregeln und -prozesse zur Verfügung.

ON	Zeitüberschreitung_eingetreten
DO	send_massage(Zeitüberschreitung)

Abbildung 60: Kontrollregel bei Überschreitung der Aktionsdauer

[332] Vgl. Hoheisel (1999), S. 12.

[333] Hoheisel (1999), S. 13.

[334] Hoheisel (1999), S. 14.

5.2.1.3.3 Erweiterung der Aktionskomponente

Der regelbasierte Modellierungsansatz bietet auf der konzeptionellen Modellierungsebene auch für die Aktionskomponenten einer Geschäftsregel die Möglichkeit einer Erweiterung. Dieses Erweiterungskonzept erlaubt dem Modellierer eine weitergehende Ergänzung der Aktionskomponente von Geschäftsregeln, beispielsweise um Aussagen des Organisations- oder Datenmodells einer Organisation. Nachfolgend werden die unter temporalen Gesichtspunkten wichtigsten Erweiterungen der Aktionskomponente dargestellt.

5.2.1.3.3.1 Checkliste

Bei der Modellierung der Aktionskomponente als aktive Regelkomponente wird das Ziel ihrer Ausführung modelliert. Das Konzept der Komponentenerweiterung ermöglicht es dem Modellierer, diese Betrachtung um eine Beschreibung der Zielerreichung zu ergänzen, d. h. die Betrachtung des „Was" wird um die Betrachtung des „Wie" ergänzt. Zu diesem Zweck wird die Aktionskomponente in Analogie zu der Bedingungskomponente um einen detaillierten Arbeitsplan (beispielsweise in Form einer Checkliste der durchzuführenden Arbeitsschritte) ergänzt (Abbildung 61).

ON	Event		
DO	Action[T_D]	CHECKLIST	jobstep1 [t_d] jobstep2 [t_d] ...

Abbildung 61: Erweiterung der Aktionskomponente durch eine Checkliste

Im Rahmen dieses Arbeitsplans können die einer Aktion zugewiesenen Arbeitsschritte (job steps) ebenfalls mit einer Zeitdauer t_d versehen werden. Die Summe der Zeitintervalle sämtlicher Arbeitsschritte einer Aktion ergibt die Gesamtdauer der Aktionsausführung $T_D = \Sigma \{t_{d1} + t_{d2} + \ldots + t_{dn}\}$.

Auch bei der Aktionskomponente wird durch das Konstrukt der temporal erweiterten Checkliste die zeitliche Planung der gesamten Aktionsausführung unterstützt und erleichtert, da der vorgegebene Zeitbedarf der einzelnen Arbeitsschritte oftmals leichter zu planen ist als die Durchführungsdauer der gesamten Aktionskomponente.

Mit diesem Konstrukt werden die temporalen Elemente von Planungen, die zeitliche Lage und die zeitliche Strukturierung der Planungsobjekte[335] – in beiden aktiven Regelkomponenten unterstützt.
Dieses Verständnis der Aktionen bietet dem Modellierer eine klare Modellierungsrichtlinie wie das Ziel der Aktionskomponente und dessen Arbeitsschritte zur Erreichung des Ziels abzubilden sind. Somit können die bei einer Prozessmodellierung leicht vorkommenden Wechsel der Aggregationsebenen und die damit verbundenen unklaren Strukturen des Prozessmodells eingeschränkt werden. Diese unterschiedlichen Detaillierungsgrade innerhalb der Regelkomponente (Modellierung der Ziele und konkrete Arbeitsschritte zur Erreichung dieser Ziele) lassen sich durch eine explizite Erweiterung der Aktionskomponente strukturieren.

5.2.1.3.3.2 Akteure

Ein wichtiges Element von Prozessmodellen ist die Spezifikation von Personen und / oder Anwendungssystemen, welche für das Ausführen der Aktionen zuständig sind. Konsequenterweise muss die Notation der Aktionskomponente um Konstrukte erweitert werden, welche diese eher statischen Elemente eines Geschäftsprozesses behandeln.[336]

Jede Aktion darf nur einen zuständigen Akteur zugewiesen bekommen, damit die Kompetenzen und Zuständigkeiten der Aktivitätenausführung sowie die Verantwortung ihrer inhaltlich und zeitlich korrekten Durchführung eindeutig sind.

Mit der Spezifikation eines expliziten Akteurs[338] in der Aktionskomponente kann der Modellierer eine solche Zuständigkeit für die Aktivitätenausführung definieren. Ein

[335] Vgl. Schneeweiß (1989), S. 7 f.
[336] Vgl. Knolmayer et al. (1999).
[337] Vgl. Knolmayer et al. (1999).
[338] Vgl. Knolmayer et al. (1997), S. 38 ff.

Akteur kann dabei eine Rollendefinition, eine Maschinenspezifikation oder ein Anwendungsprogramm darstellen. Die Akteur-Spezifikation ist dabei eine Typdefinition, welche zur Laufzeit mit einem konkreten Akteur instanziiert wird. Über diese Spezifikation von Akteuren wird die Verbindung zur Aufbauorganisation des Unternehmens bzw. zu „invoked applications" hergestellt (Abbildung 62).[339]

ON	Event		
DO	Action[T_D]	ACTOR	actor [T_H]

Abbildung 62: Erweiterung der Aktionskomponente durch Akteure

Eine Möglichkeit der zeitlichen Prozess-Steuerung im Rahmen der Akteur-Spezifikation bietet das Konstrukt der Haltezeit[340]. Die optional zu modellierende Haltezeit wurde im Rahmen der Akteur-Beschreibung in Abschnitt 5.2.1.2.3.2 dargestellt. Dieses Konzept kann auf gleiche Art für die Spezifikation der Akteure einer Aktionskomponente genutzt werden. Im Unterschied zu der Bedingungskomponente bildet hier der Startzeitwert der Aktionskomponente den Beginn der Haltezeit.

Eine Bestimmung der Haltezeit sollte bei der Modellierung von Geschäftsregeln optional sein, da nicht in jedem Fall eine solche Art der Prozess-Steuerung sinnvoll erscheint. Werden beispielsweise datenorientierte Aktionen modelliert, dann erfolgt die Zugriffssteuerung auf die Datenbank durch die Transaktionsausführung des Datenbankmanagement-Systems. Eine weitere Einschränkung des Datenbank-Zugriffs ist nicht sinnvoll.

Ähnlich verhält es sich bei meldungsorientierten Aktionen. Wird durch eine Geschäftsregel das automatische Versenden einer Nachricht gefordert, dann sollte diese Aktion nicht künstlich zeitlich verzögert werden. Lediglich bei einer Überlastung des Informationssystems wäre die Ausnutzung einer Haltezeit sinnvoll. Diese Beschränkung von Informationssystemen sollte jedoch von den Systemen selbst

[339] Vgl. Keller et al. (1992), S. 15.

[340] Vgl. dazu beispielsweise Van der Aalst (1993).

gesteuert und nicht von außen durch das Workflowmanagement-System vorgegeben werden.

Die Aktionen, bei denen eine Modellierung von Haltezeiten sinnvoll erscheint, sind benutzerorientierte Aktionen. Bei diesen Aktionen treffen die oben beschriebenen Vorteile einer Haltezeit zu. Jedoch müssen auch hier Einschränkungen berücksichtigt werden. Beispielsweise sollten Regelungen für den Fall getroffen werden, wenn alle Instanzen eines Rollentyps durch eine Haltezeit blockiert sind und ein erneutes Ausführen der Aktion erforderlich ist. Hier sind weitergehende Regelungen erforderlich, die ein zeitgerechtes Ausführen der Aktion gewährleisten.

Ein Beispiel für die Einsatzmöglichkeit der Haltezeit ist ein Beschaffungsprozess in einer Unternehmung. Versucht diese Unternehmung ihre Geschäftsabläufe so zu gestalten, dass möglichst wenig Verzögerungen auftreten und die nicht bearbeiteten Aufträge bei den einzelnen Mitarbeitern so gering wie möglich gehalten werden, kann eine Geschäftsregel zur Bearbeitung eines Beschaffungsauftrags so modelliert werden, dass nach dem Ereignis 'Auftragseingang' dem zur Laufzeit instanziierten Akteur für eine bestimmte Zeit (z. B. die geschätzte Bearbeitungszeit des Auftrags) keine weiteren Aufträge zugewiesen werden (Abbildung 63).

ON	Auftragseingang		
DO	Auftrag bearbeiten [30 MINUTE]	ACTOR	SB Beschaffung [15 MINUTE]

Abbildung 63: Modellierung einer Auftragsbearbeitung mit Haltezeit[341]

5.2.1.3.3.3 Ereignisauslösung

Jeder Abschluss einer ausgeführten Aktion führt zu dem Auftreten von mindestens einem prozessrelevanten Ereignis. Die Modellierung dieser eintretenden Ereignisse kann in der Aktionskomponente implizit oder explizit erfolgen.

[341] Die Abkürzung „SB“ innerhalb der Akteur-Beschreibung steht für SachbearbeiterIn.

Eine implizite Modellierung der aus einer Aktionsausführung resultierenden Ereignisse erfolgt durch zwei Konstrukte:

(1) Modellierung der Aktionskomponente und

(2) Definition einer Beziehung zwischen dieser Aktionskomponente und der Geschäftsregel, welche durch das implizit modellierte Ereignis ausgelöst wird. Die im Prozess nachfolgende Geschäftsregel wird durch das Ereignis ausgelöst, welches beim Abschluss der Aktionsausführung eintritt.

Eine explizite Modellierung von Ereignissen in der Aktionskomponente wird durch das Statement RAISE[342] gefolgt von der Ereignisbeschreibung modelliert. Durch das Konstrukt RAISE EVENT wird spezifiziert, welche Menge von Ereignissen durch die Aktionskomponente explizit ausgelöst wird (Abbildung 64). Über dieses Konstrukt erfolgt die Verknüpfung einer Regel zu der bzw. den im Prozess nachfolgenden Regeln, ohne dass eine konkrete Aktion durchgeführt werden muss.

Die Verwendung von RAISE EVENT ist beispielsweise dann sinnvoll, wenn eine Geschäftsregel mit Bedingungskomponente modelliert wird, bei der nur eine Aktion erforderlich ist, wenn die Bedingung „falsch“ ist. Ergibt hingegen die Überprüfung der Bedingung, dass diese „wahr“ ist, dann kann direkt eine nachfolgende Geschäftsregel aktiviert werden.

Das Konstrukt RAISE EVENT ist ein wichtiges Element bei der Regelverkettung und Prozess-Steuerung. Die Flexibilität der Prozessmodellierung durch Geschäftsregeln kann damit deutlich erhöht und die Struktur des Prozessmodells verbessert werden.

[342] Vgl. Knolmayer et al. (1997), S. 30 ff.

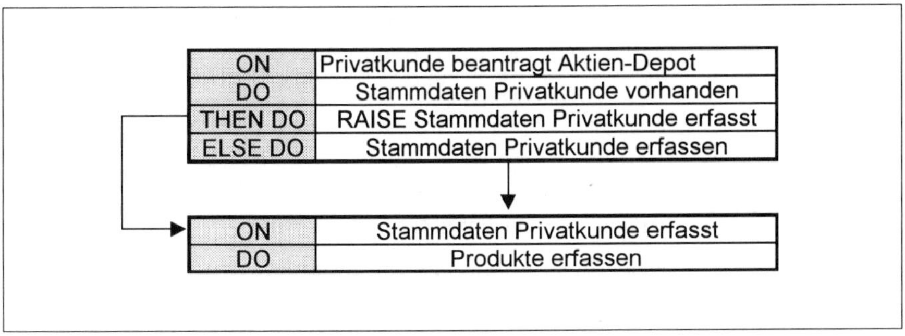

Abbildung 64: Beispiel für die Verwendung von RAISE EVENT

5.2.2 Modellierung zeitlicher Phänomene in Geschäftsregeln[343]

In diesem Abschnitt werden verschiedene Möglichkeiten diskutiert, wie temporale Aussagen in Geschäftsregeln modelliert werden können. Dem Benutzer werden dadurch Hinweise gegeben, wie eine konsistente Modellierung zeitlicher Konstrukte bei der Geschäftsprozessmodellierung erfolgen kann.

Grundsätzlich gibt es Bedingungen mit temporalen Abhängigkeiten[344], die sich explizit auf eine Uhr beziehen. Ein Beispiel dafür ist das Versenden einer Mahnung innerhalb eines Tages, wenn nach Ablauf von 30 Tage nach Rechnungsstellung keine vollständige Begleichung der Rechnung erfolgt ist. Die Geschäftsregel lautet dementsprechend: „Wenn 30 Tagen nach Erstellen der Rechnung diese noch nicht vollständig beglichen wurde, dann versende eine Mahnung“ (Abbildung 65).

IF	($T_{(Rechnungsstellung)}$ + 30 DAY) AND NOT vollständiger_Zahlungseingang
DO	versende_Mahnung [1 DAY]

Abbildung 65: Modellierung einer Bedingung ohne Ereigniskomponente

Dieses Beispiel sollte jedoch so modelliert werden, dass die temporale Abhängigkeit mit Hilfe der Verzögerungszeit in der Ereigniskomponente spezifiziert wird. Nur die –

[343] Hoheisel (1999), S. 15 ff.

[344] Vgl. beispielsweise Chomicki (1992), S. 274.

in Bezug auf den Startzeitpunkt - zeitlich unabhängige Komponente wird in dem Bedingunsstatement der Regel modelliert (Abbildung 66).

ON	$T_{(Rechnungsstellung)}$ + 30 DAY
IF	NOT vollständiger_Zahlungseingang
DO	Versende_Mahnung

Abbildung 66: Modellierung einer Bedingung mit Ereigniskomponente

Diese Modellierung hat zwei Vorteile:

(1) Zwischen Ereignissen und Bedingungen wird klar getrennt. Diese Trennung erfolgt über die Zuordnung von Zeitbindungen. Während Ereignisse immer explizit oder implizit mit einer Zeitbindung versehen sind, welche das Eintreten der Ereignisse in der modellierten Realität dokumentiert, unterliegen Bedingungen einer solchen Zeitbindung nicht. Die Startzeit der Bedingungsprüfung leitet sich aus der Startzeit des regelauslösenden Ereignisses ab.
Der Modellierer erhält durch diese Abgrenzung eine Unterstützung für die Regelstrukturierung. Ohne diese Trennung werden leicht Elemente der Ereigniskomponente einer Regel mit Elementen der Bedingungskomponente vermischt und es entstehen unübersichtliche Regelstrukturen.

(2) Eine Überprüfung der Bedingung wird sichergestellt. Das Ereignis mit Verzögerungszeit im obigen Beispiel 'ON $T_{(Rechnungsstellung)}$ + 30 DAY' tritt auf jeden Fall ein, wenn eine Rechnung erstellt wurde und somit wird die Bedingung des Zahlungseingangs auch geprüft. Mit dieser Art der Modellierung wird die Implementierung von Kontrollstrukturen erleichtert bzw. erzwungen.

Nachdem ein Ereignis eingetreten ist und die Bedingung als wahr erkannt wurde, kann es für den Ablauf des Geschäftsprozesses sinnvoll sein, dass die Aktivierung der auszuführenden Aktion nicht direkt nach dem Auftreten des Ereignisses erfolgen soll. An dieser Stelle wird erneut auf das weiter oben beschriebene Beispiel zurückgegriffen, in dem nach 30 Tagen eine Mahnung versendet werden soll, wenn die Bedingung 'NOT vollständiger_Zahlungseingang' wahr ist. Erfolgt eine

Modellierung der Verzögerungszeit von 30 Tagen in der Aktionskomponente, dann ergibt sich die in Abbildung 67 dargestellte Regel.

ON	Rechnungsstellung
IF	NOT vollständiger_Zahlungseingang
DO	($T_{(Rechnungsstellung)}$ + 30 DAY) versende_Mahnung [1 DAY]

Abbildung 67: Modellierung einer Aktionsausführung mit zeitlicher Verzögerung

Diese Modellierung hat den Nachteil, dass eine Aktion durch das Ereignis aktiviert wird, die Aktionsausführung jedoch erst erfolgt, nachdem die definierte Verzögerungszeit verstrichen ist. Dabei bestehen zwei grundlegende Schwierigkeiten:

(1) Enthält eine Geschäftsregel eine Bedingung, die darüber bestimmt, welche Aktion ausgeführt wird, dann erfolgt ihre Überprüfung direkt nach dem Eintreten des Ereignisses. Da die Aktion erst nach dem Verlauf einer definierten Verzögerungszeit ausgeführt wird, können sich die Verhältnisse bereits geändert haben und eine vorher zutreffende Bedingung kann nun falsch sein. Als Folge wird eine falsche Aktion ausgeführt. Bei der Geschäftsregel von Abbildung 67 kann es durchaus sein, dass während der 30 Tage nach der Rechnungsstellung die Zahlung des Kunden eingegangen ist. Da die Überprüfung des Zahlungseingangs direkt nach der Rechnungsstellung erfolgt ist, wird die Bedingung 'NOT vollständiger_Zahlungseingang' als wahr erkannt und die Aktion wird aktiviert. Nach 30 Tagen wird ohne weitere Überprüfung der Bedingung eine Mahnung versandt. Eine derartige Geschäftsregel ist unbrauchbar.

(2) Die Ausführung der Aktion kann vom System nicht direkt gesteuert werden. Der für das Versenden von Mahnungen zuständige Sachbearbeiter würde in diesem Beispiel einen Arbeitsauftrag erhalten, dass er in 30 Tagen an einen bestimmten Kunden eine Mahnung versenden soll. Es kann vorkommen, dass dem Sachbearbeiter während dieser Zeit der Auftrag verloren geht und somit die Aktion nach Ablauf der definierten Periode nicht ausgeführt wird.

Aus diesen Gründen wird im regelbasierten Modellierungsansatz eine zeitliche Differenz zwischen dem tatsächlichen Eintreten eines Ereignisses und dem Start der

Aktion in der Ereigniskomponente modelliert. Ein Konstrukt für eine solche Modellierung ist die Verzögerungszeit, die in Verbindung mit Ereignissen modelliert werden kann (Abschnitt 5.2.1.1.2.3). Die Startzeit einer Aktion wird also vollständig durch die Ereigniskomponente definiert.

5.2.3 Modellierung von Geschäftsprozessen auf Basis von Geschäftsregeln

Bei der Modellierung von Geschäftsprozessen werden die für den Prozess relevanten Regeln abgebildet und zeitlich bzw. kausal[345] zueinander in Beziehung gesetzt. Diese Beziehung wird hergestellt, indem eintretende Ereignisse Geschäftsregeln auslösen, in deren Verlauf Aktionen ausgeführt werden, deren Abschluss wiederum zum Eintreten von prozessrelevanten Ereignissen führt.[346]

Das Ergebnis der Prozessmodellierung ist eine Regelkette mit einem definierten Startereignis und (evtl. mehreren verschiedenen möglichen) Endereignissen. Definierte Endereignisse sind die einzige Kategorie von Ereignissen, die keine Geschäftsregel aktivieren, sondern sie sind definiert als das Ende oder der Abbruch eines Prozesses.

In den nachfolgenden Abschnitten wird zunächst die konventionelle Modellierung von Ablaufstrukturen der durch Geschäftsregeln modellierten Prozesse dargestellt. Anschließend folgt eine Diskusion der Modellierung zeitlicher Prozess-Ablaufstrukturen und deren Auswirkungen auf die Planung und Steuerung von Geschäftsprozessen.

5.2.3.1 Konventionelle Modellierung von Ablaufstrukturen

Für die Modellierung von Prozessen mit Ablaufkontrolle müssen die folgenden Konstrukte abbildbar sein:[347]

---

[345] Vgl. DIN (1996), S. 18.

[346] Hoheisel (1999), S. 18.

[347] Vgl. Endl et al. (1998). Für weitere Anforderungen an die Modellierung von Workflows und an WFMS vgl. Endl et al. (1997); Jablonski (1995).

(1) sequenzieller Prozess-Ablauf,
(2) paralleler Prozess-Ablauf,
(3) alternativer Prozess-Ablauf und
(4) iterativer Prozess-Ablauf.

Bei der Darstellung dieser Steuerungskonstrukte innerhalb des regelbasierten Modellierungsansatzes wird soweit wie möglich auf EA-Regeln zurückgegriffen, damit die repräsentierten Steuerungsabläufe deutlich werden und nicht durch die zusätzliche Semantik der Bedingungen und Alternativaktionen verfälscht werden.

5.2.3.1.1 Sequenz

Für die Modellierung eines sequenziellen Prozess-Ablaufs werden die im Geschäftsprozess aufeinander folgenden Geschäftsregeln miteinander verknüpft. Da ein sequenzieller Prozess-Ablauf ohne Verzweigungen durchlaufen wird, erfolgt die Modellierung von Sequenzen durch EA-Regeln.

Die sequenzielle Verknüpfung zweier Regeln basiert grundsätzlich darauf, dass ein Ereignis durch die Ausführung der vorhergeheden Aktion auftritt, welches als regelauslösendes Ereignis der nachfolgenden Geschäftsregel erscheint.[348] Über diesen Verknüpfungsmechanismus werden Regelsequenzen modelliert, die zu einem unverzweigten Prozess-Ablauf führen[349] (Abbildung 68). Diese sequentielle Verknüpfung von EA-Regeln kann entweder implizit oder explizit in den Geschäftsregeln modelliert werden.

Wird innerhalb einer Geschäftsregel eine Aktion ausgeführt, so tritt am Ende der Aktionsausführung ein Ereignis ein. Dieses Ereignis kann Auslöser einer weiteren, im Prozess nachfolgenden Regel sein, in deren Ablauf wiederum eine Aktion ausgeführt wird.[350] Diese Form der sequenziellen Regelverkettung ist deshalb implizit, da das

---

[348] Vgl. Knolmayer et al. (1999).

[349] Vgl. Endl et al. (1998).

[350] Vgl. Knolmayer et al. (1997), S. 30 ff.

durch den Abschluss einer Aktion eintretende Ereignis nicht explizit in der Geschäftsregel modelliert werden muss. Die Verknüpfung der beiden im Prozess-Ablauf aufeinander folgenden Geschäftsregeln lässt sich mit Hilfe graphischer Symbole (Pfeil-Symbole) darstellen.

Ein sequenzieller Prozess-Ablauf, der explizit in einer Geschäftsregel modelliert wird, ist mit dem speziellen Modellierungskonstrukt RAISE EVENT gekennzeichnet. Das Konstrukt RAISE EVENT wird in der Aktionskomponente von Geschäftsregeln genutzt. Die ihm folgende Ereignis-Beschreibung kennzeichnet das Ereignis, welches beim Durchlaufen der Aktionskomponente eintritt und die im Prozess nachfolgende Regel auslöst (zu dem Modellierungskonstrukt RAISE EVENT siehe auch Abschnitt 5.2.1.3.3.3).

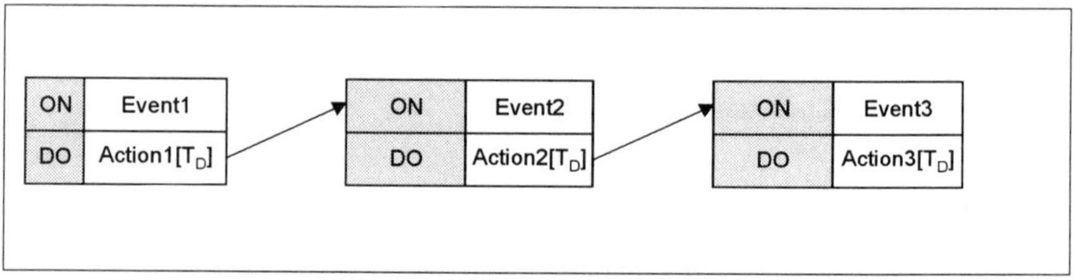

Abbildung 68: Modellierung einer Sequenz

Ein Beispiel für einen sequenziellen Prozess-Abschnitt ist die in Abbildung 69 dargestellte Bearbeitung eines Antrags zur Kontoeröffnung bei einem Kreditinstitut. Nachdem ein Kunde den Antrag zur Eröffnung eines Kontos gestellt hat, werden seine Stammdaten erfasst und der Antrag wird an die Bearbeitungsstelle für Kontoeröffnungen weitergeleitet; dort wird der Antrag bearbeitet.

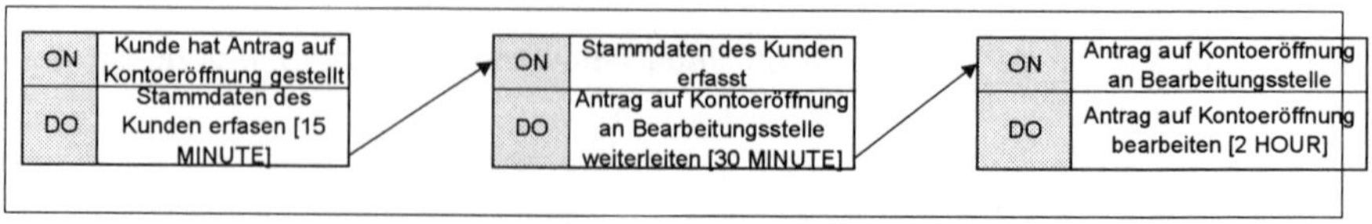

Abbildung 69: Beispiel einer Prozess-Sequenz

5.2.3.1.2 Selektion

Die Konstrukte der selektiven (alternativen) Ablaufmodellierung können mittels der Verknüpfungsoperatoren Disjunktion (Entweder-Oder-Verknüpfung) und Adjunktion (und/oder-Verknüpfung) modelliert werden, die nach bestimmten Regeln zwischen Ereignissen bzw. innerhalb der aktiven Regelkomponenten einsetzbar sind. Auf diese Weise entstehen Ereignistypverknüpfungen (mehrere Ereignistypen werden mit einem Aktionstyp verknüpft) bzw. Aktionstypverknüpfungen (mehrere Aktionstypen werden mit einem Ereignistyp verknüpft).[351] Die Verknüpfungen können zu einer Verzweigung des Prozess-Verlaufs (Split) oder zu einer Zusammenführung von alternativen Teilprozessen führen (Join).

Alternative Prozess-Verläufe können entweder exklusiv (XOR-Split) oder nicht-exklusiv (OR-Split) sein.[352] Exklusive Selektionen lassen sich durch Geschäftsregeln modellieren, welche die Struktur von ECAA-Regeln haben. Durch die Prüfung der modellierten Bedingung der Geschäftsregel wird entschieden, welche der verschiedenen Aktionskomponenten auszuführen ist. Die Ausführung der alternativen Aktionen führt zum Eintreten unterschiedlicher Ereignisse, welche entsprechend verschiedene nachfolgende Geschäftsregeln aktivieren. Die Steuerung des Prozess-Verlaufs findet bereits in der Bedingungskomponente statt. Diese Funktionstyp-Verknüpfung mit auslösendem Ereignistyp bietet die Modellierungsmöglichkeit, dass ein Ereignis selektive Aktionen auslöst (XOR-Split, Abbildung 70).

Die in Abbildung 71 dargestellte Entscheidung über die Bewilligung einer Hypothekenaufnahme bei einem Kreditinstitut ist ein Beispiel für einen Teilprozess mit selektiver Ablaufstruktur. Nachdem das Verfahren zur Überprüfung der Möglichkeiten einer Hypothekenaufnahme des Kunden abgeschlossen ist, wird über diesen Sachverhalt entschieden. Ist die Aufnahme einer Hypothek möglich, dann wird die Geschäftsregel zur Festlegung der Konditionen aktiviert; andernfalls ist der Kunde über die Ablehnung seines Antrags zu informieren.

---

351 Vgl. Keller et al. (1992), S. 13.

352 Vgl. Knolmayer et al. (1999).

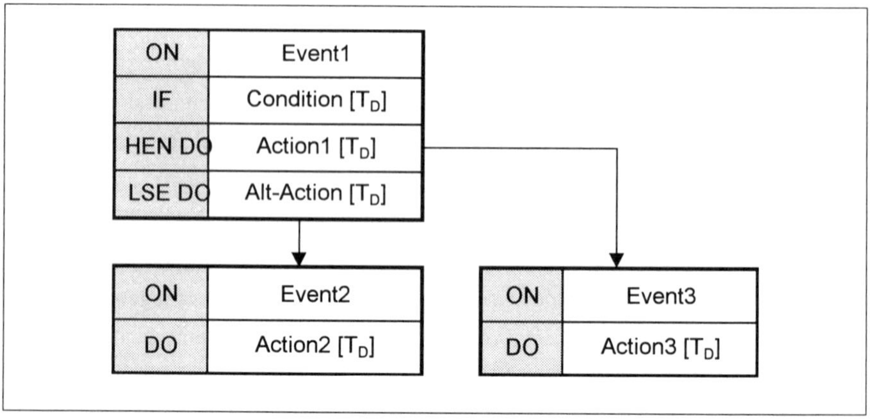

Abbildung 70: Modellierung exklusiver Selektionen

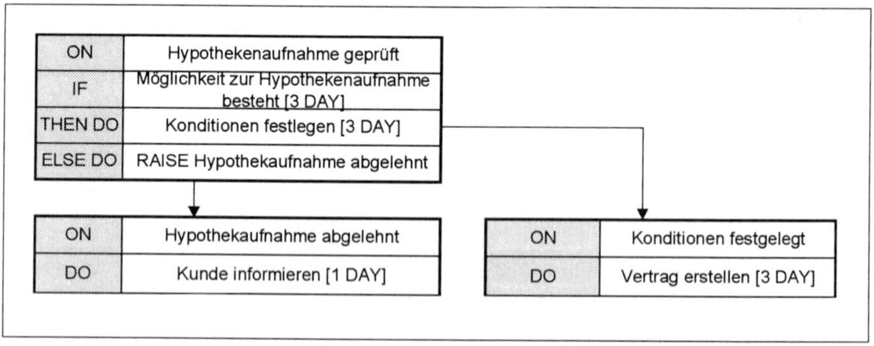

Abbildung 71: Beispiel zur Modellierung exklusiver Selektionen

Ein Modellierungskonstrukt, mit dem ein Ereignis eine beliebige Teilmenge von definierten Aktionen einer Regel auslösen kann oder welches das Ausführen einer Aktion zum Eintreten einer Teilmenge von definierten Ereignissen führt (OR-Verknüpfung), ist im regelbasierten Modellierungsansatz nicht vorgesehen. Alle Aktionen sind auszuführen, deren Bedingung wahr ist, bzw. es treten bei Abschluss einer Aktionsausführung alle definierten Ereignisse ein. Das Ausführen von nur einem Teil der definierten Aktionen bzw. das Eintreten von nur einer Teilmenge der definierten Ereignisse, wie es bei einer OR-Auswahl möglich wäre, führt zu unklaren Strukturen des Prozessablaufs und ist deshalb im regelbasierten Modellierungsansatz nicht zulässig.

Eine mögliche Spezifikation nicht-exklusiver alternativer Prozess-Abläufe lässt sich durch die Nutzung verschiedener ECA-Regeln erreichen, welche durch ein identisches Ereignis ausgelöst werden, jedoch unterschiedliche Bedingungen formulieren.[353] Die ELSE DO-Komponente der Regel führt keine Aktionen aus, simuliert jedoch das Eintreten von Schluss-Ereignissen, damit das Entstehen von „Deadlocks" vermieden wird und entweder ein korrekter Prozess-Ablauf oder ein kontrollierter Abbruch des Prozesses sichergestellt ist. Die aus einer Selektion resultierenden Prozess-Pfade lassen sich durch eine Geschäftsregel zusammenführen, in der die Ereigniskomponente ein zusammengesetztes Ereignis mit einem Disjunktions-Operator (Disjunktions-Ereignis) beinhaltet.[354] Diese Ereignistypverknüpfung mit auslösenden Ereignissen wird innerhalb der Ereigniskomponente einer Geschäftsregel modelliert (Abbildung 72).

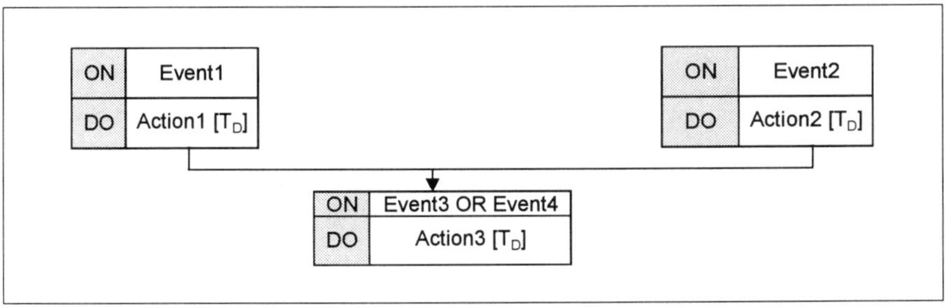

Abbildung 72: Modellierung der Zusammenführung selektiver Teilprozesse

Sobald eines der Komponenten-Ereignisse des Disjunktions-Ereignisses eingetreten ist, wird der Prozess auf einem unverzweigten Prozess-Pfad fortgesetzt.

353 Vgl. Knolmayer et al. (1999).

354 Vgl. Gatziu (1995), S. 48 f.; Herbst / Knolmayer (1995), S. 151.

Eine weitere Möglichkeit der Zusammenführung alternativer Teilprozesse kann durch eine Aktionstypverknüpfung erfolgen, bei der ein Ereignistyp beim Abschluss verschiedener Aktionstypen eintritt. Führt die Durchführung einer Aktion und/oder die Durchführung einer anderen Aktion (beide Aktionstypen sind in unterschiedlichen Geschäftsregeln enthalten) zum Eintreten eines identischen Ereignisses, dann werden selektive Prozessverläufe in der Geschäftsregel des eintretenden Ereignisses zusammengeführt.

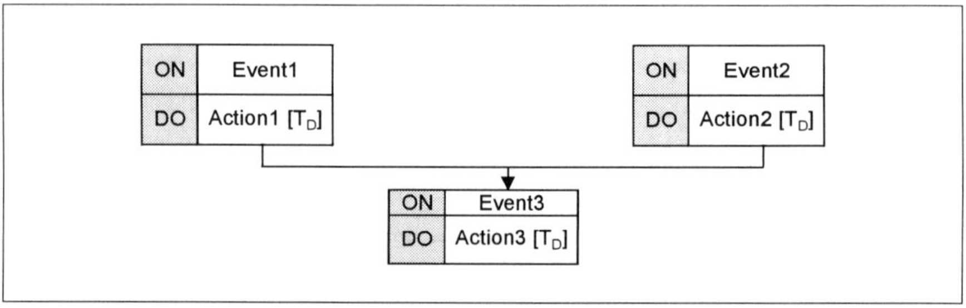

Abbildung 73: Modellierung einer Ereignisauslösung durch zwei Aktionen

Die Ausführung eines schriftlichen Überweisungsauftrags, der durch ein Kreditinstitut bearbeitet wird, führt zum gleichen Ereignis, wie das Ausführen eines telefonisch erteilten Überweisungsauftrags (Abbildung 74). Beide Teilprozesse führen zu dem Ereignis 'Überweisungsauftrag ausgeführt', welches eine identische Regel der Kontobelastung auslöst.

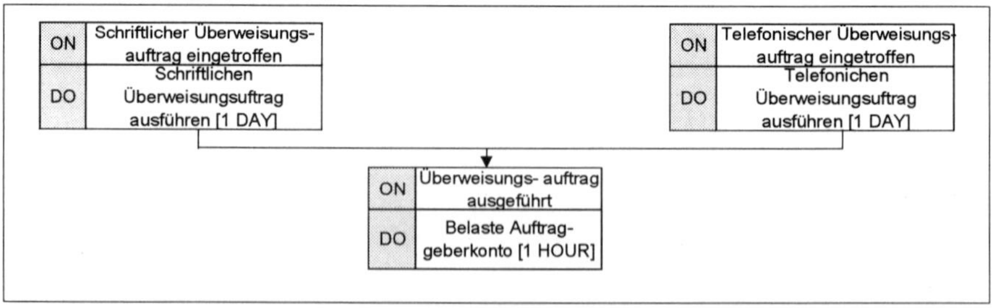

Abbildung 74: Ausführung eines Überweisungsauftrags

In Abbildung 75 sind die Konstrukte zur Modellierung selektiver Kontrollflüsse durch Geschäftsregeln zusammengefasst. Die Art der Darstellung orientiert sich an Keller et al.[355]

Verknüpfungsoperatoren / Verknüpfungsart		entweder oder (XOR)		oder (OR)	
Ereignistypverknüpfung	Auslösende Ereignistypen	ON	Event 1 XOR Event 2	ON	Event 1 OR Event 2
		DO	Action 1	DO	Action 1
	Erzeugte Ereignistypen	indirekte Modellierung über alternative Aktionen		nicht zulässig!	
Aktionstypverknüpfung	Auslösende Ereignistypen	ON	Event 1	nicht zulässig!	
		IF	Condition 1		
		THENDO	Action 1		
		ELSEDO	Action 2		
	Erzeugte Ereignistypen	ON	Event 1	Aktionen verschiedener Regeln führen zu identischen Ereignissen, die eine Folgeregel auslösen	
		IF	Condition 1		
		THENDO	Action 1		
			=> Raise Event E2		
		ELSEDO	Action 2		
			=> Raise Event E2		

Abbildung 75: Überblick über selektive Modellierungskonstrukte[356]

5.2.3.1.3 Parallelität

Die Konstrukte der parallelen Ablaufmodellierung können mittels des Verknüpfungsoperators Konjunktion (UND-Verknüpfung) zwischen Ereignissen bzw. Aktionen modelliert werden. Wie auch bei der Modellierung selektiver Prozess-Abläufe entstehen Ereignistypverknüpfungen (mehrere Ereignistypen werden mit einem Aktionstyp verknüpft) bzw. Aktionstypverknüpfungen (mehrere Aktionstypen werden mit einem Ereignistyp verknüpft).[357] Die Verknüpfungen können zu einer parallelen Verzweigung des Prozess-Verlaufs (Split) oder zu einer Zusammenführung von parallelen Teilprozessen (Join) führen.

Die Aufspaltung des Kontrollflusses in parallele Prozess-Abläufe (AND-Split) kann auf verschiedene Arten modelliert werden. Eine Möglichkeit der Modellierung einer

[355] Vgl. Keller et al. (1992), S. 14.

[356] In Anlehnung an Keller et al. (1992), S. 14.

[357] Vgl. Keller et al. (1992), S. 13.

parallelen Verzweigung lässt sich durch eine Aktion erzielen, welche mehrere Ereignisse auslöst, die wiederum verschiedene nachfolgende Regeln parallel anstoßen (Abbildung 76).[358]

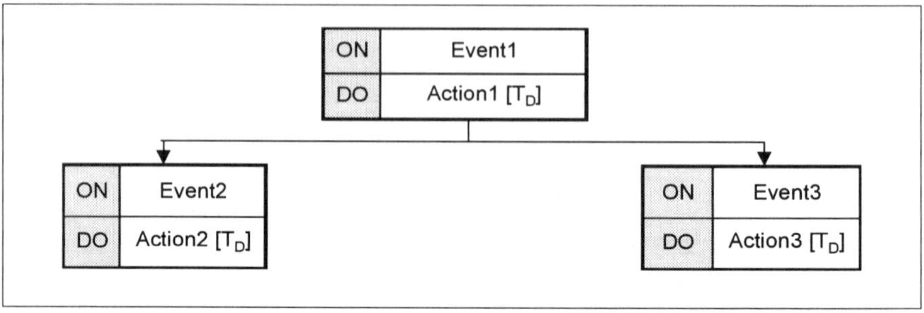

Abbildung 76: Modellierung paralleler Abläufe in der Aktionskomponente

In der dargestellten Geschäftsregel (Abbildung 76) werden von einer Aktion zwei unterschiedliche Ereignisse ausgelöst. In Abbildung 77 ist ein Prozess-Ausschnitt dargestellt, welcher die Bearbeitung eines Antrags auf Kontoeröffnung bei einem Kreditinstitut beschreibt. Das Erstellen des Antrags führt zum Eintreten der beiden Ereignisse 'Antrag ausgefüllt' und 'Durchschlag erstellt', welche verschiedene parallel auszuführende Geschäftsregeln aktivieren.

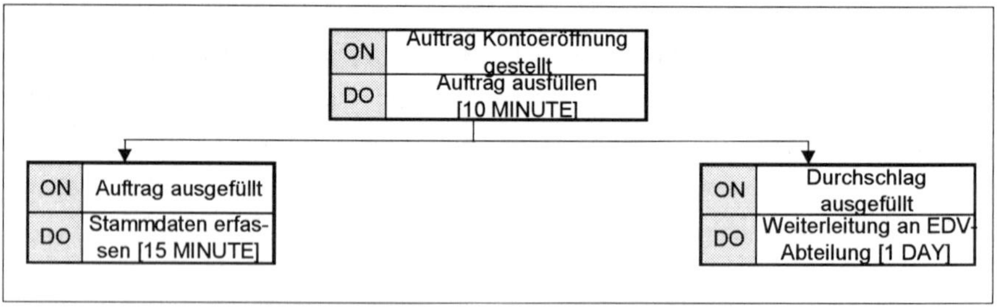

Abbildung 77: Modellierung einer Antragsstellung

---

[358] Vgl. Knolmayer et al. (1999).

Die Modellierung eines auslösenden Ereignistyps, der innerhalb einer Geschäftsregel parallel auszuführende Aktionen aktiviert, ist eine weitere Möglichkeit der Modellierung paralleler Prozess-Verzweigungen. Die beiden durchzuführenden Aktionen haben das Eintreten verschiedener Ereignisse zur Folge, die wiederum parallel ablaufende Geschäftsregeln aktivieren (Abbildung 78).

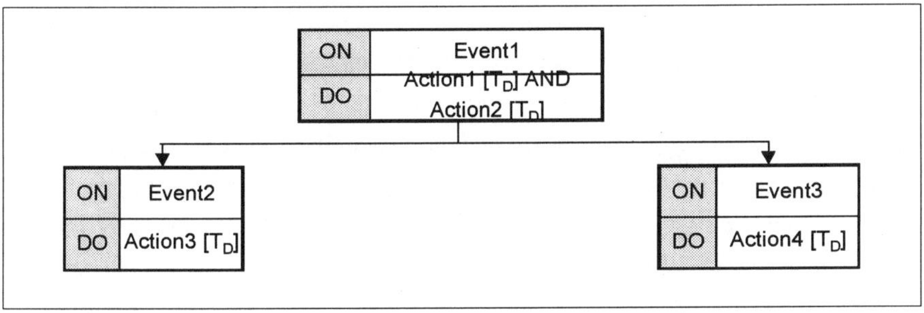

Abbildung 78: Modellierung paralleler Ablaufstrukturen durch komplexe Aktionen

Nach der Genehmigung eines Kreditantrags durch ein Kreditinstitut wären beispielsweise die beiden parallelen Aktionen 'Versende Genehmigung' und 'Archiviere eine Kopie der Genehmigung' denkbar. Diese Geschäftsregel ist in Abbildung 79 dargestellt. Der in dieser Abbildung verwendete Ausdruck 'EoP' bedeutet „End of Process". Er dokumentiert, dass in der Aktionskomponente keine Aktivitäten ausgeführt werden, sondern dass der (Teil-) Prozess an dieser Stelle beendet ist.

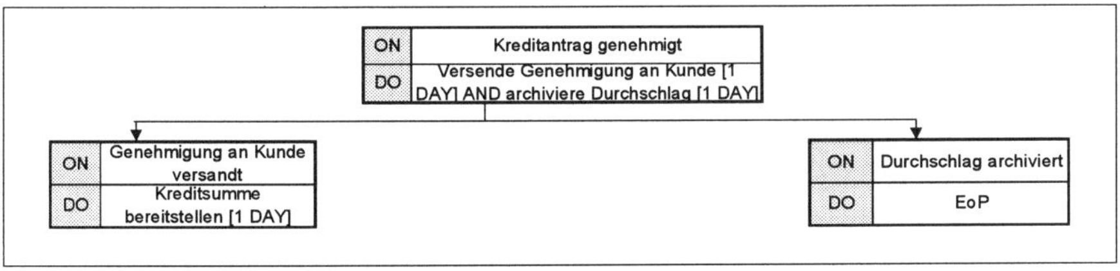

Abbildung 79: Modellierung der Geschäftsregel 'Genehmigung eines Kreditantrags'

Werden unterschiedliche EA-Regeln durch ein identisches Ereignis aktiviert und tritt dieses Ereignis durch die Ausführung einer Aktion in einer im Prozess vorhergehenden Geschäftsregel ein, dann entstehen ebenfalls parallele Prozess-Abläufe, da die verschiedenen EA-Regeln in diesem Fall parallel auszuführen sind.[359]

Die Synchronisation paralleler Teilprozesse kann durch die Spezifikation einer Geschäftsregel erfolgen, die durch ein Konjunktions-Ereignis ausgelöst wird.[360] Ein paralleler Prozess-Ablauf lässt sich dementsprechend durch die Modellierung von zwei Aktionstypen zusammenführen, die beide ausgeführt sein müssen, bevor die im Prozess nachfolgende Regel aktiviert werden kann (Aktionstypverknüpfung mit entstehendem Ereignistyp). Gleichzeitig ist diese Form der Modellierung eine Ereignistyp-Verknüpfung mit auslösenden Ereignistypen, da innerhalb einer Geschäftsregel eine Aktion erst dann ausgeführt wird, wenn zwei unterschiedliche Ereignisse eingetreten sind. Wegen der Komplexität von Geschäftsregeln und der Verwendung des Konstrukts der komplexen Ereignisse werden bei der Zusammenführung paralleler Teilprozesse die Aktionstypverknüpfung mit entstehenden Ereignistypen sowie die Ereignistypverknüpfung mit auslösenden Ereignistypen identisch modelliert.

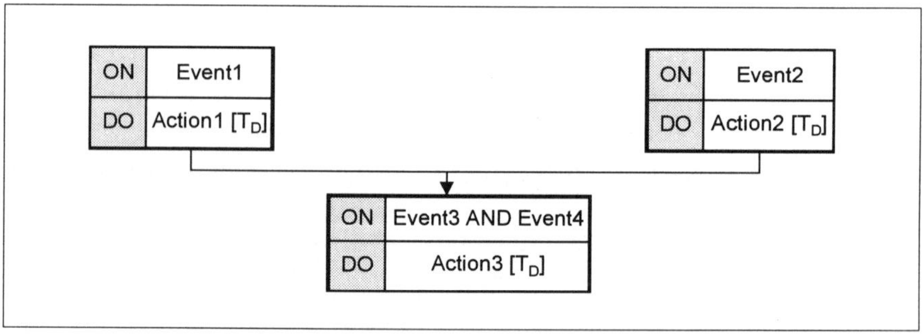

Abbildung 80: Modellierung der Zusammenführung paralleler Teilprozesse

[359] Vgl. Knolmayer et al. (1999).

[360] Vgl. Gatziu (1995), S. 48; Herbst / Knolmayer (1995), S. 151.

In Abbildung 81 sind die Konstrukte zur Modellierung paralleler Kontrollflüsse durch Geschäftsregeln zusammengefasst. Die Art der Darstellung orientiert sich an Keller et al.[361]

Verknüpfungsoperatoren / Verknüpfungsart		und (AND)	
Ereignis-typver-knüpfung	Auslösende Ereignistypen	ON	Event 1 AND Event 2
		DO	Aciton 1
	Erzeugte Ereignistypen	ON	Even 1
		DO	Action 1
			=> Raise Event E2 AND E3
Aktions-typver-knüpfung	Auslösende Ereignistypen	ON	Event 1
		IF	Condition 1
		DO	Action 1 AND Action 2
	Erzeugte Ereignistypen	ON	Event 1
		DO	Action 1 AND Action 2
			=> Raise Event E2

Abbildung 81: Überblick über parallele Modellierungskonstrukte[362]

5.2.3.1.4 Iteration

Eine Modellierung von Iterationen erfolgt durch eine Aktion innerhalb einer Geschäftsregel, die eine XOR-Steuerung formuliert. Die Ausführung dieser Aktion führt zum Eintreten eines Ereignisses, das eine im Prozess bereits ausgeführte Regel aktiviert.[363] Bei der Modellierung von Iterationen muss darauf geachtet werden, dass die initialisierende Regel eine exklusive Oder-Verknüpfung ausdrückt, damit es nicht zu einer Modellierung von Endlosschleifen kommt.

[361] Vgl. Keller et al. (1992), S. 14.

[362] Keller et al. (1992), S. 14.

[363] Vgl. Endl et al. (1998).

5.2.3.2 Zeitbezogene Modellierung von Ablaufstrukturen

Durch die zeitliche Umklammerung der Geschäftsregeln (Zeitpunkt des Eintretens der Ereignisse und temporale Ergänzung der aktiven Regelkomponenten), lässt sich der erwartete Zeitverbrauch der einzelnen Regeln und damit auch der zeitliche Ablauf des gesamten Prozesses definieren. Der vorgegebene Zeitbedarf der Durchführung einer Geschäftsregel ergibt sich aus dem vorgegebenen Zeitbedarf der Bedingungsprüfung (wenn die Geschäftsregel eine Bedingungskomponente enthält und deren vorgegebene Prüfungsdauer definiert ist) und der vorgegebenen Ausführungsdauer der Aktion.[364]

Die zeitlichen Beziehungen der einzelnen Regeln zueinander werden in Relation zu den im Prozess vorher auszuführenden Geschäftsregeln definiert.[365] Beträgt beispielsweise der vorgegebene Zeitbedarf für die Durchführung der ersten Regel des Prozess-Ablaufs fünf Zeiteinheiten, dann beginnt die ihr nachfolgende Regel zum Zeitwert sechs. Erst beim tatsächlichen Eintreten des Startereignisses eines Prozesses wird die Berechnung der absoluten Zeitwerte für den geplanten Start und die geplante Durchführungsdauer der einzelnen Regeln sowie des gesamten Prozess-Ablaufs initialisiert. Die geplanten Abschlusszeitwerte der einzelnen Geschäftsregeln und somit auch der vorgegebene Abschlusszeitwert des gesamten Prozesses werden ermittelt.

Enthält ein Prozess Verzweigungen, dann ist es möglich, dass die einzelnen selektiv oder parallel auszuführenden Teilprozesse unterschiedliche vorgegebene Durchführungszeiten haben, da die auszuführenden Aktivitäten mit verschiedenen Ausführungsdauern versehen wurden. Bei der Zusammenführung der Teilprozesse entstehen somit zwei Zeitwerte:

(1) Frühester vorgegebener Startzeitwert.
Dieser Zeitwert gibt die Durchführungsdauer desjenigen Teilprozesses an, der insgesamt die geringste vorgegebene Durchführungsdauer aufweist.

[364] Vgl. Hoheisel (1999), S. 18.

[365] Vgl. Jasper / Zukunft (1996), S. 112.

(2) Spätester vorgegebener Startzeitwert.
Dieser Zeitwert gibt die Durchführungsdauer desjenigen Teilprozesses an, der insgesamt die größte vorgegebene Durchführungsdauer aufweist.

Die im Prozess-Ablauf nachfolgenden Geschäftsregeln werden mit beiden Zeitwerten versehen, so dass für jede Geschäftsregel ihr frühester vorgegebener und ihr spätester vorgegebener Startzeitwert ersichtlich ist.

Bei ECAA-Regeln kann zusätzlich der Fall eintreten, dass die vorgegebene Ausführungsdauer der THEN DO-Komponente einen anderen Zeitwert zugewiesen bekommt als die Ausführungsdauer der ELSE DO-Komponente. Somit entstehen hier zwei mögliche Durchführungszeiten für die gesamte Geschäftsregel. Auch diese beiden Zeitwerte müssen bei der Modellierung zeitlicher Prozess-Abläufe mit berücksichtigt werden.

Damit zeitliche Ablaufstrukturen von Geschäftsprozessen erkennbar werden, muss man eine Geschäftsregel um vier temporale Angaben zur Dokumentation zeitlicher Abhängigkeiten ergänzen (Abbildung 82):

(1) Kürzeste gesamte geplante Durchführungsdauer der Geschäftsregel ST (shortest throughput time)
(2) Längste gesamte geplante Durchführungsdauer der Geschäftsregel LT (longest throughput time)
(3) Frühester relativer Startzeitwert im Prozess-Ablauf ES (earliest start time)
(4) Spätester relativer Startzeitwert im Prozess-Ablauf LS (latest start time).

Im Fall von EA-Regeln sind die Zeitwerte für die kürzeste und die längste gesamte vorgegebene Durchführungsdauer der betreffenden Geschäftsregel identisch.

ST	LT	ES	LS
ON	Event		
IF	Condition [T_D]		
THEN DO	Action [T_D]		
ELSE DO	Alt-Action [T_D]		

Abbildung 82: Um Zeitwerte ergänzte Geschäftsregel

Werden Geschäftsregeln um diese temporalen Informationen ergänzt, dann entsteht bei der Prozessmodellierung durch Geschäftsregeln ein Graph, der Netzplänen[366] ähnelt (Abbildung 83).

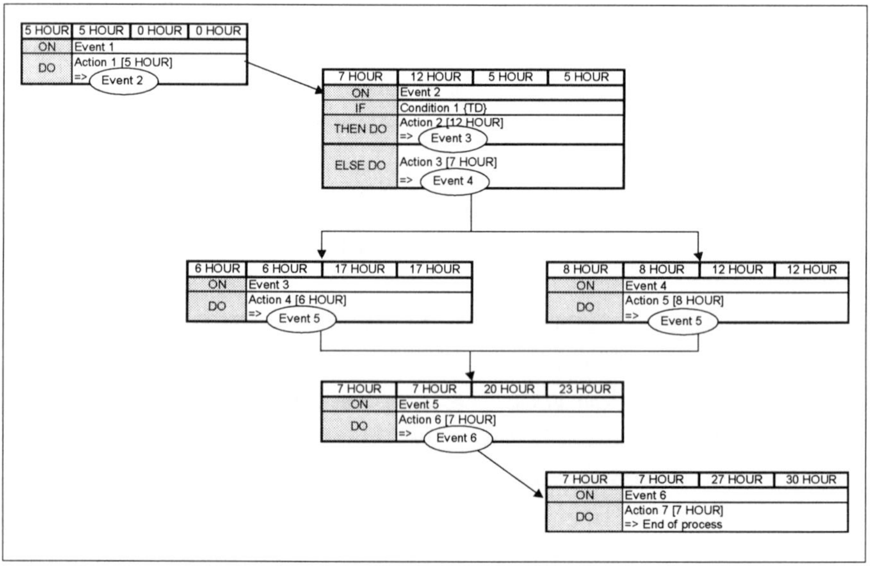

Abbildung 83: Zeitlicher Prozess-Ablauf

Mit dieser Art der Modellierung ist es ähnlich wie bei der Produktionsplanung und -steuerung[367] möglich, Geschäftsprozesse zeitlich zu planen und zu steuern.[368]

[366] Vgl. dazu beispielsweise Schwarze (1986).

[367] Vgl. dazu beispielsweise Fandel et al. (1997); Kurbel (1999); Much / Nicolai (1995).

[368] Hoheisel (1999), S. 19.

Während die zeitliche Planung von Prozess-Abläufen auf der konzeptionellen Modellierungsebene mit relativen Zeitbezügen zwischen den Geschäftsregeln durchgeführt wird, erfolgt die zeitliche Steuerung des Prozess-Ablaufs zur Ausführungszeit mit Hilfe eines Transaktions-Repositories (Abschnitt 5.3.2).

Probleme der Zeitplanung treten insbesondere dann auf, wenn Iterationen modelliert werden. Der Modellierer weiß im voraus nicht, wie oft eine Schleife durchlaufen wird; deshalb ist eine zeitliche Gesamtplanung des Prozesses nicht möglich.[369] Aus diesem Grund werden im regelbasierten Modellierungsansatz Iterationen nicht direkt modelliert, sondern bei Existenz von iterativen Prozess-Ablaufstrukturen sind Teilprozesse zu modellieren, die bei Bedarf mehrfach durchlaufen werden können. Die Entscheidung, ob ein Teilprozess mehrfach durchlaufen werden soll, ist vom Entscheidungsträger am Ende des Teilprozesses zu treffen. Diese Entscheidung wird jedoch nicht im Teilprozess selbst modelliert (Abbildung 84).[370]

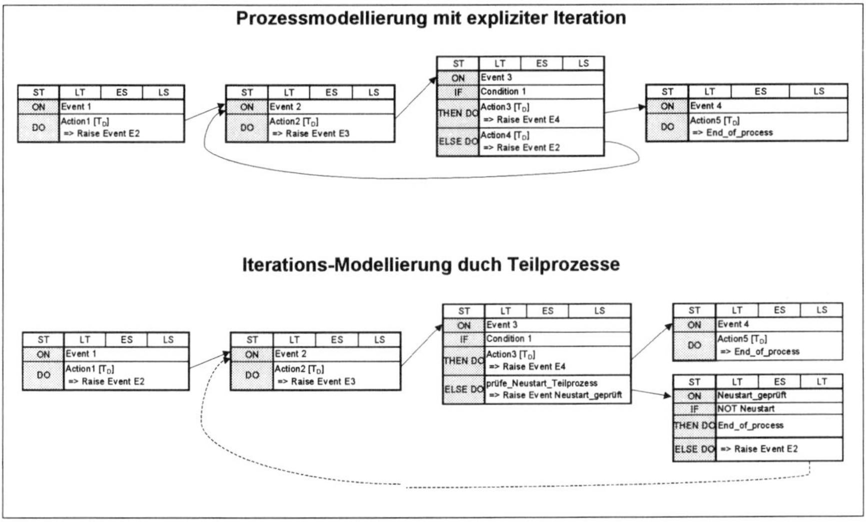

Abbildung 84: Modellierung von Iterationen in verschiedenen Teilprozessen

---

[369] Vgl. Schwarze (1986), S. 48.

[370] Hoheisel (1999), S. 19.

Die Aufteilung von Iterationen in Teilprozesse hat neben der Darstellungsmöglichkeit zeitlicher Planungen den Vorteil, dass Schleifen nicht automatisch so lange durchlaufen werden, bis eine bestimmte Bedingung erfüllt ist, sondern dass jedes Mal vor einem erneuten Duchlaufen der Schleife ein bewusster Entscheidungsprozess stehen muss, an dessen Ende festzulegen ist, ob der Prozess erneut zu durchlaufen ist oder nicht.[371]

Ein Beispiel für die Modellierung eines Prozesses mit Iterationen ist der Prozess zur Vorbereitung eines Projektantrags. Nach Durchlaufen des Prozesses erfolgt die Beantragung des Projekts. Wird der Projektantrag abgelehnt, dann sind einzelne Geschäftsregeln zur Vorbereitung des Antrags erneut auszuführen, um am Ende des Prozesses einen verbesserten Projektantrag zu erhalten. Wurde dieses erneute Durchlaufen eines Teilprozesses mittels einer Iteration modelliert, dann ist dieser Teilprozess so lange zu durchlaufen, bis das Projekt genehmigt wird. Erfolgt die Modellierung ohne Iteration, sondern ausschließlich mit Teilprozessen, dann muss nach Ablehnung des Antrags explizit entschieden werden, ob der Vorbereitungsprozess erneut ausgeführt oder ob der Projektantrag verworfen wird.

Durch die Aufteilung von Iterationsprozessen in Teilprozesse lässt sich darüber hinaus auch die Wiederverwendbarkeit von Prozessmodellen vereinfachen, da es nicht einen umfassenden Prozess gibt, sondern flexiblere Teilprozesse, die auch bei der Modellierung und beim Durchlaufen anderer Prozesse nutzbar sind.[372]

Über die Zeitplanung hinaus ist durch die temporale Erweiterung des Prozessmodells auch eine Ressourcenplanung möglich, da zum einen deutlich wird, welche Kapazitäten beim Durchlaufen eines Prozesses wie lange beansprucht werden. Zum anderen lassen sich Engpässe innerhalb von Prozessen ermitteln, wenn es wiederholt an einzelnen Stellen des Prozesses zu Verzögerungen kommt, d. h. wenn das Ende der Gültigkeitszeit der auszuführenden Geschäftsregel erreicht ist, ohne dass die auszuführenden Aktivitäten beendet wurden. Darüber hinaus wird die

---

[371] Hoheisel (1999), S. 19.

[372] Hoheisel (1999), S. 19.

Kapazitätsplanung bei zeitlichen Verzögerungen oder Störungen im Prozess erleichtert, da die zeitliche Veränderung des Prozessablaufs angepasst und simuliert werden kann. Das bietet zum einen die Möglichkeit einer besseren Auslastung der Mitarbeiter und zum anderen die Grundlage für flexible Arbeitszeitmodelle, die sich an der geplanten Kapazitätsauslastung orientieren können.

In Jasper et al.[373] wird ein Konzept beschrieben, in dem auf der Basis einer aktiven Datenbank Workflows ausgeführt und kontrolliert werden können. Durch einen regelbasierten reaktiven Zeitplaner können sowohl modellierte Zeitrestriktionen einzelner Aufgaben eines Prozesses als auch die Abhängigkeiten zwischen den Prozessen kontrolliert werden. Ein solcher reaktiver Scheduler stellt eine Möglichkeit dar, die in dieser Arbeit dargestellten modellierten Zeitplanungen von Geschäftsregeln und -prozessen zur Laufzeit der Workflows umzusetzen und zu kontrollieren.

Der zeitbezogenen Modellierung von Ablaufstrukturen durch Geschäftsregeln wurde ein deterministisches Zeitkonzept zugrunde gelegt. An verschiedenen Stellen des Modells könnte jedoch eine Erweiterung dieses Konzepts um stochastische Elemente vorteilhaft für die Planung des Prozessablaufs sowie der benötigten Ressourcen und Kapazitäten sein. Beispiele hierfür sind die Ausführungsdauern der aktiven Regelkomponenten, die prozessauslösenden Ereignisse oder die Ergebnisse der Bedingungsprüfung.

Die geplanten Ausführungsdauern der aktiven Regelkomponenten haben den Charakter von Vorgabezeiten, d. h. innerhalb dieser Zeit soll ihre Bearbeitung abgeschlossen sein. Diese Zeiten werden deterministisch festgelegt; ihre Bestimmung ist jedoch oft schwierig.[374] Die deterministische Betrachtung im regelbasierten Modellierungsansatz schließt nicht aus, dass die Ausführungszeiten evaluiert und gegebenenfalls angepasst werden. Mitunter besteht jedoch Unsicherheit darüber, wie lange die Ausführung einer Geschäftsregel bzw. ihrer aktiven Komponenten dauert und ob diese überhaupt ausgeführt werden. Das ist beispielsweise der Fall,

[373] Vgl. Jasper et al. (1996).

[374] Vgl. Madauss (1990), S. 19 sowie 201 f.

wenn Forschungs- und Entwicklungsprozesse geplant werden. Die Durchführung prozessrelevanter Aktivitäten kann etwa von Informationen abhängen, die erst zur Laufzeit des Prozesses gewonnen werden.[375] Solche Abläufe haben eher Projektcharakter und werden hier nicht berücksichtigt. Jedoch kann es auch für die Planung von Geschäftsprozessen hilfreich sein, wenn beispielsweise die Wahrscheinlichkeiten berücksichtigt werden, mit denen eine Aktion termingerecht ausgeführt wird oder ein für die Ausführung verantwortlicher Mitarbeiter krank ist. Um die Genauigkeit der Zeitplanung zu verbessern, können die deterministischen Ausführungsdauern durch stochastische Werteverteilungen ersetzt werden. Durch diese Informationen sind präzisere Zeit- und Kapazitätsplanungen möglich, als mit deterministischen Prozessmodellen.

Ein Ansatzpunkt für die Integration von stochastischen Ausführungsdauern in den geschäftsregelbasierten Modellierungsansatz bildet die aus der Netzplantechnik bekannte Methode PERT (Program Evaluation and Review Technique)[376]. Dieses Verfahren wird für die Bestimmung von erwarteten Abschlusszeiten von Projekten bzw. einzelner Meilensteine verwendet. Dafür sind Wahrscheinlichkeiten festzulegen, mit denen das Projekt bzw. einzelne Aktivitäten zeitgerecht abgeschlossen werden.

Die Modellierung des Kontrollflusses enthält im geschäftsregelbasierten Modellierungsansatz ebenfalls keine Wahrscheinlichkeitsangaben. Die auszuführenden Regeln müssen nach bestimmten Vorschriften in einer vorgegebenen Abfolge durchlaufen werden; der Abschluss einer Aktionsausführung führt zum Eintreten definierter Ereignisse. Darüber hinaus werden die Ergebnisse einer Bedingungsprüfung als gleich wahrscheinlich angenommen. Wenn die Wahrscheinlichkeit bekannt ist, mit der ein prozessauslösendes Ereignis eintritt, dann könnte dies eine Ressourcen- und Kapazitätsplanung im Rahmen der Geschäftsprozess-Modellierung erleichtern. Ist zudem bekannt, mit welcher Wahrscheinlichkeitsverteilung eine zu prüfende Bedingung einer ECAA-Regel wahr ist, kann der Verlauf eines Prozesses

---

[375] Vgl. Brockhoff (1988), S. 220.

[376] Vgl. dazu Dean / Chaudhuri (1980), S. 223 ff.

besser eingeschätzt und die entsprechenden Ressourcen zur Verfügung gestellt werden.

Einen Ansatzpunkt für die Integration von stochastischen Werteverteilungen in die Modellierung des Kontrollflusses bildet die aus der Netzplantechnik bekannte Methode GERT (Graphical Evaluation and Review Technique)[377]. Sie berücksichtigt Unsicherheiten bezüglich des Prozessablaufs, indem die Ausführungswahrscheinlichkeit von Aktivitäten bestimmt wird.[378]

Die Berücksichtigung von stochastischen Aspekten des kausalen und zeitlichen Prozessverlaufs und eine Untersuchung ihrer Auswirkungen auf die Planung von Geschäftsprozessen erhöht die Komplexität der Betrachtungen um ein derartiges Ausmaß, dass sie im Rahmen dieser Arbeit nicht abgehandelt werden können.

5.2.4 Beispiel

Nach der Darstellung der Modellierung konventioneller und zeitbezogener Ablaufstrukturen durch Geschäftsregeln wird in diesem Abschnitt ein beispielhafter Prozess-Ablauf beschrieben. Da sich die nachfolgenden Abschnitte, in denen das Regel-Repository (Abschnitt 5.3.1) und das Transaktions-Repository (Abschnitt 5.3.2) dargestellt werden, auf diesen Prozess beziehen, wurde der Beispiel-Prozess bewusst nur ausschnitthaft modelliert, damit die nachfolgenden Darstellungen überschaubar bleiben.

Der zugrunde gelegte Prozess beschreibt ausschnittsweise die Bearbeitung eines Kreditantrages (KA) in einem Bankinstitut. Nachdem ein Kunde einen Kreditantrag bei dem Kreditinstitut eingereicht hat, werden zunächst durch einen Sachbearbeiter die Stammdaten elektronisch erfasst. Für die weitere Bearbeitung des Antrags wird aufgrund der gewünschten Kreditsumme unterschieden, ob es sich um einen Klein- oder um einen Großkredit handelt. Während der Sachbearbeiter, welcher den Kredit-

---

[377] Vgl. beispielsweise Küpper et al. (1971), S. 299.

[378] Vgl. Dean / Chaudhuri (1980), S. 227.

antrag entgegen genommen hat, für die Vergabe von Kleinkrediten selbstständig eine Bonitätsprüfung durchführen und über Annahme oder Ablehnung des Antrags entscheiden kann, ist für Großkredite ein umfangreicheres Prüfverfahren notwendig. Das Entscheidungsmerkmal, wann ein Kredit als Großkredit eingestuft wird, ist die gewünschte Kreditsumme. Übersteigt diese den Wert von CHF 50.000,-, dann wird der Kredit als Großkredit klassifiziert. Auf weitere Prüfverfahren sowie auf die anschließende Bearbeitung des Antrags wird im Rahmen dieses Beispiels nicht weiter eingegangen.

Die Beschreibung des Prozess-Ausschnittes mit Hilfe von ECAA-Regeln ist in Abbildung 85 dargestellt. In den nachfolgenden Ausführungen werden die einzelnen Geschäftsregeln jeweils durch die Nummernbezeichnungen R1 bis R5 referenziert.

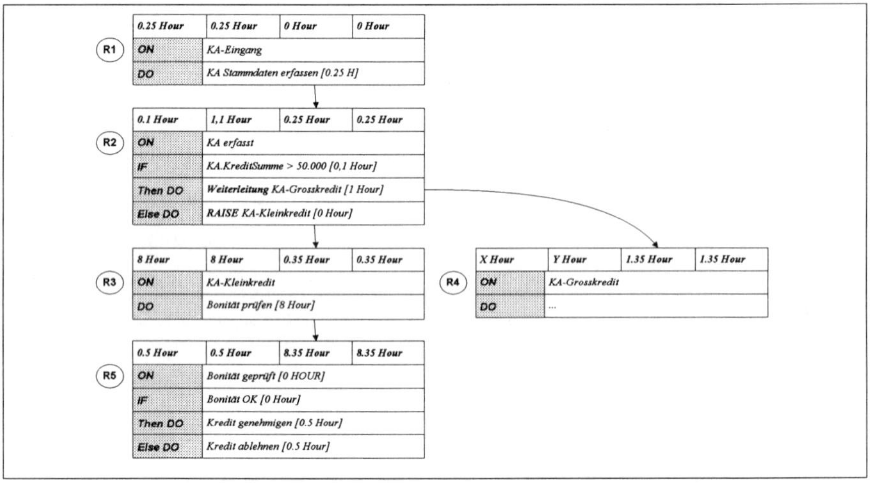

Abbildung 85: Regeln des Beispielprozesses

Die Aktion 'KA Stammdaten erfassen' der Geschäftsregel R1 ist mit einer vorgegebenen Durchführungsdauer von 0,25 Strunden verbunden. Da es sich bei dieser Regel um eine EA-Regel handelt, ist die Durchführungsdauer der Aktionskomponente identisch mit der minimalen und maximalen Soll-Durchlaufzeit der gesamten Geschäftsregel. Die ersten beiden Zeitwerte in der Kopfzeile der Regel sind deshalb mit '0,25 HOUR' gekennzeichnet. Da die Regel R1 die Start-Regel des Prozess-Ausschnitts ist, steht ihr Beginn in keiner Relation zu einer im Prozess vorher auszuführenden Regel. Deshalb sind der früheste und der späteste geplante Startzeitwert der Regel mit '0 HOUR' vorgegeben.

Da die Geschäftsregel R2 im Prozess-Ablauf nach der Regel R1 ausgeführt wird, befindet sie sich in zeitlicher Relation zu der vorhergehenden Regel. Da der früheste und späteste geplante Startzeitwert sowie die minimale und maximale geplante Ausführungszeit von Regel R1 identisch sind, sind auch der früheste und späteste geplante Startzeitwert von Regel R2 identisch. Sie sind mit dem Zeitwert '0,25 HOUR' verbunden.

Da die Geschäftsregel R2 eine ECAA-Regel ist, müssen mehrere Zeitwerte bei der Ermittlung der Durchführungsdauer der Geschäftsregel berücksichtigt werden. In dieser Regel wurde eine geplante Prüfungsdauer der Bedingung definiert (0,1 HOUR). Die Ausführungsdauer der THEN DO-Komponente (Weiterleitung KA-Großkredit) wurde mit einer Stunde vorgegeben, d. h. die Weiterleitung des Kreditantrags an die Abteilung für Großkredit-Bearbeitung sollte innerhalb einer Stunde erfolgen. Die Aktion der ELSE DO-Komponente wird mit dem Befehlswort RAISE eingeleitet. In diesem Fall ist keine Aktion durchzuführen, sondern es wird bei der Prozess-Ausführung vom WFMS das Ereignis 'KA-Kleinkredit' automatisch generiert und damit die Geschäftsregel R3 aufgerufen. Für diese Ereignis-Generierung durch das System wird ein so kurzer Zeitbedarf benötigt, der bei der Modellierung der Aktionskomponente vernachlässigt werden kann.

Die minimale vorgegebene Durchführungsdauer der Geschäftsregel R2 beträgt somit 0,1 Stunden (geplanter Zeitbedarf der Bedingungsprüfung); die maximale geplante Durchführungsdauer der Geschäftsregel beträgt 1,1 Stunden (0,1 Stunden der geplanten Bedingungsprüfung + 1 Stunde der geplanten Ausführungsdauer der THEN DO-Komponente).

Der früheste und der späteste geplante Startzeitwert von Geschäftsregel R3 ergibt sich aus den vorgegebenen Ausführungszeiten der Regeln R1 und R2, wobei die THEN DO-Komponente der Regel R2 nicht berücksichtigt werden muss, da diese Aktion nicht auszuführen ist, wenn bei Ablauf des Prozesses die Geschäftsregel R3 ausgeführt wird. Der früheste und späteste geplante Startzeitwert der Regel R3 liegt somit bei 0,35 Stunden (geplante Ausführungsdauer der Aktion von Regel R1 + geplante Prüfungsdauer der Bedingung von Regel R2 + geplante Ausführungsdauer der ELSE DO-Komponente der Regel R2). Die vorgegebene Ausführungsdauer der Aktion in der Geschäftsregel R3 (Bonität prüfen) beträgt 8 Stunden.

Für die Ermittlung des frühesten bzw. spätesten geplanten Startzeitwerts der Geschäftsregel R4 muss die geplante Ausführungsdauer der THEN DO-Komponente der Regel R2 berücksichtigt werden; die ELSE DO-Komponente dieser Regel spielt bei einem Prozess-Ablauf, in dem die Geschäftsregel R4 ausgeführt wird, keine Rolle. Der früheste bzw. späteste geplante Startzeitwert der Regel R4 liegt somit bei 1,35 Stunden nach Prozessbeginn.

In der Bedingungskomponente der Geschäftsregel R5 ist keine geplante Zeitdauer ihrer Überprüfung definiert. Da die Bonitätsprüfung des Kunden im Rahmen der Regel R3 durchgeführt wird, muss bei der Bedingungsprüfung in Regel R5 (Bonität OK) nur ein Feld des Formulars begutachtet werden. Der Modellierer hat für diese Überprüfung einen sehr kleinen Zeitwert angenommen und der Bedingungskomponente keine geplante Dauer zugewiesen.

5.2.5 Bewertung des regelbasierten Modellierungsansatzes

5.2.5.1 Methodeneinheitlichkeit

Oftmals werden unterschiedliche Methoden für die konzeptionelle Beschreibung von Geschäftsprozessen und deren systemtechnischen Umsetzung in Workflows auf verschiedenen Ebenen des Modellierungs- und Entwicklungsprozesses genutzt. Die regelbasierte Modellierungsmethode stellt demgegenüber eine einheitliche Modellierungsumgebung für alle Ebenen des Modellierungs- und Umsetzungsprozesses zur Verfügung. Diese Methode erlaubt eine regelbasierte Beschreibung von Geschäftsprozessen und kann in einer oder mehreren Verfeinerungsstufen in eine regelbasierte Workflowspezifikation transformiert werden.[379] Während des gesamten Modellierungsprozesses, der sich über mehrere Abstraktionsebenen hinweg erstrecken kann, werden die gleichen Konstrukte genutzt. Damit wird eine konsistente Modellierung und Umsetzung von Prozessen erzielt.

Neben dieser auf allen Ebenen strukturell gleich bleibenden Darstellung der Geschäftsprozesse dient der regelbasierte Ansatz auch als Integrationsschicht auf mehreren Ebenen zwischen unterschiedlichen Prozessmodellierungstechniken und Zielsystemen (Abbildung 86).[380] Ein mit Hilfe anderer Modellierungsmethoden (z. B. EPK, Petri-Netze oder FunSoft-Netze) formulierter Geschäftsprozess lässt sich in das geschäftsregelbasierte Modell transformieren. Geschäftsprozesse, welche mit Hilfe anderer semiformaler Beschreibungstechniken modelliert wurden, können also nachträglich in den geschäftsregelbasierten Ansatz transformiert werden.[381]

Darüber hinaus ist es möglich, durch Geschäftsregeln formulierte Unternehmensprozessmodelle in unterschiedliche Zielumgebungen zu transformieren. Geschäftsregeln lassen sich beispielsweise in Form von Triggern in Aktiven Datenbanksystemen oder in eine Workflow-Definition-Language (WDL) wie beispielsweise TRAMS[382] oder jene von IBM FlowMark[383] übertragen.[384]

---

[379] Vgl. dazu Knolmayer (1999).

[380] Vgl. dazu Endl et al. (1998); Knolmayer (1998a); Knolmayer (1998b); Knolmayer (1999).

[381] Vgl. Herbst / Knolmayer (1996), S. 393 ff.

[382] Vgl. dazu Kradolfer / Geppert (1997).

[383] Vgl. dazu IBM (1996a); IBM (1996b).

[384] Vgl. Knolmayer et al. (1997), S. 25.

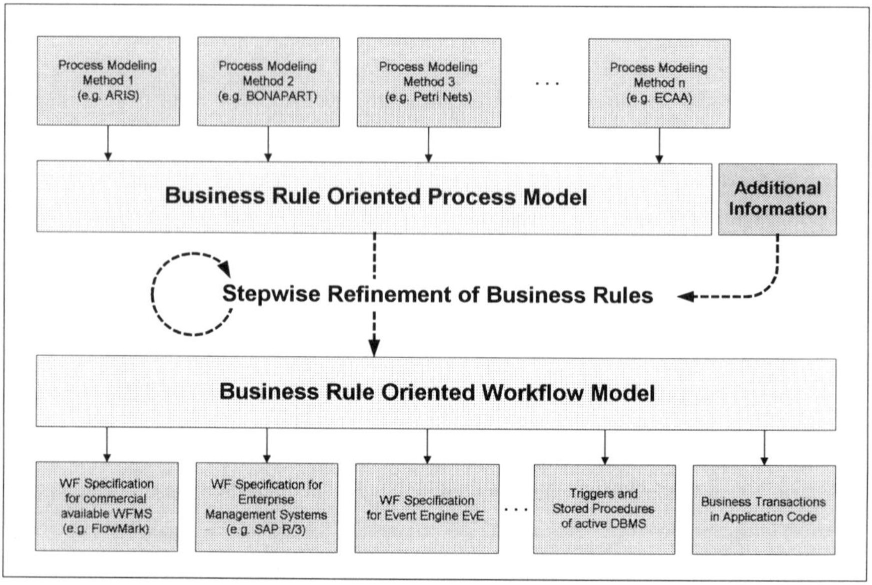

Abbildung 86: Geschäftsregeln als integrierende Ebene[385]

Der regelbasierte Modellierungsansatz kann auch unabhängig von anderen Methoden als eigenständige Methode verwendet werden. Durch sukzessive Verfeinerung der Geschäftsregeln wird eine regelbasierte Spezifikation von Geschäftsprozessen erreicht, die in unterschiedlichen Zielumgebungen implementierbar ist. Diese Spezifikation zeichnet sich durch ihre Transparenz und Flexibilität aus. Identische Strukturen können sowohl als semi-formale Prozess-Beschreibungen als auch als formale Spezifikationen für Workflow-Typen abgebildet werden.[386]

5.2.5.2 Mächtigkeit

Der geschäftsregelbasierte Modellierungsansatz ist eine mächtige Methode zur Modellierung von Geschäftsprozessen. Ein Beispiel soll diese Mächtigkeit verdeutlichen. In Abbildung 87 ist ein Prozess-Ausschnitt mit Hilfe von Ereignisgesteuerten

---

[385] Knolmayer (1998a), S. 206; Knolmayer (1998b), S. 26; Knolmayer et al. (1999).

[386] Knolmayer et al. (1997), S. 25 f.

Prozessketten (EPK) dargestellt. In diesem Prozess-Ausschnitt wird der im Rahmen einer Funktion der Zahlungseingang in Bezug auf eine Rechnung geprüft, sobald die beiden Ereignisse 'Rechnung gestellt' und 'Zahlungsziel erreicht' eingetreten sind. Nach der Ausführung der Aktion tritt entweder das Ereignis 'Zahlung vollständig eingegangen' oder 'Zahlung nicht vollständig eingegangen' ein. Ist die Zahlung nicht vollständig eingegangen, dann wird im Rahmen einer auszuführenden Funktion eine Mahnung erstellt.[387]

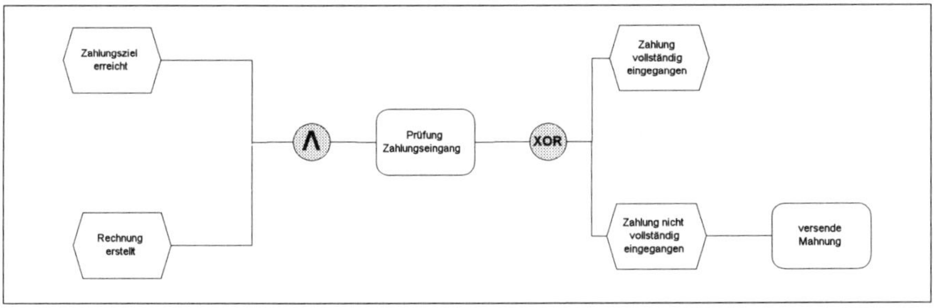

Abbildung 87: Prozessmodellierung mit Ereignisgesteuerten Prozessketten

Der betrachtete Prozess-Ausschnitt kann mit Hilfe einer Geschäftsregel dargestellt werden (Abbildung 88). Durch die Ereignisbeschreibung mittels der abgeleiteten Gültigkeitszeit des Ereignisses (Verzögerungszeit) sind beide von der EPK-Methode verwendeten Ereignisse zusammengefasst darstellbar. Die bei der EPK-Darstellung verbleibenden zwei Funktionen und zwei Ereignisse können in der Bedingungskomponente und der Aktionskomponente der Geschäftsregel abgebildet werden.[388]

[387] Vgl. Hoheisel (1999), S. 16 f.

[388] Die ELSE DO-Komponente kann hier außer Acht gelassen werden, da der Prozess-Verlauf nicht weiter betrachtet wird, wenn die Bedingungsprüfung den Wert „falsch" ergibt. Wäre der Prozess in dieser Situation beendet, dann kann die Regel um die ELSE DO-Komponente ergänzt werden, deren Wert das Ende des Prozesses dokumentiert.

ON	$T_{(Rechnungsstellung)}$ + 30 DAY
IF	NOT vollständiger_Zahlungseingang
DO	Versende_Mahnung

Abbildung 88: Darstellung des Teilprozesses mit Geschäftsregeln

Durch die Nutzung der Bedingungskomponente als weitere aktive Regelkomponente (neben der Aktionskomponente) beinhaltet der geschäftsregelbasierte Modellierungsansatz zwei semantisch unterschiedliche aktive Komponenten und erhöht dadurch die Mächtigkeit der Methodik zur Geschäftsprozessmodellierung.

Durch die Integration temporaler Aspekte in die Geschäftsprozessmodellierung erhöht sich die Mächtigkeit des Ansatzes noch weiter, da keine zusätzlichen Methoden herangezogen werden müssen, um Geschäftsprozesse zeitlich zu planen und zu steuern, Kapazitätsengpässe zu ermitteln oder zeitliche Veränderungen nach einer Umstrukturierung von Prozessen nachzuvollziehen.

5.2.5.3 Eindeutigkeit der Modellierung

Durch eine explizite Modellierung der Bedingungskomponente steht dem geschäftsregelbasierten Modellierungsansatz neben der Aktionskomponente eine zweite aktive Regelkomponente zur Verfügung. Diese beiden Komponenten ermöglichen eine separate Modellierung semantisch unterschiedlicher Funktionen (Prüfung einer Bedingung und Ausführung einer Aktion). Durch diese Konstrukte ist eine strukturierte und eindeutige Modellierung möglich.

Da die Modellierung mit anderen Modellierungsmethoden (beispielsweise mit EPKs) ohne explizite Bedingung erfolgen muss, kann eine semantisch korrekte Abbildung der modellierten Realität nicht eindeutig erfolgen. Die in Abbildung 87 modellierte Funktion 'Prüfe Zahlungseingang' kann nicht direkt als Bedingung erkannt werden. Lediglich durch das mögliche Eintreten zweier alternativer Ereignisse wird deutlich, dass es sich um ein Entscheidungskonstrukt handelt.

Durch die fehlende explizite Bedingungskomponente muss darüber hinaus in diesem Prozessmodell der Sachverhalt 'Zahlung nicht vollständig erhalten' als Ereignis modelliert werden. Die Abbildung der modellierten Realität erfolgt sachlich falsch, da das Ausbleiben einer Zahlung gerade kein Ereignis ist. Durch eine explizite Modellierung der Bedingungsprüfung in Geschäftsregeln muss dieses Ereignis nicht abgebildet werden. Der Sachverhalt 'Zahlung vollständig' ist Bestandteil der Bedingungsprüfung und entscheidet darüber, welche Aktion auszuführen ist.

Die Modellierung einer expliziten Bedingugskomponente in Geschäftsregeln führt darüber hinaus zu einer Erweiterung der Ablaufsteuerung, indem eine selektive Aktionstypverknüpfung mit auslösendem Ereignistyp[389] modellierbar wird. Dieses Modellierungskonstrukt, bei dem ein Ereignistyp alternative Aktionstypen auslösen kann, führt dann zu unklaren Ablauf-Strukturen, wenn die Entscheidungsregeln nicht bekannt sind, nach denen die Auswahl der auszuführenden Aktionen getroffen werden soll. In der Bedingungskomponente von Geschäftsregeln kann diese Entscheidungsregel formuliert werden. Nach dem Eintreten eines Ereignisses wird mit Hilfe der Entscheidungsregel entschieden, welche der alternativen Aktionen auszuführen ist. Aufgrund der fehlenden Entscheidungskomponente bei anderen Modellierungsmethoden können solche Konstrukte dort nicht modelliert werden. Beispielsweise ist die Modellierung des Ablaufkonstrukts „alternative Funktionstypverknüpfung mit auslösendem Ereignistyp" mit EPKs nicht zulässig, da nicht klar definiert werden kann, welche der beiden Funktionen auszuführen ist, wenn das Ereignis eintritt.[390]

5.3 Repository

Repositories sind Sammlungen von Meta-Daten[391] über Objekte der DV-Welt und der zwischen ihnen bestehenden Beziehungen.[392] Dementsprechend sind Repository-

---

389 Vgl. Keller et al. (1992), S. 14.

390 Vgl. Keller et al. (1992), S. 14.

391 Einen Überblick über Meta-Daten bietet z. B. Jasper (1998), S. 79 f.

392 Vgl. Myrach (1995a), S. 115.

Systeme Datenbanken, die auf Basis eines beliebigen Datenmodells realisiert werden können.

Im Rahmen einer Modellierung und Ausführung von Prozessen auf Grundlage von Geschäftsregeln stellen Repositories eine zentrale Architekturkomponente dar (Abbildung 37). In diesem Abschnitt werden je ein Repository aus der Modellierungskomponente und eines aus der Ausführungskomponente der Architektur dahingehend untersucht, inwieweit Konstrukte der temporalen Datenmodellierung auf sie übertragen werden können und inwieweit durch eine temporale Erweiterung der Informationsumfang der betrachteten Repositories vergrößert werden kann. Folgende Repositories werden untersucht:

(1) Regel-Repository.
In diesem Repository werden die modellierten Geschäftsregeln und deren Komponenten sowie die Geschäftsprozesse strukturiert abgebildet.

(2) Transaktions-Repository.
In diesem Repository werden die zur Laufzeit aktiven Prozesse zu Kontroll- und Steuerungszwecken abgelegt.

Für die Darstellung der Anwendbarkeit temporaler Konzepte auf die ausgewählten Repositories wird auf das in Abschnitt 5.2.4 betrachtete Beispiel zurückgegriffen. Dabei werden zunächst die modellierten Objekte des Teilprozesses im Regel-Repository abgebildet und anschließend während der Ausführung des Prozesses auch im Transaktions-Repository dokumentiert.

5.3.1 Regel-Repository

Zur Gewährleistung der Konsistenz einer Prozessmodellierung über mehrere Abstraktionsebenen (Abschnitt 5.2.5.1) ist der Modellierungsprozess durch geeignete Werkzeuge zu unterstützen. Von zentraler Bedeutung ist dabei die Verfügbarkeit eines Regel-Repositories.[393]

---

[393] Vgl. Herbst / Myrach (1997), S. 126 ff.

Das dem Regel-Repository zugrunde liegende Meta-Modell lässt sich in verschiedenen Datenmodellen abbilden. Neben kommerziell verfügbaren Repository-Systemen[394] wäre auch eine Realisierung auf Basis eines relationalen[395], objekt-relationalen[396] oder objektorientierten[397] Datenbanksystems denkbar. Aufgrund seiner weiten Verbreitung und seiner Einfachheit beziehen sich die nachfolgenden Ausführungen auf das relationale Datenbankmodell. Auch mit Blick auf die temporalen Erweiterungen des Regel-Repositories erscheint eine Beschränkung auf das relationale Datenmodell sinnvoll, da die Konzepte einer temporalen Datenhaltung im Bereich relationaler Datenmodellierung weit fortgeschritten sind.

Da die Umsetzung von Repositories im Rahmen eines relationalen Datenbanksystems zu sehr komplexen Objekt- und Verknüpfungsstrukturen führen kann,[398] wird in diesem Kapitel nicht das gesamte Datenmodell des geschäftsregelbasierten Modellierungsansatzes betrachtet. Hier wird nur das Kernmodell betrachtet, welches die grundlegenden Objekte des regelbasierten Modellierungsansatzes berücksichtigt. Mit dieser eingeschränkten Sicht auf das Datenmodell können die temporalen Gesichtspunkte des Repositories deutlicher herausgearbeitet werden, da die Komplexität der Darstellung erheblich verringert wird.[399]

5.3.1.1 Meta-Modell

Die Struktur des Regel-Repositories kann in Form eines Meta-Modells definiert werden. Abbildung 89 zeigt das relevante Kernmodell. Dieses Kernmodell ist ein Ausschnitt eines Meta-Modelles, welches auf den Darstellungen bei Herbst[400] basiert.

---

[394] Ein auf dem kommerziell verfügbaren Repository-Werkzeug *Rochade* basierendes System wurde z. B. bei Herbst (1997) beschrieben.

[395] Vgl. dazu Ullman (1988); Lockemann / Schmidt (1987); Elmasri / Navathe (1994).

[396] Vgl. dazu Stonebraker / Moore (1996).

[397] Vgl. dazu Atkinson et al. (1992); Dittrich (1988); Heuer (1993).

[398] Vgl. Gotthard (1988), S. 27; Wenner (1991), S. 34 f.

[399] Eine ausführliche Darstellung von Repositories zur Abbildung von Geschäftsregeln wird in Herbst (1997); Herbst / Myrach (1997) gegeben.

[400] Vgl. Herbst (1997), S. 97.

Im Zentrum des Kernmodells stehen die Entitätsmengen *BusinessRule* und *Process* sowie die Regelkomponenten *Event*, *Condition* und *Action*. Ausschließlich anhand dieser Entitätsmengen werden in den nachfolgenden Abschnitten die Überlegungen bezüglich einer temporalen Erweiterung des Repositories aufgezeigt.[401]

Werden zunächst die Entitätsmengen *BusinessRule* und *Process* betrachtet, dann besteht zwischen ihnen eine N:M-Beziehung. Diese Beziehung sagt aus, dass Geschäftsregeln in unterschiedlichen Prozessen enthalten sein können und Prozesse aus mehreren Geschäftsregeln bestehen. Zur Umsetzung dieser Beziehung in einer relationalen Datenbank ist eine zusätzliche Beziehungsrelation notwendig. Während die Entitätsrelation *BusinessRule* die Struktur der Regeln beinhaltet und die Entitätsrelation *Process* die Prozess-Struktur dokumentiert, werden in der Beziehungsrelation *ProcessReference* die einzelnen Regeln bestimmten Prozessen zugewiesen.

Die Entitätsrelationen *Event*, *Condition* und *Action* beinhalten die Beschreibungen der verschiedenen Regelkomponenten. Die Beziehungen zwischen einer Geschäftsregel umd den dazu gehörenden Komponenten stellen sich in Analogie zu der allgemeinen Regelstruktur dar. Eine Regel beinhaltet immer genau eine Ereigniskomponente, ein oder zwei Aktionskomponenten sowie eine oder keine Bedingungskomponente. Eine Aktion führt immer zu einem Ereignis. Neben den regelimmanenten Ereignissen können Regeln eines Prozesses auch durch externe Ereignisse ausgelöst werden. Komponenten einer Geschäftsregel können in verschiedenen Regeln enthalten sein; sie können jedoch auch zu keiner Geschäftsregel gehören. Das ist beispielsweise der Fall, wenn bestimmte Aktionen definiert wurden, diese jedoch noch in keine Geschäftsregel integriert sind.

Theoretisch können Geschäftsregeln in Anlehnung an Entscheidungstabellen oder CASE-Konstrukte von Programmiersprachen ineinander verschachtelt und als EC^mA^n-Konstrukt dargestellt werden. Da diese Konstrukte zu sehr komplexen Regelstrukturen führen können, welche die Lesbarkeit von Prozessmodellen

---

[401] Vgl. Hoheisel / Pfahrer (1999), S. 572.

erschweren, wird die Notation auf die oben beschriebenen ECAA- und EA-Regeln begrenzt. EC^mA^n-Konstrukte können durch eine Sequenz von ECAA-Regeln abgebildet werden.[402] Durch die Struktur des Repositories wird die Einhaltung dieser Notation unterstützt.

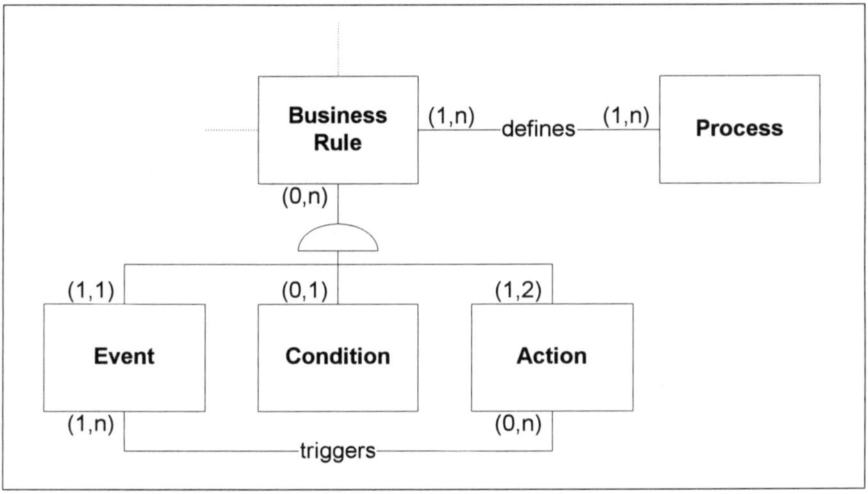

Abbildung 89: Ausschnitt aus dem Meta-Modell des Regel-Repositories[403]

In einer konventionellen relationalen Datenbank („Schnappschuss-Datenbank" ohne temporale Erweiterung) können die aus dem Meta-Modell resultierenden Relationen vereinfacht wie folgt definiert werden:

Process	*= { <u>P-ID</u>, Description }*
ProcessReference	*= { <u>P-ID</u> (→ Process), <u>R-ID</u> (→ BusinessRule) }*
BusinessRule	*= { <u>R-ID</u>, Event (→ Event), Condition (→ Condition), Action (→ Action), Alt-Action[404] (→ Action) }*
Event	*= { <u>Event</u>, Description }*

[402] Vgl. Knolmayer et al. (1999).

[403] Vgl. Herbst (1997), S. 92.

[404] Die Attribute des Typs Alt-Action beschreiben die alternativen Aktionen.

Condition = { *Condition*, *Description*, T_D }
Action = { *Action*, *Description*, T_D, *CL-ID*, *Actor-ID*, *RaiseEvent* (→ *Event*) }

Die unterstrichenen Attribute stellen die Primärschlüssel der jeweiligen Relation dar und mit dem Pfeil wird signalisiert, dass das Attribut einen Fremdschlüssel auf die nach dem Pfeil spezifizierte Relation darstellt.

Die Relationen *Event*, *Condition* und *Action* bilden die einzelnen Komponenten der Regeln ab. Während die Relation *Event* neben ihrem identifizierenden Schlüssel-Attribut nur noch ein beschreibendes Attribut enthält, wird in der Relation *Condition* durch die Werte des Attributes T_D zusätzlich die vorgegebene Prüfungsdauer der einzelnen Bedingungen dokumentiert.

Die Relation *Action* ist etwas komplexer. Sie beinhaltet das Primärschlüssel-Attribut *Action*, das Attribut T_D zur Beschreibung der vorgegebenen Ausführungsdauer der Aktion, sowie die Fremdschlüssel-Attribute *CL-ID*, *Actor-ID* und *RaiseEvent*, von denen lediglich RaiseEvent als Fremdschlüssel-Attribut gekennzeichnet ist. Das Attribut CL-ID verweist auf eine Relation zur Darstellung der Checkliste; das Attribut *Actor-ID* verweist auf eine den zuständigen Akteur beschreibende Relation. Da beide Relationen hier nicht berücksichtigt werden, sind diese Attribute auch nicht als Fremdschlüssel-Attribute gekennzeichnet. Wie in den Abschnitten 5.2.1.2.3.1 und 5.2.1.2.3.2 beschrieben, ist auch die Bedingungskomponente um Akteure und Checklisten erweiterbar. Deshalb müsste auch die Relation *Condition* um die Attribute *CL-ID* und *Actor-ID* erweitert werden, welche auf die entsprechenden Relationen verweisen. Aus den bereits angesprochenen Gründen der vereinfachten Darstellung wurde auf die Definition dieser Attribute jedoch verzichtet.

Die ECAA-Struktur der einzelnen Geschäftsregeln wird in der Relation *BusinessRule* abgebildet. Während die Attribute *Event* und *Condition* die ON- bzw. IF-Komponente der Geschäftsregel beschreiben und auf die Relationen *Event* und *Condition* verweisen, bilden die Attribute *Action* und *Alt-Action*[405] die beiden alternativen Aktionskomponenten der Geschäftsregel ab und verweisen auf die Relation *Action*. Die Werte des Primärschlüssel-Attributs *R-ID* identifizieren die einzelnen Regeln. Die Beziehungs-Relation *ProcessReference* enthält die Regel-Identifikatoren *R-ID* und die Prozess-Identifikatoren *P-ID* und dokumentiert, welche Regeln in den einzelnen Prozessen enthalten sind.

5.3.1.2 Abbildung eines Beispiel-Prozesses im Regel-Repository

Erfolgt die Umsetzung des Regel-Repositories in einer konventionellen relationalen Datenbank, dann könnte der in Abbildung 85 (Abschnitt 5.2.4) beschriebene Geschäftsprozess in die in Abbildung 90 betrachteten Relationen umgesetzt werden.

In den Relationen wird deutlich, welche Geschäftsregeln in einem bestimmten Prozess ausgeführt werden und welche Struktur die Geschäftsregeln haben. Mit der Abfrage

```
SELECT *
FROM   ProcessReference
WHERE  P-ID = 'P001'
```

werden beispielsweise sämtliche Geschäftsregeln des Prozesses P001 selektiert. Allerdings wird nicht sichtbar, wann der Prozess modelliert wurde, ob und wann der Prozess in eine Workflow-Spezifikation umgesetzt wurde bzw. werden soll und ob im Laufe der Zeit Geschäftsregeln dem Prozess hinzugefügt oder ob Regeln entfernt wurden.

Mit der Abfrage

```
SELECT C.Condition, C.Description
FROM   Condition AS C, BusinessRule AS B
WHERE  C.Condition = B.Condition AND B.R-ID = 'R2'
```

[405] Die Attribute des Typs Alt-Action beschreiben die alternativen Aktionen.

kann beispielsweise die Bedingung und deren Beschreibung der Geschäftsregel 'R2' aus der Datenbank gewonnen werden. Aber auch bei diesem Abfrageergebnis wird nicht deutlich, seit wann diese Bedingung in der Geschäftsregel gültig ist bzw. wie lange sie gültig sein wird.

Process	
P-ID	Description
P001	Bearbeitung Kreditantrag
...	...

ProcessReference	
P-ID	R-ID
P001	R1
P001	R2
P001	R3
P001	R4
P001	R5

BusinessRule				
R-ID	Event	Condition	Action	Alt-Action
R1	KA-Eingang		KA Stammdaten erfassen	
R2	KA erfasst	Großkredit	Weiterleitung KA-Großkredit	RAISE KA-Kleinkredit
R3	KA-Kleinkredit		Bonität prüfen	
R4	KA-Großkredit	...	...	...
R5	Bonität geprüft	Bonität OK	KA genehmigen	KA ablehnen
...	...	...	...	...

Event	
Event	Description
KA-Eingang	KA von Kunde gestellt
KA erfasst	Stammdaten von KA wurden vollständig erfasst
KA-Kleinkredit	erfasster KA ist in Abt. Kleinkredit eingetroffen
KA-Großkredit	erfasster KA ist in Abt. Großkredit eingetroffen
Bonität geprüft	Prüfung der Bonität des Kunden ist abgeschlossen

Condition		
Condition	Description	T_D
Großkrdit	Sum(KA) > 50.000	0,1 HOUR
Bonität OK	Ist die Bonität des Kunden OK	

Action					
Action	Description	T_D	CL-ID	Actor-ID	RaiseEvent
KA Stammdaten erfassen	Kreditantrag erfassen	0,25 HOUR	CL KA-Erfassung	Kundensachbearbeiter	KA erfasst
Weiterleitung KA-Großkredit	KA an Abt. Großkredit weiterleiten	1 HOUR	CL KA-Weiterleitung	Kundensachbearbeiter	KA-Großkredit
Bonität prüfen	Prüfung der Bonität des Kunden	8 HOUR	CL Bonitätsprüfung	Kreditsachbearbeiter	Bonität geprüft
RAISE KA-Kleinkredit	Das System generiert automatisch das Ereignis "KA Kleinkredit" und startet damit die Regel R3	0	CL KA-Weiterleitung	WFMS	KA-Kleinkredit
Kredit genehmigen	KA Genehmigungsgutachten erstellen	0,5 HOUR	CL Genehmigungsgutachten erstellen	Kreditsachbearbeiter	...
Kredit ablehnen	KA Ablehnungsgutachten erstellen	0,5 HOUR	CL Ablehnungsgutachten erstellen	Kreditsachbearbeiter	...

Abbildung 90: Umsetzung des Beispielprozesses in Relationen.

5.3.1.3 Temporale Erweiterung des Regel-Repositories

Zwischen der Modellierung von Geschäftsprozessen und deren Automatisierung in Workflows besteht normalerweise eine zeitliche Verzögerung. Diese entsteht zwangsläufig aus dem Zeitunterschied zwischen der Planung von Prozessen, deren Modellierung und deren Ausführung. Durch diese zeitliche Verzögerung besteht die Gefahr, dass Prozesse auf Basis von Geschäftsregeln ausgeführt werden, die keine Gültigkeit mehr haben oder noch nicht gültig sind. Somit entstehen Inkonsistenzen zwischen derzeit gültigen Geschäftsregeln und den Regeln, nach deren Vorschriften die ablaufenden Geschäftsprozesse durchgeführt werden.

Inkonsistenzen zwischen modellierten Prozessen und aktiven Workflows können nur dann vermieden werden, wenn die Gültigkeit von Prozessen bzw. deren Komponenten in die Modellierung einbezogen wird.[406] Auf diese Weise erkennt das System bzw. der Benutzer, ob die Vorschriften, nach denen der Geschäftsprozess durchlaufen wird, noch gültig sind oder ob sie durch andere Regelungen ersetzt wurden.

Durch eine bitemporale Erweiterung des Regel-Repositories lassen sich neben der versionserhaltenden Speicherung der Prozessmodelle auch deren Gültigkeitszeiten dokumentieren. Dadurch können zukünftige, gegenwertige und vergangene Gültigkeiten von Prozessen, Geschäftsregeln und den Komponenten der Geschäftsregeln dargestellt werden. Modellkomponenten, deren Gültigkeit in der Zukunft liegen, können zur Startzeit ihrer Gültigkeit in Workflows umgesetzt werden. Mit diesem Konzept lassen sich die Inkonsistenzen zwischen dem Prozessmodell und der Workflow-Spezifikation vermeiden. Darüber hinaus bleiben durch eine versionserhaltende Speicherung Daten verfügbar aus denen zusätzliche betriebswirtschaftliche Informationen gewonnen werden können.[407] Das Regel-Repository ist aus diesen Gründen eine praktisch sinnvolle Anwendung zur Umsetzung der Konzepte temporaler Datenbanken.

---

[406] Hoheisel / Pfahrer (1999), S. 566.

[407] Vgl. Hoheisel / Pfahrer (1999), S. 566.

5.3.1.3.1 Temporale Erweiterung der regelabbildenden Relationen

Die Implementierung des Regel-Repositories als temporale Datenbank vermeidet die Inkonsistenzen zwischen Prozessmodell und Workflow-Spezifikation, welche durch die zeitlichen Unterschiede der Modellierung und der Ausführung von Prozessen entstehen. Durch eine informationserhaltende Speicherung von Objekten in bitemporalen Datenbanken bleiben auch diejenigen Informationen verfügbar, die über den aktuellen Zustand des Regel-Repositories hinaus gehen. Die Gültigkeit der einzelnen Geschäftsregeln und deren Komponenten sowie ihre Aktualität im Regel-Repository wird auf diese Weise dokumentierbar.

Ändert sich beispielsweise die Bedingungskomponente einer Geschäftsregel oder tritt bei Abschluss einer Aktionsausführung ein anderes Ereignis ein, als es der Modellierer in einer älteren Version der Geschäftsregel vorgesehen hatte, dann können diese Änderungen durch eine evolutionserhaltende Speicherung dokumentiert werden. Auf diese Weise bleiben für eine Organisation auch die Veränderungen ihrer Geschäftsregeln nachvollziehbar und die Regeln, nach denen in der Vergangenheit Entscheidungen getroffen wurden, bleiben erhalten.

Betrachten wir z. B. die Geschäftsregel R2 aus dem Beispiel von Abschnitt 5.2.4 (Abbildung 91). Diese in einer Organisation derzeit gültige Geschäftsregel wird dahingehend geändert, dass ab Beginn des folgenden Jahres die Kreditsumme derjenigen Kreditanträge, die als Großkredit bearbeitet werden müssen, von CHF 50.000 auf CHF 75.000 erhöht wird. Stellt ein Kunde einen Kreditantrag in Höhe von CHF 60.000, dann ist ab Beginn des kommenden Jahres der Kreditsachbearbeiter befugt, diesen Kreditantrag zu bearbeiten. Erst wenn die beantragte Kreditsumme den Wert von CHF 75.000 übersteigt, ist der Kreditantrag an die Abteilung Großkredit weiterzuleiten. Die neue Geschäftsregel (Abbildung 92) muss in das Regel-Repository gespeichert werden, damit diese neue Vorschrift dokumentiert ist und in den Geschäftsprozess integriert werden kann.

0,1 HOUR	1,1 HOUR	X HOUR	Y HOUR
ON	KA erfasst		
IF	KA:Kreditsumme > 50.000 [0,1 HOUR]		
THEN DO	Weiterleitung KA.Großkredit [1 HLUR]		
ELSE DO	RAISE KA.Kleinkredit [0 HOUR]		

Abbildung 91: Geschäftsregel Version 1

0,1 HOUR	1,1 HOUR	X HOUR	Y HOUR
ON	KA erfasst		
IF	KA:Kreditsumme > 75.000 [0,1 HOUR]		
THEN DO	Weiterleitung KA.Großkredit [1 HLUR]		
ELSE DO	RAISE KA.Kleinkredit [0 HOUR]		

Abbildung 92: Geschäftsregel Version 2

In einer konventionellen Datenbank kann diese zukünftige Änderung auf zwei Arten behandelt werden:[408]

(1) Die Änderung der Kreditsumme wird umgehend nach der Beschlussfassung über diese neue Vorschrift in das Regel-Repository eingetragen. Die Anpassung der Relation *Condition* wird durch eine Update-Operation der Form

```
UPDATE      Condition
SET         description = 'Sum(KA) > 75.000'
WHERE       description = 'Sum(KA) > 50.000'
            AND Condition = 'Großkredit'
```

durchgeführt. Bei Anwendung dieser Operation wird jedoch der alte Wert der Bedingungskomponente überschrieben und ist somit nicht mehr rekonstruierbar. Bis zum tatsächlichen Eintreten der Änderung (bis zum Beginn des neuen Jahres) befindet sich die Datenbank in keinem integeren Zustand. Sie enthält falsche Informationen, da bis zum Jahreswechsel ein Kredit bereits als Großkredit eingestuft werden muss, wenn die Kreditsumme den Wert CHF 50.000 übersteigt.

[408] Hoheisel / Pfahrer (1999), S. 576.

(2) Das Update der Relation *Condition* wird erst zum Zeitpunkt des tatsächlichen Eintretens der Änderung durchgeführt. Bei diesem Vorgehen besteht die Gefahr, dass die Änderung im Alltagsgeschäft vergessen wird. Auch dann befindet sich die Datenbank in keinem integeren Zustand.

Wird jedoch das Ende der Gültigkeitszeit der zum jetzigen Zeitpunkt gültigen Geschäftsregel auf das Datum der geplanten Änderung gesetzt, verliert die Regel bei Eintreten des spezifizierten Datums ihre Gültigkeit. Gleichzeitig kann bereits zum Zeitpunkt der Entschlussfassung über die Änderung der Kredithöhe die neue Version der Regel modelliert und mit dem Datum ihrer Einführung im Unternehmen als Startzeitwert der Gültigkeitszeit gestempelt werden. Die modellierte Regel wird automatisch zum spezifizierten Zeitwert gültig. Die Datenbank befindet sich weiterhin in einem integeren Zustand und es besteht nicht die Gefahr, dass zukünftig eintretende Änderungen von Geschäftsregeln vergessen werden.

Damit die Evolution von Geschäftsregeln und deren Komponenten im Regel-Repository dokumentiert werden können, sind die Relationenschemata jeweils um ein bitemporales Zeitstempel-Attribut zu erweitern. Die Relationen des Kernmodells, welche die Geschäftsregeln und deren Komponenten beschreiben, haben in einem bitemporal erweiterten Regel-Repository folgende Struktur:

BusinessRule	*= { R-ID, Event (→ Event), Condition (→ Condition), Action (→ Action), Alt-Action*[409] *(→ Action), T }*
Event	*= { Event, Description, T }*
Condition	*= { Condition, Description,* T_D*, T }*
Action	*= { Action, Description,* T_D*, CL-ID, Actor-ID, RaiseEvent (→ Event), T }*

[409] Die Werte des Attributs Alt-Action stellen die alternativ auszuführenden Aktionen der ELSE DO-Komponente einer Geschäftsregel dar.

Die Werte des Attributs T stellen die jeweiligen bitemporalen Zeitstempel dar. Damit die einzelnen Tupel der Relationen weiterhin eindeutig identifizierbar bleiben, sind die Zeitstempel dem Primärschlüssel hinzuzufügen, da es mehrere Versionen von Objekten mit identischem konventionellen Primärschlüssel geben kann.

In Abbildung 93 sind die temporal erweiterten Relationen dargestellt, welche die Geschäftsregeln des Beispielprozesses im Regel-Repository beschreiben. Die Art der Darstellung orientiert sich am BCDM (vgl. Abschnitt 4.2.1).

Die Zeitstempelung durch die Gültigkeitszeit beschreibt hierbei, wann die Vorschriften der Organisation zur Erreichung definierter Ziele gültig sind. Diese Vorschriften sind durch Geschäftsregeln bzw. deren Komponenten dokumentiert. Die Gültigkeitszeiten sagen nicht aus, wann die Geschäftsregeln bzw. deren Komponenten bei der Prozess-Ausführung gültig waren, d. h. zu welcher Zeit beispielsweise eine Aktion ausgeführt wurde. Analog beschreibt die Transaktionszeit-Komponente des Zeitstempels, zu welcher Zeit die dokumentierten Vorschriften im Regel-Repository aktuell waren. Sie beschreiben nicht, zu welcher Zeit die Geschäftsregeln bzw. deren Komponenten zur Ausführungszeit des Prozesses dem System mitgeteilt wurden.

In der Relation *Condition* ist die oben beschriebene Änderung der Kreditsumme dokumentiert. Während die Gültigkeit des Faktums {'Großkredit', 'Sum(KA) > 50.000'} zum Zeitwert '12'[410] endet, beginnt zum Zeitwert '13' die Gültigkeit des Faktums {'Großkredit', 'Sum(KA) > 75.000'}. Bereits zum Zeitwert '7' wurde diese Änderung der Klassifikation von Großkrediten dem Regel-Repository mitgeteilt, was durch die Transaktionszeit-Komponente des Zeitstempels dokumentiert ist. Hier wird deutlich, dass Änderungen der Vorschriften zur Ausführung von Aufgaben sofort im Regel-Repository dokumentiert werden können, selbst wenn die Regelungen erst in der Zukunft in Kraft treten.

[410] Auch hier werden wegen der besseren Übersichtlichkeit keine vollständigen Datumswerte verwendet, sondern nur deren Inkremente. Das Inkrement '1' stellt hier das Datum 1998-01-01 dar. Die Granularität der Inkremente beträgt Monat.

In der Relation *Action* wurden ebenfalls Modifikationen durchgeführt, welche in der Evolution der betreffenden Fakten dokumentiert sind. Die Prüfung der Bonität des Kunden wurde während der Periode '[2/4]' auf Basis der Checkliste 'CL Bonitätsprüfung' durchgeführt. Diese Checkliste beschreibt das allgemeine Vorgehen bei der Bonitätsprüfung eines Kunden. Seit dem Zeitwert '5' ist die Bonitätsprüfung auf Grundlage der spezielleren Checkliste 'CL Bonitätsprüfung Kleinkredit' durchzuführen. Dieser neue Arbeitsplan enthält spezielle Vorschriften und Arbeitsschritte, wie bei der Bonitätsprüfung vorzugehen ist, wenn ein Kunde einen Kleinkredit beantragt.

Darüber hinaus ist in der Relation *Action* dokumentiert, dass zum Zeitwert '4' die vorgegebene Ausführungsdauer der Aktion 'KA Stammdaten erfassen' im Regel-Repository modifiziert wurde. Die betrachtete Organisation hat beschlossen, ihre Abläufe zeitlich zu verkürzen und erkannte in der Ausführungsdauer dieser Aktion ein Rationalisierungspotential. Der vorgegebene Zeitbedarf zur Durchführung der Aktion wurde von 0,5 auf 0,25 Stunden reduziert. Diese Anpassung wurde zum Zeitpunkt '7' wirksam (Zeitwert der Gültigkeitszeit-Komponente des Zeitstempels).

Event		
Event	Description	T
KA-Eingang	KA von Kunde gestellt	{ (1,1)...(1,forever)...(UC,1)...(UC,forever) }
KA erfasst	Stammdaten von KA wurde vollständig erfasst	{ (1,1)...(1,forever)...(UC,1)...(UC,forever) }
KA-Kleinkredit	erfasster KA ist in Abt. Kleinkredit eingetroffen	{ (3,5)...(3,forever)...(UC,5)...(UC,forever) }
KA-Großkredit	erfasster KA ist in Abt. Großkredit eingetroffen	{ (3,5)...(3,forever)...(UC,5)...(UC,forever) }
Bonität geprüft	Prüfung der Bonität des Kunden ist abgeschlossen	{ (1,1)...(1,forever)...(UC,1)...(UC,forever) }

Condition			
Condition	Description	T_D	T
Großkrdit	Sum(KA) > 50.000	0,1 HOUR	{ (2,5)...(2,12)...(7,5)...(7,12) }
Großkrdit	Sum(KA) > 75.000	0,1 HOUR	{ (8,13)...(8,forever)...(UC,13)...(UC,forever) }
Bonität OK	Ist die Bonität des Kunden OK		{ (1,1)...(1,forever)...(UC,1)...(UC,forever) }

Action						
Action	Description	T_D	CL-ID	Actor-ID	RaiseEvent	T
KA Stammdaten erfassen	Kreditantrag erfassen	0,5 HOUR	CL KA-Erfassung	Kundensachbearbeiter	KA erfasst	{ (1,1)...(1,6)...(4,1)...(4,6) }
KA Stammdaten erfassen	Kreditantrag erfassen	0,25 HOUR	CL KA-Erfassung	Kundensachbearbeiter	KA erfasst	{ (5,7)...(5,forever)...(UC,7)...(UC,forever) }
Weiterleitung KA-Großkredit	KA an Abt. Großkredit weiterleiten	1 HOUR	CL KA-Weiterleitung	Kundensachbearbeiter	KA-Großkredit	{ (3,5)...(3,forever)...(UC,5)...(UC,forever) }
Bonität prüfen	Prüfung der Bonität des Kunden	8 HOUR	CL Bonitätsprüfung	Kreditsachbearbeiter	Bonität geprüft	{ (2,2)...(2,4)...(3,2)...(3,4) }
Bonität prüfen	Prüfung der Bonität des Kunden	8 HOUR	CL Bonitätsprüfung Kleinkredit	Kreditsachbearbeiter	Bonität geprüft	{ (4,5)...(4,forever)...(UC,5)...(UC,forever) }
RAISE KA-Kleinkredit	Das System generiert automatisch das Ereignis "KA kleinkredit" und startet damit die Regel R3	0	CL KA-Weiterleitung	WFMS	KA-Kleinkredit	{ (3,5)...(3,forever)...(UC,5)...(UC,forever) }
Kredit genehmigen	KA Genehmigungsgutachten erstellen	0,5 HOUR	CL Genehmigungs-gutachten erstellen	Kreditsachbearbeiter	...	{ (1,1)...(1,forever)...(UC,1)...(UC,forever) }
Kredit ablehnen	KA Ablehunungsgutachten erstellen	0,5 HOUR	CL Ablehnungsgutachten erstellen	Kreditsachbearbeiter	...	{ (1,1)...(1,forever)...(UC,1)...(UC,forever) }

Abbildung 93: Konzeptionelle Darstellung der regelbeschreibenden Beispielrelationen im BCDM

5.3.1.3.2 Temporale Erweiterung der prozessabbildenden Relationen

Bleibt die gesamte Evolution der gespeicherten Objekte des Regel-Repositories erhalten und abfragbar, stehen einerseits zusätzliche Informationen über die Evolution von Prozessen und deren Regeln zur Verfügung; andererseits werden Informationen darüber gewonnen, wann ein modellierter Prozess mit welcher Regel-struktur in eine Workflow-Spezifikation umgesetzt wurde oder werden soll, d. h. wann ein Prozess von der Buildtime- in die Runtime-Komponente transferiert wurde oder werden soll. Auf diese Weise lassen sich die Ablaufstrukturen und deren

Veränderungen einer Organisation dokumentieren.[411] Diese Dokumentation wird mittels der Gültigkeitszeit der prozessbeschreibenden Objekte des Regel-Repositories erreicht. Dazu ist der Zeitpunkt, zu dem ein Prozess in die Workflow-Spezifikation umgesetzt wurde bzw. werden soll, als Startzeitpunkt der Gültigkeitszeit einzutragen. Ähnlich der Freigabezeit von Aufträgen im Fertigungsprozess[412] ist es möglich, die Umsetzung eines Prozesses oder einer Prozesskomponente in der Zukunft zu bestimmen. Ist beispielsweise die Umstrukturierung eines Prozesses geplant, so können die neuen Strukturen vorab definiert werden. Als Startzeitpunkt der Gültigkeitszeit ist dem neu strukturierten Prozess das Datum seiner geplanten Einführung zuzuweisen. Zu diesem durch die Gültigkeitszeit spezifizierten Zeitwert wird der modellierte Prozess in die Workflow-Spezifikation umgesetzt.

Als Voraussetzung für die zeitgerechte Umsetzung des modellierten Geschäftsprozesses in einen auszuführenden Workflow muss

(1) der modellierte Prozess mit den neu auszuführenden Regeln in die Relationen *Process*, *BusinessRule* bzw. *ProcessReference* gespeichert werden und

(2) als Startwert der Gültigkeitszeit das Datum zugewiesen bekommen, zu dem die geplante Umstrukturierung wirksam werden soll.

Die dem Prozess neu hinzugefügten oder umstrukturierten Geschäftsregeln werden zu dem in der Gültigkeitszeit bestimmten Startwert in die Workflow-Spezifikation umgesetzt.[413]

Die Geschäftsregeln, welche nach der Umstrukturierung nicht mehr im Prozess verbleiben sollen, erhalten das Datum der Umstrukturierung als Ende der Gültigkeitszeit zugewiesen. Zu diesem Zeitwert werden diese Regeln aus der Workflow-Spezifikation entfernt.[414]

---

[411] Hoheisel / Pfahrer (1999), S. 575.

[412] Vgl. Heinen (1990), S. 431 f.; Scheer (1995), S. 278 ff.

[413] Hoheisel / Pfahrer (1999), S. 575.

[414] Hoheisel / Pfahrer (1999), S. 575.

Die Relationenschemata derjenigen temporal erweiterten Relationen des Kernmodells, welche die Prozess-Struktur beschreiben (*ProcessReference*, *Process* und *BusinessRule*), müssen im Vergleich zu den konventionell dargestellten Relationenschemata um ein bitemporales Zeitstempel-Attribut *T* ergänzt werden. Die temporal erweiterten Relationenschemata haben folgende Struktur:

Process = *{ P-ID, Description, T }*

ProcessReference = *{ P-ID (→ Process), R-ID (→ BusinessRule), T }*

BusinessRule = *{ R-ID, Event (→ Event), Condition (→ Condition), Action (→ Action), Alt-Action*[415] *(→ Action), T }*

Da die temporal erweiterten Relationen mehrere Versionen eines Objekts enthalten können und damit die Eindeutigkeit des konventionellen Primärschlüssels nicht mehr gewährleistet ist, wird der konventionelle Primärschlüssel um das Zeitstempel-Attribut ergänzt.

Durch die bitemporale Erweiterung des Regel-Repositories ist die Evolution der Geschäftsregeln und Prozess-Strukturen darstellbar und eine termingerechte Transformation von neu strukturierten oder modifizierten Geschäftsprozessen in ihre ausführbare Workflow-Spezifikation gewährleistet.

Die temporal erweiterten prozessabbildenden Relationen des Beispielprozesses (Abbildung 85 in Abschnitt 5.2.4) sind in Abbildung 94 auf Grundlage des BCDM dargestellt.

Durch die bitemporale Erweiterung des Regel-Repositories wird deutlich, dass der beispielhaft modellierte Geschäftsprozess seit dem Zeitwert '5'[416] in der Organisation gültig ist und dass er bis auf weiteres gültig bleibt (gekennzeichnet durch den unbestimmten Zeitwert *forever*, der das Ende der Gültigkeit im Zeitstempel anzeigt).

---

[415] Die Attribute des Typs Alt-Action beschreiben die alternativen Aktionen.

[416] Wegen der besseren Übersichtlichkeit werden hier statt vollständiger Datumswerte nur deren Inkremente verwendet.

Darüber hinaus wird ersichtlich, dass die Struktur der modellierten Geschäftsregel 'R2' geändert wurde. Die im konventionellen Datenmodell abgebildete Struktur dieser Geschäftsregel ist erst seit dem Zeitwert '5' gültig. Vor diesem Zeitwert sah die Regel keine unterschiedliche Behandlung von Groß- und Kleinkrediten vor. Eine Weiterbearbeitung des Kreditantrags in unterschiedlichen Kreditabteilungen war bis zum Zeitwert '5' nicht in der Vorschrift enthalten, sondern die Bonitätsprüfung wurde direkt eingeleitet. Die Gültigkeit der Regelstruktur ohne Bedingungskomponente endete zum Zeitwert '4'. Die Umstrukturierung der Geschäftsregel R2 wurde jedoch schon zum Zeitwert '2' modelliert und dem Regel-Repository mitgeteilt (dokumentiert durch die Transaktionszeit-Komponente des Zeitstempels).

BusinessRule					
R-ID	Event	Condition	Action	Alt-Action	T
R1	KA-Eingang		KA Stammdaten erfassen		{ (1,2)...(1,forever)...(UC,2)...(UC,forever) }
R2	KA erfasst		Bonität prüfen		{ (1,2)...(1,4)...(2,2)...(2,4) }
R2	KA erfasst	Großkredit	Weiterleitung KA-Großkredit	RAISE KA-Kleinkredit	{ (3,5)...(3,forever)...(UC,5)...(UC,forever) }
R3	KA-Kleinkredit		Bonität prüfen		{ (3,5)...(3,forever)...(UC,5)...(UC,forever) }
R4	KA-Großkredit	...	...	...	{ (1,5)...(1,forever)...(UC,5)...(UC,forever) }
R5	Bonität geprüft	Bonität OK	KA genehmigen	KA ablehnen	{ (2,3)...(2,forever)...(UC,3)...(UC,forever) }
...	...	...	...	...	...

Process		
P-ID	Description	T
P001	Bearbeitung Kreditantrag	{ (1,5)...(1,forever)...(UC,5)...(UC,forever) }
...	...	...

ProcessReference		
P-ID	R-ID	T
P001	R1	{ (1,5)...(1,forever)...(UC,5)...(UC,forever) }
P001	R2	{ (3,5)...(3,forever)...(UC,5)...(UC,forever) }
P001	R3	{ (5,5)...(5,forever)...(UC,5)...(UC,forever) }
P001	R4	{ (3,5)...(3,forever)...(UC,5)...(UC,forever) }
P001	R5	{ (5,5)...(5,forever)...(UC,5)...(UC,forever) }

Abbildung 94: Konzeptionelle Darstellung des Beispielprozesses in Form des BCDM

5.3.1.3.3 Konsequenzen einer temporalen Erweiterung des Regel-Repositories

Werden die Relationen des Regel-Repositories um eine bitemporale Zeitstempelung ergänzt, dann resultieren daraus zwei grundlegende Effekte:

(1) Durch die Verknüpfung der gespeicherten Fakten mit ihrer Gültigkeitsdauer in der Diskurswelt kann die Evolution der abgebildeten Objekte dargestellt werden. Die Gültigkeitszeiten beschreiben hierbei die Perioden, zu denen die Vorschriften gültig sind, die durch Geschäftsprozesse, Regeln und deren Komponenten

dokumentiert sind. Die Gültigkeitszeiten beschreiben *nicht* die Perioden, zu denen die Prozesse bzw. einzelne Geschäftsregeln bei einer Prozess-Ausführung durchlaufen wurden.

(2) Durch die Speicherung der Transaktionszeit wird festgehalten, wann sich die Daten in der Datenbank geändert haben. Sie wird automatisch bei Datenmodifikations-Operationen vom System in die entsprechenden Relationen eingefügt. Durch sie wird die versionserhaltende Speicherung möglich und ein physisches Überschreiben bzw. Löschen der Daten kann unterbleiben.

Diese semantische Erweiterung des dem Regel-Repository zugrunde liegenden Datenmodells hat Auswirkungen auf die Dokumentation der Objekte als auch auf die Kontrolle der auszuführenden Prozesse. Werden die Strukturen von Prozessen, Geschäftsregeln und deren Komponenten in konventionellen Datenbanken dokumentiert, dann gehen durch Löschungen und Überschreibungen Informationen über Zustände der einzelnen Modellobjekte verloren. Somit kann nicht nachvollzogen werden, ob und zu welchen Zeiten die bestehenden Regeln andere Komponenten enthalten haben als jene, die zum gegenwärtigen Zeitwert im Regel-Repository gespeichert sind. Darüber hinaus ist eine Evolution der Attributwerte der abgebildeten Objekte nicht möglich. Werden die in einer Geschäftsregel formulierten Vorschriften dahingehend geändert, dass sich die Inhalte oder die vorgegebenen Ausführungs- bzw. Prüfungszeiten verändern, gehen die nicht mehr gültigen Werte verloren. Ebenso können keine Informationen darüber gewonnen werden, seit wann einzelne Geschäftsregeln einem Geschäftsprozess zugeordnet sind und ob Änderungen des Prozess-Ablaufs geplant sind.

Durch eine versionserhaltende Speicherung der Daten des Regel-Repositories bleiben einmal gespeicherte Daten erhalten und können zu weiteren Informationen aggregiert werden. Diese zusätzlichen ablauforganisatorischen Informationen (in welchem Zeitraum war ein Prozess mit welcher Struktur in der Workflow-Spezifikation aktiv) sind auch betriebswirtschaftlich nutzbar. Zum einen ist die Evolution der Abläufe des modellierten Unternehmens nachvollziehbar; zum anderen ist ein Vergleich von Abläufen möglich, wenn diese mit bestimmten Kennzahlen verknüpft werden. Beispielsweise lassen sich Durchlaufzeiten von unterschiedlich strukturierten Prozess-Abläufen vergleichen (z. B. nach dem Hinzufügen oder Entfernen einzelner Geschäftsregeln aus einem Prozess).

Die versionserhaltende Speicherung von Geschäftsregeln erleichtert eine rückwirkende Nachvollziehbarkeit von Zuständigkeiten und Kompetenzen. Bei Kompetenz- oder Rechtsstreitigkeiten ist überprüfbar, zu welchem Zeitpunkt eine bestimmte Geschäftsregel gültig war. Entscheidet beispielsweise ein Mitarbeiter der Abteilung Kleinkredit über die Vergabe eines Kredits in Höhe von CHF 60.000, so kann genau nachvollzogen werden, ob er zum Zeitpunkt seiner Entscheidung dazu berechtigt war oder nicht, d. h. ob er die Entscheidung vor Inkrafttreten der neuen Regelung getroffen hat oder danach.[417]

Durch die temporale Erweiterung des Regel-Repositories ist darüber hinaus eine bessere Kontrolle der inhaltlichen Korrektheit von auszuführenden Workflows durchführbar. Mit einer konventionellen Datenbank ist es nicht möglich, modellierte Geschäftsregeln, die erst in der Zukunft ihre Gültigkeit erlangen, gegenwärtig zu speichern und mit der Information ihrer zukünftigen Gültigkeit zu versehen. Durch ein temporal erweitertes Regel-Repository kann diese zeitliche Lücke zwischen der Modellierung von Geschäftsregeln und deren Umsetzung in eine Workflow-Spezifikation dahingehend geschlossen werden, dass modellierte Prozesse bzw. deren Komponenten mit dem Zeitwert ihrer geplanten Umsetzung gestempelt werden. In einem Unternehmen geplante Änderungen der Prozessabläufe können somit im Voraus modelliert und automatisch zum Zeitpunkt der geplanten Inkraftsetzung der neuen Strukturen in Workflow-Spezifikationen transformiert werden.

Ein möglicher Mechanismus, der bei einer temporalen Erweiterung des Regel-Repositories positive Wirkungen auf die Integrität von Prozessmodell und Workflow-Spezifikation hat, ist die Unterstützung einer (teilweise) automatisierten Umsetzung der konzeptionellen Modelle in ihre Workflow-Spezifikation. Die Auslöser einer

[417] Die Aussagen beziehen sich auf den weiter oben vorgestellten Beispiel-Prozess. Vgl. dazu auch Hoheisel / Pfahrer (1999), S. 576.

(teilweise) automatisierten Modifikation der Workflow-Spezifikation aufgrund eines geänderten Prozessmodells sind die absoluten Zeitwerte der Gültigkeit, welche das Gültigkeitszeit-Intervall begrenzen. Die absoluten Zeitwerte dieser Begrenzungspunkte werden in regelmäßig definierten Abständen mit dem Zeitwert der Systemuhr verglichen. Besteht eine Identität zwischen den Zeitwerten, werden definierte Triggermechanismen ausgelöst.

Ist der Zeitwert der Systemuhr identisch mit dem Zeitwert des Gültigkeitsbeginns, dann wird die Umsetzung des modellierten Prozesses bzw. einzelner Komponenten in die Workflow-Spezifikation initialisiert. Ist dagegen der Zeitwert des Gültigkeitsendes identisch mit dem Zeitwert der Systemuhr, dann wird das Entfernen des Prozesses bzw. einer Komponente des Prozesses aus der Workflow-Spezifikation angestoßen. Dieser Initiierungsmechanismus lässt sich z. B. über Trigger-Logiken einer aktiven Datenbank implementieren (Abbildung 95):[418]

ON	$T_{(\text{Gültigkeitsbeginn})}$ = current-date
DO	Initialize-transfer-to-workflow-specification

ON	$T_{(\text{Gültigkeitsende})}$ = current-date
DO	Initialize- remove-from-workflow-specification

Abbildung 95: Trigger-Logik für eine (teil) automatisierte Umsetzung von Workflow-Spezifikationen

Erfolgt eine Umsetzung der modellierten Prozesse bzw. einzelner Komponenten dieser Prozesse in das Workflowmodell, dann kann es für eine kontrollierte Ausführung von Arbeitsvorgängen erforderlich sein, dass die einzelnen Modellkomponenten mit weiteren Informationen versehen werden. Das ist vor allem dann erforderlich,

[418] Vgl. Hoheisel / Pfahrer (1999), S. 581.

wenn diese Workflows teilautomatisert oder automatisiert auszuführen sind.[419] Beispiele sind die Modellierung von Daten- oder Kontrollfluss zwischen Aktivitäten. Aus diesem Grund ist eine Transformation des Prozessmodells in seine Workflow-Spezifikation oftmals nur teilweise automatisierbar, da die zusätzlichen Informationen durch einen Anwender dem System mitgeteilt werden müssen.

Ein Implementierungsvorschlag eines temporal erweiterten Regel-Repositories in einer relationalen Datenbank ohne explizite Unterstützung temporaler Konstrukte (was den derzeit kommerziell verfügbaren relationalen Datenbankmanagement-Systemen entspricht) wird in Hoheisel / Pfahrer[420] gegeben. Barnert / Schmutz[421] geben ebenfalls ein Beispiel für die Implementierung von temporalen Konstrukten mit konventionellen relationalen Datenbankmanagement-Systemen. Eine ausführliche Diskussion der Schlüsselproblematik, die mit einer solchen Implementierung verbunden ist, wurde von Myrach[422] dargestellt.

5.3.2 Transaktions-Repository

Das Transaktions-Repository bildet im Rahmen der Modell-Architektur des regelbasierten Modellierungsansatzes eine Komponente der Ausführungsschicht (Abbildung 37, S. 87). In diesem Repository werden diejenigen Objekte gespeichert, die während eines Prozess-Ablaufs aktiviert werden. Es bildet also Workflow-Typen ab, welche verfügbare Spezifikationen des modellierten Prozesses darstellen.[423] Die Werte des Repositories beschreiben Workflow-Instanzen. Eine Workflow-Instanz ist ein entsprechend der Definition seines Typs ausgeführter Workflow.[424]

Das Transaktions-Repository stellt Informationen zur Verfügung, welche für die Prozess-Planung, einen kontrollierten Prozess-Ablauf und für eine Rekonstruktion

[419] Vgl. Jablonski et al. (1997), S. 145.

[420] Vgl. Hoheisel / Pfahrer (1999).

[421] Vgl. Barnert / Schmutz (1995); Barnert / Schmutz (1997).

[422] Vgl. Myrach (1995b).

[423] Vgl. Tombros et al. (1997), S. 410.

[424] Tombros et al. (1997), S. 410.

von Prozess-Zuständen bei einem unkontrollierten Systemabbruch genutzt werden können.

5.3.2.1 Meta-Modell

Die Struktur des Transaktions-Repositories kann anhand eines Meta-Modells dargestellt werden. Wie bei der Darstellung des Regel-Repositories wird das Meta-Modell des Transaktions-Repositories auf ein Kernmodell beschränkt. Die Objektstruktur dieses Kernmodells ist identisch zu dem in Abbildung 89 beschriebenen Meta-Modell des Regel-Repositories.

Die Attribut-Struktur der abgebildeten Entitäten muss für ihre Darstellung im Transaktions-Repository erweitert werden. Das Transaktions-Repository muss eine Versionierung zur Verfügung stellen, da Objekte gleichen Typs mehrfach initialisiert werden können, da beispielsweise der gleiche Prozess innerhalb kurzer Zeit mehrfach angestoßen werden kann und einzelne Komponenten dieser Prozesse parallel aktiviert werden können. Darüber hinaus erfordert die Modellierung der Workflow-Schemata im Vergleich zu den Prozess-Schemata des Regel-Repositories eine Konkretisierung in Bezug auf ein bestimmtes WFMS, auf dem die Workflows auszuführen sind. Diese Anreicherung führt zur Abbildung von ausführbaren Workflow-Schemata.[425] Die Instanzen der ausführbaren Workflow-Schemata werden bei der Ausführung von Prozessen im Transaktions-Repository abgelegt.

Für die in diesem Abschnitt dargestellte temporale Erweiterung des Transaktions-Repositories werden das ablauffähige Workflowschema bzw. deren einzelnen Workflow-Instanzen nicht in einer Workflowsprache beschrieben, sondern es werden die gleichen semi-formalen Konstrukte des Prozessmodells verwendet. Das erleichtert die Nachvollziehbarkeit der auszuführenden Prozesse und deren temporal erweiterte Abbildung im Transaktions-Repository. Darüber hinaus werden systemspezifische Erweiterungen des Workflow-Schemas vernachlässigt, da in diesem Abschnitt grundsätzliche Möglichkeiten eines temporal erweiterten Transaktions-Repositories

[425] Vgl. Jablonski et al. (1997), S. 146.

dargestellt werden und die systemspezifischen Aspekte die Komplexität dieser Darstellung weiter erhöhen würde.

In einer konventionellen relationalen Datenbank haben die Objekte des Kernmodells in Bezug auf das Transaktions-Repository folgende Struktur:

Process = *{ P-ID, Version, Description }*
ProcessReference = *{ [P-ID, P-Version] (→ Process), [R-ID, R-Version] (→ BusinessRule) }*
BusinessRule = *{ R-ID, Version, [Event, E-Version] (→ Event), [Condition, C-Version] (→ Condition), [Action, A-Version] (→ Action) }*
Event = *{ Event, Version, Description }*
Condition = *{ Condition, Version, Description,* T_D *}*
Action = *{ Action, Version, Description,* T_D*, RaiseEvent (→ Event) }*

Die unterstrichenen Attribute stellen die Primärschlüssel der jeweiligen Relation dar und mit Pfeilen wird signalisiert, dass das Attribut als Fremdschlüssel auf die nach dem Pfeil spezifizierte Relation dient.

Die Relationen-Schemata des Transaktions-Repositories ähneln denen des Regel-Repositories, welche in Abschnitt 5.3.1.1 dargestellt sind. Da die Relationen zur Darstellung von Checklisten und Akteuren, welche die aktiven Komponenten von Geschäftsregeln erweitern, außerhalb des betrachteten Kernmodells liegen, werden die Attribute, welche auf diese Relationen referenzieren, hier nicht berücksichtigt.

Bei der Ausführung einer ECAA-Regel kann jeweils nur eine Aktionskomponente durchlaufen werden, da die Bedingungsprüfung eine XOR-Steuerung bewirkt. Deshalb reicht in der Relation *Action* des Transaktions-Repositories ein Attribut zur Beschreibung der ausgeführten Aktionen aus.

Process		
P-ID	Version	Description
P001	1999-06-12T13:00	Bearbeitung Kreditantrag
P001	1999-06-12T13:30	Bearbeitung Kreditantrag

ProcessReference			
P-ID	P-Version	R-ID	R-Version
P001	1999-06-12T13:00	R1	1999-06-12T13:00
P001	1999-06-12T13:00	R2	1999-06-12T13:15
P001	1999-06-12T13:30	R1	1999-06-12T13:30
P001	1999-06-12T13:00	R4	1999-06-12T14:21
P001	1999-06-12T13:30	R2	1999-06-12T13:45
P001	1999-06-12T13:30	R3	1999-06-12T13:51
P001	1999-06-12T13:30	R5	1999-06-12T21:51

BusinessRule							
R-ID	Event	E-Version	Condition	C-Version	Action	A-Version	Version
R1	KA-Eingang	1999-06-12T13:00			KA Stammdaten erfassen	1999-06-12T13:00	1999-06-12T13:00
R2	KA erfasst	1999-06-12T13:15	Großkredit	1999-06-12T13:15	Weiterleitung KA-Großkredit	1999-06-12T13:21	1999-06-12T13:15
R1	KA-Eingang	1999-06-12T13:30			KA Stammdaten erfassen	1999-06-12T13:30	1999-06-12T13:30
R2	KA erfasst	1999-06-12T13:45	Großkredit	1999-06-12T13:45	RAISE KA-Kleinkredit	1999-06-12T13:51	1999-06-12T13:45
R3	KA-Kleinkredit	1999-06-12T13:51			Bonität prüfen	1999-06-12T13:51	1999-06-12T13:51
R4	KA-Großkredit	1999-06-12T14:21	...	...	...	...	1999-06-12T14:21
R5	Bonität geprüft	1999-06-12T21:51	Bonität OK	1999-06-12T21:51	KA genehmigen	1999-06-12T21:51	1999-06-12T21:51

Event		
Event	Description	Version
KA-Eingang	KA von Kunde gestellt	1999-06-12T13:00
KA erfasst	Stammdaten von KA wurden vollständig erfasst	1999-06-12T13:15
KA-Eingang	KA von Kunde gestellt	1999-06-12T13:30
KA erfasst	Stammdaten von KA wurden vollständig erfasst	1999-06-12T13:45
KA-Kleinkredit	erfasster KA ist in Abt. Kleinkredit eingetroffen	1999-05-12T13:51
KA-Großkredit	erfasster KA ist in Abt. Großkredit eingetroffen	1999-06-12T14:21
Bonität geprüft	Prüfung der Bonität des Kunden ist abgeschlossen	1999-06-12T21:51

Condition			
Condition	Description	T_D	Version
Großkrdit	Sum(KA) > 50.000	0,1 HOUR	1999-06-12T13:15
Großkrdit	Sum(KA) > 50.000	0,1 HOUR	1999-06-12T13:45
Bonität OK	Ist die Bonität des Kunden OK		1999-06-12T21:51

Action				
Action	Description	T_D	RaiseEvent	Version
KA Stammdaten erfassen	Kreditantrag erfassen	0,25 HOUR	KA erfasst	1999-06-12T13:00
Weiterleitung KA-Großkredit	KA an Abt. Großkredit weiterleiten	1 HOUR	KA-Großkredit	1999-06-12T13:21
KA Stammdaten erfassen	Kreditantrag erfassen	0,25 HOUR	KA erfasst	1999-06-12T13:30
RAISE KA-Kleinkredit	System generiert autom. Ereignis "KA Kleinkredit"	0	KA-Kleinkredit	1999-06-12T13:51
Bonität prüfen	Prüfung der Bonität des Kunden	8 HOUR	Bonität geprüft	1999-06-12T13:51
Kredit genehmigen	KA Genehmigungs-gutachten erstellen	0,5 HOUR	...	1999-06-12T21:51
Kredit ablehnen	KA Ablehunungs-gutachten erstellen	0,5 HOUR	...	1999-06-12T21:51

Abbildung 96: Beispiel-Relationen des Transaktions-Repositories

Die einzelnen Schemata wurden um ein Attribut 'Version' ergänzt. Die Werte dieses Attributs kennzeichnen die verschiedenen Versionen eines Objekts, wenn z. B. identische Prozesse parallel ausgeführt werden. Dieser Attribut-Typ ergänzt den Primärschlüssel der einzelnen Relationen, damit die unterschiedlichen Tupel eindeutig identifizierbar sind. Das Attribut 'Version' kann beispielsweise ein Surrogat abbilden, d. h. es bekommt die Struktur eines systemgenerierten global eindeutigen Bezeichners.[426] Diese systemgenerierten Schlüssel haben oftmals die Struktur von Indices, welche bei jedem erneuten Einfügen eines Objekts in das Repository um einen Integerwert erhöht und automatisch in das Repository gespeichert werden. Solche Surrogate haben den Nachteil, dass sie semantisch nicht aussagekräftig sind. Eine bessere Lösung besteht darin, die Eigenschaft 'Version' als Attribut mit dem Typ TIMESTAMP zu modellieren. Wird ein Objekt in das Repository gespeichert, dann erhält das Attribut 'Version' den Datums- und Uhrzeitwert der Systemuhr zugewiesen. Neben der Versionierung ist damit auch ersichtlich, wann das Objekt in die Datenbank eingefügt wurde. Da dieser Zeitwert kein Intervall beschreibt, sondern chrononbezogen ist, kann er als Transaktionszeit interpretiert werden, welche den Zeitwert des Datenbank-Ereignisses 'Objekt eingefügt' dokumentiert.

5.3.2.2 Abbildung eines Beispiel-Prozesses im Transaktions-Repository

Bei der Darstellung des Beispiel-Prozesses aus Abbildung 85 in Abschnitt 5.2.4 wird davon ausgegangen, dass der betrachtete Prozess zweimal hintereinander angestoßen wird. Das prozessauslösende Ereignis 'KA beantragt' tritt hier entsprechend zweimal ein. Der Zeitwert des ersten Eintretens ist '1999-06-12T13:00'; der des zweiten '1999-06-12T13:30'.

Aus der Relation *Process* ist ersichtlich, dass zwei Versionen des betrachteten Prozesses 'P001' aktiv sind. Die Entitäts-Relation *BusinessRule* und die Beziehungs-Relation *ProcessReference* zeigen an, welche der in den jeweiligen Prozess-Versionen durchzuführenden Geschäftsregeln ausgeführt bzw. angestoßen wurden. Die Relationen *Event*, *Condition* und *Action* enthalten die bereits abgeschlossenen bzw. die sich in der Ausführung befindenden Komponenten der einzelnen Geschäftsregeln.

Wegen der besseren Übersichtlichkeit der Darstellung werden hier zwei Annahmen zugrunde gelegt:

---

[426] Vgl. Hahn et al. (1995), S. 146.

(1) Die Prüfung der Bedingungen und die Ausführung der Aktionen wurde genau in der vorgegebenen modellierten Zeitdauer realisiert.

(2) Die zugrunde gelegte Organisation hat eine Arbeitszeit von 24 Stunden, so dass die Ausführungsdauer der Prozesse nicht auf die jeweiligen Arbeitszeiten transformiert werden müssen.

Das Transaktions-Repository dokumentiert zwei Arten von Sachverhalten:

(1) Alle dokumentierten Objekte des Transaktions-Repositories wurden während des Prozess-Ablaufs aktiviert.

(2) Jene Komponenten des Prozess-Ablaufs sind vollständig abgeschlossen, deren im Prozess nachfolgende Komponenten bereits aktiviert wurden.

Auf diese Weise dokumentiert das Transaktions-Repository beispielsweise bei einem ungeplanten Systemabbruch, welche Aktivitäten der laufenden Prozesse bereits vollständig ausgeführt waren und an welcher Stelle des Prozess-Ablaufs das System nach seinem Neustart fortfahren muss.

Werden zur Dokumentation der Versionen der einzelnen Prozesse und deren Komponenten Attribute vom Typ TIMESTAMP genutzt und sind ihre Werte die von der Systemuhr abgeleiteten Startzeitwerte der dokumentierten Komponenten, dann können zusätzlich die Ausführungszeiten der jeweiligen Prozesse sowie deren Komponenten ermittelt werden. Die einzelnen Ausführungsdauern ergeben sich aus der Differenz zwischen der Startzeit der im Prozess nachfolgenden und der Startzeit der betrachteten Komponente. Diese Informationen können für statistische Auswertungen der Organisationsabläufe genutzt werden.

Wenn das Transaktions-Repository mit einer konventionellen, nicht temporalen relationalen Datenbank realisiert wird, sind Informationen über eine zeitgerechte Ausführung von Regeln bzw. deren Komponenten nur schwer generierbar. Diese Informationen können leichter gewonnen werden, wenn das Transaktions-Repository auf einem bitemporalen Modell aufbaut.

5.3.2.3 Temporale Erweiterung des Transaktions-Repositories

Werden bei der Modellierung von Geschäftsregeln die vorgegebenen Prüfungszeiten von Bedingungen (optional) sowie die geplanten Ausführungszeiten der durchzuführenden Aktionen festgelegt, dann stellen diese Zeitangaben Soll-Zeiten dar. Da die Modellierung von Ereignis-Beschreibungen in den meisten Fällen nicht durch explizite Gültigkeitszeiten der Ereignisse erfolgt, handelt es sich bei den Soll-Zeiten der aktiven Regel-Komponenten i. d. R. um unverankerte Intervalle. Tritt während des Prozess-Ablaufs jedoch ein Ereignis ein, dann erhält bei EA-Regeln das unverankerte Intervall der Ausführungsdauer der Aktion einen absoluten Zeitwert als Startzeit und verändert sich dadurch zu einer verankerten Periode. Diese Periode hat einen absoluten Zeitwert als ihren oberen Begrenzungspunkt. Dieser Zeitwert stellt das Ende der vorgegebenen Ausführungsdauer dar.

Die vorgegebene Ausführungsdauer von Aktionen dokumentiert die erwartete Gültigkeit der Aktionsausführung in der modellierten Realität. Während dieser Periode wird erwartet, dass das Faktum 'Aktionsausführung' in der Diskurswelt gültig ist.

Die Modellierung der vorgegebenen Prüfungszeiten von Bedingungen sollte optional sein (Abschnitt 5.2.1.2.2). Wenn die geplante Durchführungsdauer einer Bedingungskomponente definiert ist, dann wird dieses unverankerte Intervall in eine verankerte Periode transformiert, sobald das regelauslösende Ereignis in der Diskurswelt eingetreten ist. Zu dieser Zeit können die Startzeitwerte der nachfolgenden Aktionen nur von dem erwarteten Ende der Bedingungsprüfung abgeleitet werden. Allerdings kann die Bedingungsprüfung schneller oder langsamer durchgeführt werden, als es in der vorgegebenen Soll-Zeit definiert isr. Deshalb lässt sich die verankerte Periode der vorgegebenen Ausführungsdauer der nachfolgenden Aktionen erst exakt bestimmen, wenn die Bedingungsprüfung abgeschlossen ist. Darüber hinaus wird erst beim Abschluss der Bedingungsprüfung entschieden, welche der alternativen Aktionen der Geschäftsregel auszuführen sind.

Wird bei der Modellierung einer ECAA-Regel die vorgegebene Prüfungszeit der Bedingungskomponente nicht definiert, dann werden die unverankerten Intervalle der

Ausführungszeiten der beiden alternativen Aktionen direkt beim Eintreten des Ereignisses in der Diskurswelt in verankerte Perioden transformiert. Das Vorgehen ist somit analog zu dem Ablauf bei EA-Regeln.

Das Eintreten von Ereignissen in der Diskurswelt wird für das WFMS erst dann erkennbar, wenn dieses Eintreten dem System mitgeteilt wurde. Erst dann werden die Ausführungen der nachfolgenden Geschäftsregeln angestoßen. Dieser Zeitwert stellt die Transaktionszeit von Ereignissen dar. Analog dazu gilt die Prüfung von Bedingungen und die Ausführung von Aktionen erst dann als abgeschlossen, wenn der Abschluss dem System mitgeteilt wurde. Auch hier handelt es sich bei den dokumentierten tatsächlichen Ausführungszeiten um Transaktionszeiten (vgl. Abschnitt 5.2).

Die Transaktionszeiten der Regelkomponenten und daraus abgeleitet auch der Geschäftsregeln und -prozesse dokumentieren die Ist-Zeiten der jeweiligen Komponente. Ein bitemporales Transaktions-Repository, welches sowohl die Soll- als auch die Ist-Zeiten der Komponenten eines durchzuführenden Prozesses dokumentiert, erlaubt einen einfachen Vergleich beider Werte und führt zu zusätzlichen Informationen in Bezug auf die Einhaltung von Terminen und die Auslastung von Kapazitäten sowie zu Möglichkeiten der Prozess-Steuerung, da Terminüberschreitungen schnell erkannt werden und eine Reaktion des Systems auslösen können.

Jasper[427] fordert allgemein für aktive Datenbanken eine temporale Erweiterung, da durch die Kombination von Daten- mit Regelverwaltung in einem Datenbankmanagement-System eine einheitliche Regelung der Daten- und Ereignishistorien erforderlich sei. Für die Darstellung des Transaktions-Repositories hat dieser interessante Aspekt jedoch keine direkte Relevanz, da die auszuführenden Regeln hier keine Trigger einer aktiven Datenbank, sondern die Daten der angestoßenen Geschäftsregeln und -prozesse darstellen.

[427] Vgl. Jasper (1998), S. 65.

5.3.2.3.1 Temporale Erweiterung der regelabbildenden Relationen

Eine bitemporale Implementierung des Transaktions-Repositories führt grundsätzlich zu einer Erweiterung der Relationen-Schemata um ein bitemporales Zeitstempel-Attribut. Eine Ausnahme stellt hierbei die Relation *Event* dar. Ereignisse werden im geschäftsregelbasierten Modellierungsansatz chrononbezogen betrachtet. Für die Dokumentation ihres Auftretens in der Diskurswelt ist somit ein Transaktions-Zeitwert ausreichend, da kein Intervall abzubildeen ist.[428] Ein Ereignis gilt in einer Workflow-Umgebung dann als eingetreten, wenn es dem WFMS als eingetreten mitgeteilt wurde (Abbildung 40, S. 92). Dieser Zusammenhang führt dazu, dass die Zeitwerte der Gültigkeits- und Transaktionszeit von Ereignissen identisch sind. Deshalb ist ein Transaktions-Zeitwert ausreichend, um sowohl die Gültigkeit des Ereignisses in der Diskurswelt als auch dessen Aktualität im WFMS zu dokumentieren.

Eine Abweichung zwischen der Gültigkeits- und Transaktionszeit von Ereignissen kann nur dann bestehen, wenn die Ereignis-Beschreibung durch ihre Gültigkeitszeit erfolgt. Zu diesem Zeitwert ist oder soll das Ereignis in der modellierten Realität eintreten. Da zum einen die Gültigkeitszeit des Ereignisses bereits in ihrer Beschreibungskomponente definiert ist und zum anderen beim Erreichen dieses Zeitwerts das Ereignis automatisch vom System generiert werden kann, ist auch hier eine explizite Modellierung der Gültigkeitszeit von Ereignissen nicht erforderlich.

Wird zur Dokumentation der Ereignis-Versionen während des Prozess-Ablaufs ein Attribut vom Typ TIMESTAMP verwendet (Abbildung 96), dann ist diese Zeitstempelung zur Dokumentation der Eintrittszeit von Ereignisses ausreichend.

Werden die Relationen *Condition*, *Action* und *BusinessRule* um einen bitemporalen Zeitstempel erweitert, dann kann dieser als Ergänzung des konventionellen Primärschlüssels dienen und die verschiedenen Objekt-Versionen dokumentieren. Das im Rahmen einer konventionellen Umsetzung des Transaktions-Repositories erforderliche Attribut 'Version' wird somit überflüssig.

---

[428] Vgl. dazu Snodgrass (1995d).

Folgende Relationen-Schemata ergeben sich für eine bitemporale Modellierung der regelabbildenden Relationen:

BusinessRule	*= { <u>R-ID</u>, [Event, E-T] (→ Event), [Condition, C-T] (→ Condition), [Action, A-T] (→ Action), <u>T</u> }*
Event	*= { <u>Event</u>, Description, <u>T</u> }*
Condition	*= { <u>Condition</u>, Description,* T_D*, <u>T</u> }*
Action	*= { <u>Action</u>, Description,* T_D*, RaiseEvent (→ Event), <u>T</u> }*

Mit Ausnahme der Relation *Event* stellen die Attribute T den bitemporalen Zeitstempel der jeweiligen Relation dar. Die Gültigkeitszeit-Komponente der Zeitstempel dokumentiert, wann eine Geschäftsregel bzw. deren Komponenten in der modellierten Realtiät ausgeführt wurden. Die Transaktionszeit-Komponente der Zeitstempel beschreibt hingegen, zu welchen Zeiten die betrachteten Objekte im WFMS aktuell waren. Die oberen und unteren Begrenzungswerte der Transaktionszeiten stellen die Zeitwerte dar, zu denen der Beginn bzw. das Ende der Ausführung einer Regelkomponente dem System mitgeteilt wurde.

Eine Repräsentation des Beispiel-Prozesses im Transaktions-Repository ist in Abbildung 97 dargestellt. Als Grundlage der konzeptionellen Modellierung dient auch hier das BCDM (vgl. Abschnitt 4.2.1). Im Gegensatz zu den Werten des Attributs 'Version' bei der Beschreibung einer konventionellen Umsetzung des Repositories werden hier Inkremente von Zeitwerten verwendet, damit die Übersichtlichkeit der Darstellung gewahrt bleibt. Die gewählte Granularität ist MINUTE, der mit '1' gekennzeichnete Zeitwert ist gleichbedeutend mit '1999-06-12T13:00'.

Wurde bei der Modellierung einer Bedingung deren geplante Prüfungsdauer nicht definiert, dann besteht ihr Zeitstempel nur aus einer Transaktionszeit-Komponente. Die Gültigkeit der Bedingungsprüfung wurde bei der Modellierung nicht explizit angegeben. Somit sind in diesen Fällen die Zeitwerte der Gültigkeitszeit von Bedingungen identisch mit jenen ihrer Transaktionszeiten. Da die Bedingungsprüfung durch das WFMS angestoßen wird und die Prüfung von Bedingungen dann als beendet gilt, wenn ihr Abschluss dem WFMS mitgeteilt wurde, handelt es sich bei diesen Zeitwerten um Transaktionszeiten.

Event		
Event	Description	T
KA-Eingang	KA von Kunde gestellt	{ (1) }
KA erfasst	Stammdaten von KA wurden vollständig erfasst	{ (8) }
KA-Eingang	KA von Kunde gestellt	{ (30) }
KA erfasst	Stammdaten von KA wurden vollständig erfasst	{ (46) }
KA-Kleinkredit	erfasster KA ist in Abt. Kleinkredit eingetroffen	{ (53) }

Condition			
Condition	Description	T_D	T
Großkredit	Sum(KA) > 50.000	0,1 HOUR	{ (8,8)...(8,14)...(11,8)...(11,14) }
Großkredit	Sum(KA) > 50.000	0,1 HOUR	{ (46,46)...(46,51)...(51,46)...(51,51) }

Action				
Action	Description	T_D	RaiseEvent	T
KA Stammdaten erfassen	Kreditantrag erfassen	0,25 HOUR	KA erfasst	{ (1,1)...(1,15)...(7,1)...(7,15) }
Weiterleitung KA-Großkredit	KA an Abt. Großkredit weiterleiten	1 HOUR	KA-Großkredit	{ (12,12)...(12,72)...(UC,12)...(UC,72) }
KA Stammdaten erfassen	Kreditantrag erfassen	0,25 HOUR	KA erfasst	{ (30,30)...(30,45)...(45,30)...(45,45) }
RAISE KA-Kleinkredit	Das System generiert autom. das Ereignis "KA Kleinkredit" und startet Regel R3	0	KA-Kleinkredit	{ (52) }
Bonität prüfen	Prüfung der Bonität des Kunden	8 HOUR	Bonität geprüft	{ (53,53)...(53,533)...(UC,53)...(UC,533) }

BusinessRule							
R-ID	Event	E-T	Condition	C-T	Action	A-T	T
R1	KA-Eingang	{ (1) }			KA Stammdaten erfassen	{ (1,1)...(1,15)...(7,1)...(7,15) }	{ (1,1)...(1,15)...(7,1)...(7,15) }
R2	KA erfasst	{ (8) }	Großkredit	{ (8,8)...(8,14)...(11,8)...(11,14) }	Weiterleitung KA-Großkredit	{ (12,12)...(12,72)...(UC,12)...(UC,72) }	{ (8,8)...(8,74)...(UC,8)...(UC,74) }
R1	KA-Eingang	{ (30) }			KA Stammdaten erfassen	{ (30,30)...(30,45)...(45,30)...(45,45) }	{ (30,30)...(30,45)...(45,30)...(45,45) }
R2	KA erfasst	{ (46) }	Großkredit	{ (46,46)...(46,52)...(52,46)...(52,52) }	RAISE KA-Kleinkredit	{ (52) }	{ (46,46)...(46,52)...(52,46)...(52,52) }
R3	KA-Kleinkredit	{ (53) }			Bonität prüfen	{ (53,53)...(53,533)...(UC,53)...(UC,533) }	{ (53,53)...(53,533)...(UC,53)...(UC,533) }

Abbildung 97: Temporal erweiterte regelabbildende Relationen des Transaktions-Repositories

Aus der Relation *Event* ist dokumentiert, dass das Ereignis 'KA-Eingang', welches im Prozessmodell den betrachteten Geschäftsprozess auslöst, zu den Zeiten '1' und '30' eingetreten ist. Der Workflow wurde also zweimal angestoßen.

Aus der Relation *Condition* ist ersichtlich, dass die Bedingung zur Überprüfung der Kreditsumme bereits zweimal geprüft wurde. Die erste Prüfung der Bedingung hatte eine vorgegebene Ausführungsperiode vom Zeitwert '8' bis zum Zeitwert '14'. Diese vorgegebene Prüfungsdauer ist durch die Gültigkeitszeit-Komponente des

Zeitstempels dokumentiert. Die tatsächliche Prüfungsdauer – dargestellt durch die Transaktionszeit-Komponente des Zeitstempels - dauerte vom Zeitwert '8' bis zum Zeitwert '11', d. h. die Prüfung der Bedingung wurde vor dem Erreichen des Endes der Soll-Zeit fertiggestellt. Die zweite Überprüfung der Bedingung wurde exakt nach der vorgegebenen Soll-Zeit ausgeführt und dauerte vom Zeitwert '46' bis zum Zeitwert '51'.

Die Relation *Action* enthält neben drei bereits abgeschlossenen Aktionen auch zwei Aktions-Objekte, deren Ausführung noch nicht beendet ist. Dieser Sachverhalt wird durch den unbestimmten Zeitwert *UC* als Intervallende der Transaktionszeit-Komponente des Zeitstempels dokumentiert. Erst bei der Beendigung der Aktionsausführung, d. h. wenn der Abschluss der Aktionsausführung dem WFMS mitgeteilt wird, ersetzt der dann gültige bestimmte Zeitwert den unbestimmten Zeitwert *UC*. Der Abschluss der Aktionsausführung ist direkt im Zeitstempel sichtbar.

Durch die Werte des Zeitstempel-Attributs der Relation *BusinessRule* ist ersichtlich, welche Geschäftsregeln angestoßen wurden, welche von ihnen bereits abgeschlossen sind und wie lange ihre Ausführung gedauert hat bzw. ob ihre tatsächliche Ausführungsdauer von der vorgegebenen Ausführungsdauer abgewichen ist.

Von den dokumentierten Geschäftsregeln sind die Ausführungen der Regeln 'R2' und 'R3' noch nicht vollständig abgeschlossen. Durch die Zeitstempel ihrer Regel-Komponenten kann der Benutzer erkennen, dass die Bedingungskomponente der Geschäftsregel 'R2' bereits abgeschlossen ist und momentan die Aktion dieser Regel ausgeführt wird. Da die Geschäftsregel 'R3' keine Bedingungskomponente beinhaltet, ist auch diese Regel wegen der noch andauernden Ausführung ihrer Aktionskomponente nicht abgeschlossen.

Aus den Werten der zu den Geschäftsregeln gehörenden Zeitstempel ist darüber hinaus leicht ersichtlich, dass bei der ersten Ausführung von Geschäftsregel 'R1' die vorgegebene Soll-Zeit unterschritten wurde. Statt zum geplanten Zeitwert '15' war diese Regel bereits zum Zeitwert '7' vollständig durchlaufen. Bei der zweiten

Ausführung von Geschäftsregel 'R1' sowie bei der Ausführung der bereits abgeschlossenen Geschäftsregel 'R3' wurde die vorgegebene Soll-Zeit exakt eingehalten, was durch die Identität derjenigen Zeitwerte der Transaktions- und Gültigkeitszeit-Komponente des Zeitstempels dokumentiert ist, welche das jeweilige Intervallende darstellen.

Neben diesen dokumentierenden Eigenschaften enthält das temporal erweiterte Transaktions-Repository zusätzliche Potenziale für eine Unterstützung der Prozess-Steuerung und einer termingerechten Prozess-Ausführung. Da jede aktive Regelkomponente sowie die gesamte Geschäftsregel mit einem bitemporalen Zeitstempel versehen sind, können bei deren Ausführung durch das System leicht Terminüber- und -unterschreitungen festgestellt werden.

Werden die aktiven Regelkomponenten bei der Workflow-Ausführung aktiviert, dann gilt dieser Zeitwert als Startzeit der Transaktionszeit. Darüber hinaus ergibt sich aus diesem Startzeitwert und dem unverankerten Intervall der modellierten Ausführungs- bzw. Prüfungsdauer eine verankerte Periode, welche die Gültigkeitszeit der aktiven Regelkomponenten darstellt. Dementsprechend bildet das Ende der Gültigkeitszeit den spätesten vorgegebenen Soll-Zeitwert, der für die Durchführung der Komponente vorgesehen ist.

Beim Fortschreiten der dem Zeitstempel zugrunde liegenden Uhr werden bei jedem „Uhrschlag“ neue bitemporale Chroni dem Zeitstempel hinzugefügt (solange das Ende der Transaktionszeit-Komponente mit *UC* gekennzeichnet ist, Abschnitt 4.2.1). Wird nun der Zeitstempel einer aktiven Regelkomponente um ein bitemporales Chronon ergänzt, dessen Transaktionzeit-Komponente größer ist als das definierte Ende der Gültigkeitszeit, dann erkennt das System die Überschreitung der Soll-Zeit und kann auf diesen Sachverhalt reagieren.

Eine mögliche Reaktion des Systems ist die Generierung des Ereignisses 'Terminüberschreitung eingetreten' (Abschnitt 5.2.1.3.2). Durch dieses Ereignis kann eine

Regel aktiviert werden, welche automatisch eine Warnmeldung an den zuständigen Akteur versendet.

In Analogie zu Real-Time-Anwendungen[429] können auch die aktiven Komponenten einer Geschäftsregel sowie die Geschäftsregeln selbst in unterschiedliche Kategorien eingeteilt werden, welche verschiedene Reaktionen bei Überschreitungen ihrer Ausführungsdauer hervorrufen. Drei mögliche Gruppierungen sind im Folgenden dargestellt[430].

(1) Regeln bzw. Regel-Komponenten mit harten Terminen.

Bei Real-Time-Anwendungen führt ein Überschreiten von harten Terminen zu einem Katastrophenfall.[431] Deshalb löst das Erreichen des definierten harten Endtermins sofort einen Abbruch des Systems aus.

Im Gegensatz zu solchen technischen Anwendungen erfordert ein Überschreiten von Terminen in betriebswirtschaftlichen Abläufen (Erreichen des Gültigkeitszeit-Endes einer Geschäftsregel oder einer ihrer aktiven Komponenten ohne dass ihre Ausführung vollständig abgeschlossen ist) nicht zu solchen Situationen, die ein Herunterfahren der Systeme erfordern. Dennoch können die Folgen von Terminüberschreitungen eine Organisation stark beeinträchtigen, da z. B. hohe Konventionalstrafen[432] vereinbart wurden oder der Verlust wichtiger Kunden befürchtet werden muss. Geschäftsregeln, deren Terminüberschreitung mit derart drastischen Konsequenzen verbunden sind, sollten mit harten Terminen verknüpft werden, deren Überschreitung sofort mit der Benachrichtigung des zuständigen Projektleiters und/oder anderen verantwortlichen Personen der Organisation verbunden ist.

Eine mögliche Reaktion des Systems auf die Überschreitung von harten Terminen ist die automatische Generierung des Ereignisses 'Überschreitung von hartem Termin eingetreten'. Dieses Ereignis löst eine Regel aus, durch welche

---

[429] Vgl. dazu beispielsweise Lee / Son (1996); Ramamritham (1993); Yu et al. (1994).

[430] Haritsa et al. (1990) diskutieren Konfliktlösungsmöglichkeiten, wenn Transaktionen mit unterschiedlicher oder gleicher Priorität auszuführen sind.

[431] Vgl. Jensen et al. (1985), S. 113.

[432] Vgl. dazu Fischer (1981); Köhler (1993); Riemer (1982).

die entsprechenden Maßnahmen eingeleitet werden, die von der Organisation beim Überschreiten solcher Termine festgelegt wurden.

(2) Regeln bzw. Regel-Komponenten mit weichen Terminen.
Wird in Real-Time-Anwendungen der Endtermin einer Transaktion erreicht, welche mit einem weichem Termin verbunden ist, dann wird der vorgegebene Endtermin um eine bestimmte Periode verschoben. Erst nach dem Ablaufen dieser Periode reagiert das System auf die Terminüberschreitung.[433]
Bei betriebswirtschaftlichen Abläufen gibt es ebenfalls solche Aktivitäten, deren Terminüberschreitung nicht direkt „katastrophale" Folgen für eine Organisation hat. Solche Aktionen können mit weichen Terminen versehen werden. Allerdings sollte das WFMS bei Überschreitungen von weichen Terminen (evtl. mehrstufig) reagiern und beispielsweise dem zuständigen Akteur eine Erinnerungsnachricht senden und/oder eine entsprechende Wiedervorlage markieren. Würde das System bei Überschreitungen von weichen Terminen nicht reagieren, sondern nur den Endtermin verschieben, dann hätte bereits während der Modellierungsphase die Geschäftsregel bzw. ihre aktiven Komponenten mit einer längeren vorgegebenen Ausführungsdauer versehen werden können. Eine mögliche Reaktion des Systems bei Erreichen des weichen Termins einer Aktion könnte darin bestehen, dass dem zuständigen Akteur ein neuerlicher Endtermin für die Ausführung mitgeteilt wird (Erweiterung der Gültigkeitszeit der aktiven Regelkomponenten in die Zukunft), welcher dann ein harter Endtermin ist. Wird das Ende der erweiterten Gültigkeitszeit der Aktion erreicht, dann reagiert das System analog zu dem Erreichen eines harten Termins. Die Transformation des weichen Endtermins in einen harten könnte jedoch auch in mehreren Stufen erfolgen.
Eine denkbare Reaktion des Systems auf ein Überschreiten von weichen Terminen ist die automatische Generierung des Ereignisses 'Überschreitung von weichem Termin eingetreten'. Dieses Ereignis löst eine Regel aus, welche Maßnahmen einleitet, die von der Organisation für das Überschreiten von weichen Terminen vorgesehen sind. Diese Maßnahmen können unterschiedliche Formen

[433] Vgl. Jensen et al. (1985), S. 113.

annehmen und zwischen Regeln, Prozessen und Organisationen verschieden sein.

(3) Regeln bzw. Regel-Komponenten mit Terminen als Orientierungswerte.

Bei Real-Time-Anwendungen löst das Überschreiten von Terminen, die als Orientierungswerte dienen, keine Reaktion des Systems aus.[434]

Damit ein effizientes Durchlaufen betriebswirtschaftlicher Prozesse durch ein WFMS unterstützt wird, sollte die Verknüpfung von aktiven Regelkomponenten mit Terminen als Orientierungsgröße möglichst vermieden werden, da deren Überschreitung keine Reaktion des Systems und damit keine Konsequenzen für den zuständigen Akteur nach sich zieht. Aktive Regelkomponenten, bei denen eine Überschreitung ihrer vorgegebenen Ausführungsdauer kaum Einfluss auf die Abläufe einer Organisation hat, können mit Terminen als Orientierungsgröße verknüpft werden, deren Überschreitung beispielsweise zu einer Benachrichtigung des zuständigen Akteurs führt. Die aktive Regelkomponente sollte jedoch erneut mit einem Termin als Orientierungsgröße versehen werden (Ausdehnung der Gültigkeitszeit der aktiven Regelkomponenten in die Zukunft), so dass der zuständige Akteur nach einer bestimmten Periode erneut zur Durchführung der erforderlichen Aktivitäten aufgefordert wird. Damit ein Geschäftsprozess vollständig durchlaufen wird, sollte ein Termin als Orientierungsgröße bei einer erneuten Überschreitung in einen weichen Termin umgewandelt werden, der stärkere Reaktionen des WFMS nach sich zieht.

5.3.2.3.2 Temporale Erweiterung der prozessabbildenden Relationen

Eine Erweiterung der prozessabbildenden Relationen des Transaktions-Repositories um einen bitemporalen Zeitstempel unterstützt die zeitliche Ablaufplanung von Workflows. Die auf Basis der aktiven Regelkomponenten ermittelbaren Ausführungszeiten der Geschäftsregeln können zu einer gesamten Ablaufdauer eines Geschäftsprozesses addiert werden. Die gesamte Ausführungsdauer eines

[434] Vgl. Saleeb (1997).

Workflows ergibt sich aus der Summe der geplanten Ausführungszeiten der im Prozess enthaltenen Geschäftsregeln.

Allerdings können Geschäftsregeln, welche als ECAA-Regeln strukturiert sind, in Abhängigkeit zu den auszuführenden alternativen Aktionen unterschiedliche vorgegebene Ausführungszeiten haben. Eine Geschäftsregel kann deshalb unterschiedliche Zeitwerte für ihre Gültigkeit enthalten. Die eine Gültigkeitszeit leitet sich aus der vorgegebenen Durchführungsdauer der THEN DO-Komponente ab, die andere aus der ELSE DO-Komponente. Der Zeitstempel, welcher die Gültigkeit einer Geschäftsregel im Transaktions-Repository beschreibt, muss somit auf zwei Attribute aufgeteilt werden. Das eine Attribut (BR-ST) beschreibt die kürzeste, das andere Attribut (BR-LT) die längste geplante Ausführungsdauer einer Geschäftsregel. Handelt es sich um eine EA-Regel oder wurden den beiden alternativen Aktionen einer ECAA-Regel identische Ausführungszeiten zugewiesen, dann sind beide Zeitwerte gleich.

Da jede Version einer Geschäftsregel nur eine tatsächliche Durchführungszeit hat, ist die Dokumentation der Transaktionszeit durch ein Attribut ausreichend. Die geplanten Ausführungszeiten und die tatsächlich benötigten Ausführungszeiten von Geschäftsregeln, welche die auszuführenden Workflows abbilden, werden in der Relation *BusinessRuleExecution* dokumentiert.

Wurden darüber hinaus im Geschäftsprozessmodell parallele oder selektive Prozess-Abläfue modelliert, können die alternativen bzw. parallelen Teilprozesse mit unterschiedlichen geplanten Durchlaufzeiten versehen sein. Die Durchlaufzeit des gesamten Workflows hängt davon ab, welcher der Teilprozesse ausgeführt wird. Die zeitliche Planung und die tatsächliche Durchführungsdauer eines Workflows variiert mit dem Prozess-Ablauf. Da die Zahl möglicher Verzweigungen eines Prozesses nicht limitiert ist und daher eine ungewisse Anzahl geplanter Durchlaufzeiten eines Workflows möglich ist, beschränkt sich die zeitliche Planung auf die insgesamt kürzeste und längste vorgegebene Gültigkeitszeit des Workflows. Deshalb muss der Zeitstempel auf verschiedene Attribute verteilt werden. Das Attribut 'P-ST' dokumentiert die kürzeste geplante Durchlaufzeit des Prozesses, das Attribut 'P-LT' die längste. Das Zeitstempel-Attribut 'T' dokumentiert hingegen die Transaktionszeit, also die tatsächlich benötigte Durchführungsdauer des Workflows.

Damit die einzelnen Versionen eines Workflows identifizierbar sind, erhält die Relation *Process* ein weiteres Attribut ('T-E'), dessen Werte das Transaktions-Chronon des prozessauslösenden Ereignisses erhalten.

Die Relation *ProcessReference* dokumentiert, welche Geschäftsregeln bei der Ausführung eines Workflows bereits aktiviert bzw. ausgeführt wurden.

Die Schemata der prozessabbildenden Relationen des temporal erweiterten Transaktions-Repositories haben folgende Struktur:

Process	*= { <u>P-ID</u>, <u>T-E</u>, Description, P-ST, P-LT, T }*
ProcessReference	*= { [<u>P-ID</u>, <u>T-E</u>] (→ Process), [<u>R-ID</u>, <u>T</u>]*
	(→ BusinessRuleExecution) }
BusinessRuleExecution	*= { <u>R-ID</u>, BR-ST, BR-LT, <u>T</u> }*

Da die Relationen *BusinessRuleExecution* und *BusinessRule* zueinander in Beziehung stehen, kann es erforderlich sein, dass das Attribut 'T' der Relation *BusinessRuleExecution* ebenfalls den bitemporalen Zeitstempel der Geschäftsregeln abbilden muss, damit die Eindeutigkeit der Referenz bewahrt bleibt. Wegen der besseren Übersichtlichkeit wird bei der beispielhaften Darstellung jedoch auf dieses Attribut verzichtet. In dem Beispiel liegt der Schwerpunkt der Betrachtung auf den grundsätzlichen Möglichkeiten eines temporal erweiterten Transaktions-Repositories im Hinblick auf eine Planung und Steuerung von Geschäftsprozessen. Deshalb werden jene Elemente des Datenmodells vereinfacht dargestellt, welche keinen Einfluss auf die temporale Erweiterung haben, sondern nur die Komplexität des Beispiels erhöhen.

Eine Darstellung des Beispiel-Prozesses in den prozessabbildenden Relationen des temporal erweiterten Transaktions-Repositories gibt Abbildung 98.

Process					
P-ID	T-E	Description	P-ST	P-LT	T
P001	{ (1) }	Bearbeitung Kreditantrag	{ (1)...(81) }	{ (1)...(531) }	{ (1)...(7) }
P001	{ (1) }	Bearbeitung Kreditantrag	{ (1)...(73) }	{ (1)...(523) }	{ (8)...(UC) }
P001	{ (30) }	Bearbeitung Kreditantrag	{ (30)...(111) }	{ (30)...(561) }	{ (30)...(52) }
P001	{ (30) }	Bearbeitung Kreditantrag	{ (30)...(561) }	{ (30)...(561) }	{ (53)...(UC) }

ProcessReference			
P-ID	T-E	R-ID	T
P001	{ (1) }	R1	{ (1)...(7) }
P001	{ (1) }	R2	{ (8)...(UC) }
P001	{ (30) }	R1	{ (30)...(45) }
P001	{ (30) }	R2	{ (46)...(52) }
P001	{ (30) }	R3	{ (53)...(UC) }

BusinessRuleExecution			
R-ID	BR-ST	BR-LT	T
R1	{ (1)...(15) }	{ (1)...(15) }	{ (1)...(7) }
R2	{ (8)...(14) }	{ (8)...(74) }	{ (8)...(UC) }
R1	{ (30)...(45) }	{ (30)...(45) }	{ (30)...(45) }
R2	{ (46)...(52) }	{ (46)...(112) }	{ (46)...(52) }
R3	{ (53)...(533) }	{ (53)...(533) }	{ (53)...(UC) }

Abbildung 98: Temporal erweiterte prozessabbildende Relationen des Transaktions-Repositories

Die Relation *Process* bildet zwei Versionen des Workflows 'P001' ab. Die erste Version wurde zur Zeit '1', die zweite Version zur Zeit '30' initialisiert. Die Relation *ProcessReference* dokumentiert, dass beim Ablauf der ersten Version des Workflows die Geschäftsregeln 'R1' und 'R2', beim Ablauf der zweiten Version die Geschäftsregeln 'R1', 'R2' und 'R3' aktiviert bzw. ausgeführt wurden. Eine Geschäftsregel, deren Durchführung bereits abgeschlossen ist, wird an dem bestimmten absoluten Zeitwert des Transaktionszeit-Endes erkannt. Ist das Ende der Transaktionszeit durch den unbestimmten Zeitwert *UC* gekennzeichnet, dann wurde die Ausführung der Geschäftsregel bereits begonnen, aber noch nicht abgeschlossen.

Die Relation *BusinessRuleExcecution* dokumentiert einerseits die geplanten kürzesten und längsten Ausführungszeiten und andererseits die tatsächlichen Ausführungszeiten der im Prozess-Ablauf aktivierten bzw. ausgeführten Geschäftsregeln.

Die Geschäftsregel 'R1', welche beim ersten Durchlaufen des Prozesses 'P001' ausgeführt wurde, hatte identische Gültigkeitszeiten für ihre geplante kürzeste und längste Ausführungsdauer. Mit dem Zeitwert '15' sollte diese Regel abgeschlossen sein. Der Wert ihrer Transaktionszeit dokumentiert, dass die Ausführung dieser Regel bereits abgeschlossen ist (Transaktionszeit enthält nicht den unbestimmten Zeitwert *UC*). Der Abschluss der Regelausführung wurde mit dem Wert '7' gestempelt; er erfolgte also vor dem geplanten Ausführungsende.

Die schnellere Ausführung der Geschäftsregel 'R1' hat Auswirkungen auf den geplanten Endtermin des gesamten Prozesses. Ursprünglich wurde der Ablauf der ersten Version von Prozess 'P001' mit den modellierten Durchführungszeiten der am Workflow beteiligten Geschäftsregeln geplant. Die addierten vorgegebenen Ausführungszeiten der Geschäftsregeln der jeweiligen Teilprozesse aus Abbildung 85 ergab eine kürzeste Prozess-Ablaufzeit von 81 Minuten und eine längste von 531 Minuten. Die kürzeste geplante Durchlaufzeit des Beispiel-Prozesses ergibt sich aus der Summe der Ausführungsdauern der gesamten Regel R1, der Bedingungs- und THEN DO-Komponente von Regel R2 sowie von Regel R4; die längste geplante Durchlaufzeit dieses Prozesses ergibt sich aus der Summe der Ausführungszeiten der gesamten Regel R1, der Bedingungs- und ELSE DO-Komponente von Regel R2 sowie der Regeln R3 und R5. Da der Workflow zum Zeitwert '1' initialisiert wurde, ergibt sich das früheste geplante Ende des Workflows zum Zeitwert '81', sein spätestes geplantes Ende zum Zeitwert '531'.

Durch die kürzere tatsächliche Ausführungszeit der Geschäftsregel 'R1' wird nun auch das geplante Ende des Prozess-Ablaufs nach vorne verschoben. Eine Update-Operation wird auf der Relation *Process* ausgeführt, bei der die Gültigkeitszeiten des geplanten Prozess-Durchlaufs um jeweils 8 Zeiteinheiten verkürzt werden. Die geplanten Endtermine des Workflows sind nun die Zeitwerte '73' bzw. '523'.
Der zweite Ablauf des Geschäftsprozesses 'P001', welcher zum Zeitwert '30' initialisiert wurde, verläuft gemäß den geplanten Ausführungszeiten der durchzuführenden Regeln. Mit dem Abschluss der Geschäftsregel 'R2' und der darauf folgenden Initialisierung von Regel 'R3' wurde ein Selektionspunkt des Workflows überschritten.

Von der Geschäftsregel 'R2' wurde die ELSE DO-Komponente ausgeführt, deren Abschluss zur Initialisierung von Regel 'R3' führt. Der Prozess-Ablauf über die Geschäftsregel 'R4' ist somit nicht mehr möglich. Auch in dieser Situation wird eine Update-Operation auf der Relation *Process* ausgeführt, da sich die kürzeste geplante Durchlaufzeit verändert hat. Da in dem betrachteten Prozess-Ausschnitt keine weitere Verzweigung vorgesehen ist, sind die geplante kürzeste und längste Durchlaufzeit des Workflows mit dem Start der Regel 'R3' identisch.

5.3.2.3.3 Konsequenzen einer temporalen Erweiterung des Transaktions-Repositories

Werden die Relationen des Transaktions-Repositories um bitemporale Zeitstempel ergänzt, dann können zusätzliche Informationen gewonnen werden, die eine Planung und Steuerung von Geschäftsprozessen bzw. Workflows erleichtern. Dabei sind zwei Auswirkungen der verschiedenen Relationen-Inhalte auf die Prozess-Planung und -Steuerung zu unterscheiden:

(1) Die temporale Erweiterung der prozessabbildenden Relationen unterstützt eher die zeitliche Planung von Geschäftsprozessen bzw. Workflows.

(2) Die temporale Erweiterung der regelabbildenden Relationen unterstützt eher die zeitliche Steuerung von Geschäftsprozessen bzw. Workflows.

Die permanente Aktualisierung der geplanten Abschlusszeiten der aktiven Workflows in der Relation *Process* unterstützt die zeitliche Prozess-Planung. Zu jeder Zeit des Prozess-Ablaufs ist in der Relation direkt sichtbar, wann das erwartete Ende des Workflows erreicht wird. Gibt es beim Durchlaufen von Geschäftsregeln Verzögerungen oder werden sie schneller durchlaufen als geplant, dann wirken sich diese Änderungen der Ist-Zeiten direkt auf das erwartete Ende des Workflows aus. Die Organisation ist somit ständig über den aktuellen Stand ihrer Workflows informiert und kann auf Veränderungen von erwarteten Terminen reagieren.

Neben der Ablauf-Planung wird auch die Ressourcen-Planung einer Organisation durch das temporal erweiterte Transaktions-Repository unterstützt. Besteht eine Verknüpfung zwischen Prozess- und Organisations-Modell, dann ist zum einen ersichtlich, welche Organisationseinheiten im weiteren Prozess-Ablauf für welche geplante Zeitdauer gebunden sind. Zum anderen wird deutlich, welche Organisationseinheiten nicht mehr durch die Ausführung des Workflows gebunden sind, da die Geschäftsregeln, für die sie zuständig sind, bereits vollständig abgeschlossen sind.

Der permanente Vergleich von Soll- und Ist-Zeiten bei den regelabbildenden Relationen führt zu einer schnellen Erkennung von Terminüberschreitungen bei der Ausführung von Geschäftsregeln bzw. von deren Komponenten. Das WFMS kann bei solchen Verletzungen der Soll-Zeiten entsprechend reagieren und zu einer termingerechten Ausführung der aktiven Regelkomponenten und damit auch der gesamten Geschäftsregeln beitragen. Durch diese Mechanismen ist darüber hinaus eine bessere Termineinhaltung bei der Ausführung von Geschäftsprozessen erzielbar.

Durch einen Vergleich der Soll- und Ist-Zeiten von aktiven Regelkomponenten, Geschäftsregeln und Workflows können wiederum Rückmeldungen an die Modellierung von Geschäftsprozessen erfolgen, da Engpässe im Prozess-Ablauf aber auch Überkapazitäten festgestellt werden können. Eine Anpassung der vorgegebenen Ausführungszeiten aber auch eine Restrukturierung ganzer Teilprozesse auf Basis dieser Erkenntnisse wird möglich. Nach einer Anpassung des Prozessmodells lässt sich der Vergleich zwischen Soll- und Ist-Zeiten fortsetzen und auf die Zeiten vor der Anpassung ausdehnen. Dadurch sind permanente Verbesserungen der Organisationsabläufe möglich.

Neben der Prozess-Planung und -Steuerung liefert das temporal erweiterte Transaktions-Repository Informationen darüber, welche Komponenten des Workflows bei einem unerwarteten Systemausfall bereits vollständig ausgeführt waren und an welcher Stelle des Workflows das System neu aufzusetzen ist.[435] Wenn eine Geschäftsregel, welche im Laufe eines Workflows ausgeführt werden muss, mit einem absoluten bestimmten Zeitwert in ihrem Transaktionszeit-Ende gestempelt ist,

[435] Jasper / Zukunft (1996), S. 114 ff. beschreiben Möglichkeiten, nach einem Systemfehler die Ausführungszeiten der Workflows kontextbezogen anzupassen und die Fehler bei der Workflow-Ausführung zu berücksichtigen.

dann wurde diese Regel komplett ausgeführt; ist ihr Transaktionszeitende jedoch mit dem unbestimmten Zeitwert *UC* markiert, dann wurde die Ausführung dieser Regel noch nicht abgeschlossen. An den Werten des Transaktionszeit-Endes der aktiven Regelkomponenten ist erkennbar, welche der Komponenten bereits vollständig ausgeführt und welche bei ihrer Ausführung unterbrochen wurden. Die Forderung, dass nach Systemausfällen die Prozess-Steuerung beim Wiederanlaufen auf einen konsistenten Zustand der Steuerinformationen und der Anwendungsdaten aufsetzen muss[436], wird durch das temporal erweiterte Transaktions-Repository unterstützt; es kann somit als Ergänzung zu einer Event-History[437] gesehen werden, welche beispielsweise von dem auf dem Broker/Services Model[438] basierenden Event Engine (EVE)[439] unterstützt wird und die Korrektheit der Ausführung verteilter Workflows bestimmt.

[436] Vgl. DIN (1996), S. 32.

[437] Vgl. dazu Geppert / Tombros (1997); Tombros et al. (1997).

[438] Vgl. dazu Tombros et al. (1996).

[439] Vgl. dazu Geppert et al. (1996).

6 Zusammenfassung und Ausblick

In dieser Arbeit wurde beschrieben, inwieweit Konzepte temporaler Datenmodellierung auf die Geschäftsprozessmodellierung übertragbar sind. Als Ausgangspunkt dienten Konzepte der temporalen Erweiterung des relationalen Modells und speziell das Bitemporal Conceptual Data Model, welches die Grundlage der temporalen Abfragesprache TSQL2 bildet. Die Übertragbarkeit dieser Konzepte auf die Geschäftsprozessmodellierung wurde anhand einer auf Geschäftsregeln basierenden Prozessmodellierung dargestellt.

Geschäftsregeln bestehen im vorgestellten regelbasierten Modellierungsansatz aus einer passiven Ereigniskomponente und den beiden aktiven Komponenten Bedingung und Aktion. Tritt ein Ereignis ein, dann wird mittels der Bedingungskomponente eine definierte Situation geprüft. Durch das Ergebnis dieser Prüfung wird bestimmt, welche Aktion der Regel auszuführen ist. Ein Geschäftsprozess setzt sich aus mehreren Geschäftsregeln zusammen.

Im Mittelpunkt der Betrachtungen einer Übertragbarkeit der Konzepte temporaler Datenmodellierung auf die geschäftsregelbasierte Prozessmodellierung stand das Zeitstempel-Konzept, welches eine wesentliche Grundlage temporaler Datenmodellierung darstellt. Eine Übertragbarkeit dieses Konzepts auf die Geschäftsprozessmodellierung kann nicht direkt erfolgen, da die Interaktionen zwischen Datenbank- bzw. Workflow-Systemen mit der Diskurswelt nicht gleichartig sind.

Datenbanken können grundsätzlich in aktive und passive untergliedert werden. Da in der Praxis überwiegend passive Datenbanken eingesetzt werden, beschränkten sich die Betrachtungen der Arbeit auf diesen Typ. Sie liefern eine passive Dokumentation der Diskurswelt. Mit Hilfe bitemporaler Datenbanken lassen sich darüber hinaus die Evolutionen der Objekte in der Diskurswelt und die einzelnen Datenbankzustände repräsentieren. Abgebildete Zustände und Ereignisse werden mit Gültigkeitszeiten versehen, welche ihre Gültigkeit in der modellierten Realität darstellen. Die Zeiten, zu denen diese Daten in die Datenbank eingefügt, geändert oder gelöscht wurden, lassen sich durch die Transaktionszeiten repräsentieren. Ein Abweichen der Werte beider Zeitdimenisionen kann durchaus vorkommen, wenn z. B. Veränderungen von Objekten in der Diskurswelt nachträglich in eine temporale Datenbank eingefügt oder wenn in der Zukunft gültige (planerische) Daten erfasst werden.

Workflow-Systeme hingegen stellen selbst einen Akteur der Diskurswelt dar. Eintretende Ereignisse lösen eine Reaktion des Systems aus, welche zu Aktionen anderer Akteure führt, bei deren Abschluss wiederum Ereignisse eintreten. Das Workflow-System übernimmt also eine aktive Rolle innerhalb der modellierten Realität. Entsprechend gilt ein Ereignis für das System erst dann als eingetreten, wenn ihm dessen Eintreten mitgeteilt wurde. Ebenso gelten die Gültigkeiten von Zuständen (z. B. von Aktionsausführungen) erst dann als beendet, wenn deren Abschluss dem System mitgeteilt wurde. Eine klare Trennung zwischen den Zeitwerten der Gültigkeit von Ereignissen und Zuständen in der Diskurswelt und denen ihrer Erfassung im System kann also nicht erfolgen. Da Ereignisse und Zustände erst dann als eingetreten bzw. abgeschlossen gelten, wenn dieser Sachverhalt dem System mitgeteilt wurde, handelt es sich hier um Transaktionszeiten.

Eine Ausnahme bilden spezielle Ereignisse, deren Zeiten ihres Eintretens in der modellierten Realität bereits während der Modellierung definiert werden. Hierbei handelt es sich um Gültigkeitszeiten, zu denen die modellierten Ereignisse eintreten, d. h. zu denen ihr Eintreten dem System mitgeteilt wird.

Auch Aktionen und Bedingungen lassen sich mit Gültigkeitszeiten versehen. Ihre Modellierung ist jedoch nur in Form von unverankerten Intervallen möglich, da der Beginn einer Bedingungsprüfung bzw. einer Aktionsausführung bei der Modellierung i. d. R. nicht bekannt ist. Während der Modellierungsphase können sie nur dann als verankerte Perioden definiert werden, wenn die Gültigkeit des auslösenden Ereignisses explizit modelliert wurde.

Erst während der Ausführung des modellierten Prozesses können die tatsächlichen Startzeiten von Bedingungen und Aktionen bestimmt werden. Da die Gültigkeitszeiten der aktiven Regelkomponenten gleichzeitig Soll-Zeiten für ihre Durchführung darstellen, ergibt sich daraus ein Steuerungskonstrukt, in dem die Soll-Zeiten (Gültikgeitszeiten) mit den Ist-Zeiten ihrer tatsächlichen Ausführung (Transaktionszeiten) verglichen und bei Überschreitungen ihres Gültigkeitszeit-Endes Reaktionen des Systems ausgelöst werden.

Die Modellierung von Geschäftsprozessen im geschäftsregelbasierten Modellierungsansatz wird durch ein Regel-Repository unterstützt. Dieses Repository dokumentiert sämtliche Geschäftsregeln einer Organisation, deren Komponenten und ihre Zugehörigkeit zu Prozessen. Da ein Repository eine Datenbank ist, können in ihm die Konzepte temporaler Datenmodellierung angewendet werden. Das hat vor allem dann Vorteile, wenn Geschäftsprozesse bzw. -regeln modelliert oder angepasst werden und ihre Umsetzung in aktive Workflows erst zu einer späteren Zeit erfolgen soll. Diese zeitliche Lücke kann mit Hilfe von Gültigkeits-Zeitstempeln geschlossen werden, indem die Gültigkeit der modellierten Prozess-Komponenten in der Zukunft dokumentiert wird. Damit ist ein konsistenter Datenbestand des Regel-Repositories gewährleistet und es lassen sich darüber hinaus die Evolutionen der modellierten Prozesse einer Organisation nachvollziehen. Aus diesen zusätzlichen Daten können Informationen zur Unterstützung eines Change-Managements genutzt werden. Darüber hinaus stehen diese Informationen für ein Monitoring zur Verfügung, durch das die Auswirkungen eines Prozess-Reengineering überprüft werden.

Die dritte betrachtete Komponente der Modell-Architektur des geschäftsregelbasierten Modellierungsansatzes ist das Transaktions-Repository. Dieses dokumentiert die (Komponenten der) ausgeführten bzw. angestoßenen Workflows. Bei einer temporalen Modellierung dieses Repositories ist eine Erweiterung des Zeitstempel-Konzepts notwendig, da Geschäftsregeln und -prozesse unterschiedlich durchlaufen werden können und somit verschiedene Zeiten für ihre Gültigkeiten in der Diskurswelt modelliert werden müssen. Die Zeitstempelung ihrer Gültigkeiten kann also nicht durch *einen* Zeitstempel erfolgen; es sind zwei Zeitstempel notwendig, wobei einer die maximale und der andere die minimale Gültigkeitsdauer dokumentiert. Auf Prozess-Ebene erlauben diese Angaben eine zeitliche Planung der auszuführenden Workflows, während auf Ebene der Geschäftsregeln eine zeitliche Steuerung der Workflows unterstützt wrid.

Die zeitliche Planung resultiert aus der ständigen Anpassung der Gültigkeitszeiten des Workflows während seiner Ausführung. Diese Korrektur wird dann erforderlich, wenn die Ausführungsdauer einzelner Komponenten von ihrer Soll-Zeit abweicht. Diese Abweichungen haben direkte Auswirkungen auf die Durchführungsdauer (Gültigkeitszeit) und damit auf den erwarteten Ende-Zeitwert des gesamten Prozeses. Darüber hinaus wird eine Korrektur der Gültigkeitszeiten notwendig, wenn der Workflow einen Verzweigungspunkt überschritten hat und damit entschieden ist, welcher der möglichen parallel oder selektiv zu durchlaufenden Teilprozesse ausgeführt wird. Diese Entscheidung hat Auswirkungen auf die maximale bzw. minimale Gültigkeitsdauer des Workflows, da die einzelnen Teilprozesse unterschiedliche Durchführungszeiten haben können.

Eine Unterstützung der Prozess-Steuerung wird dadurch gegeben, dass die Gültigkeitszeiten der Regelkomponenten permanent mit ihren Transaktionszeiten verglichen werden. Beim Überschreiten der modellierten Soll-Zeit werden über das Transaktions-Repository Reaktionen des Workflow-Systems ausgelöst, welche eine termingerechte Ausführung von Geschäftsprozessen unterstützen.

Durch eine temporale Erweiterung der Geschäftsprozessmodellierung auf Basis von Geschäftsregeln wird die Planung und Steuerung von Prozessen unterstützt, die auch den Büro- und Verwaltungsbereich betreffen. Auf diese Weise lässt sich eine termingerechte Ausführung der Prozesse fördern und die Effizienz im Büro- und Verwaltungsbereich steigern. Allerdings bestehen bei der Einführung von WFMS noch offene Probleme, da sich die Mitarbeiter durch solche Systeme kontrolliert fühlen könnten und sie deshalb unter Umständen ablehnen. Durch eine Anreicherung der auszuführenden Aktivitäten mit Vorgabezeiten könnte die ablehnende Haltung der Mitarbeiter noch verstärkt und die Einführung solcher Systeme durch Betriebsräte verhindert werden. In diesem Bereich müssen Konzepte eines Change-

Managements entwickelt werden, wie durch die Einbeziehung der betroffenen Mitarbeiter die Akzeptanz von WFMS in Organisationen erhöht werden kann.

Die in dieser Arbeit durchgeführte Untersuchung einer temporalen Erweiterung der Geschäftsprozessmodellierung basiert auf den Konzepten der temporalen Datenmodellierung. Temporale Datenbanken enthalten zeitveränderliche Daten und dokumentieren die Evolution der abgebildeten Objekte. Einen anderen temporalen Bezug haben Real-Time-Datenbanken. In einer solchen Datenbank sind die Transaktionen mit Deadlines oder Zeitbeschränkungen versehen. Aufbauend auf die hier durchgeführten Erörterungen sind zukünftige Arbeiten zur Übertragbarkeit der Erfahrungen von Real-Time-Datenbanken auf die Geschäftsprozessmodellierung und -ausführung nützlich. Eine Einbeziehung dieser Datenbankkonzepte in den Vergleich mit der Prozessmodellierung kann die Möglichkeiten der Prozessplanung und -steuerung noch weiter ergänzen.

Darüber hinaus erscheint eine Untersuchung sinnvoll, inwieweit sich das deterministische Zeitkonzept des temporal erweiterten geschäftsregelbasierten Modellierungsansatzes um stochastische Elemente ergänzen lässt. Beispielsweise könnte die Eintrittswahrscheinlichkeit prozessauslösender Ereignisse oder der Ausführungsdauern von aktiven Regelkomponenten bestimmt werden. Mit diesen Informationen sind die Ausführungshäufigkeiten von Prozessen und die Einhaltung ihrer vorgegebenen Termine ermittelbar. Eine Verknüpfung der Ergebnisse einer Bedingungsprüfung mit deren Eintrittswahrscheinlichkeit könnte Einfluss auf die Ressourcen- und Kapazitätsplanung haben, da der Ablauf selektiver Teilprozesse besser abgeschätzt werden kann. Als Ausgangspunkt für die Integration stochastischer Werteverteilungen in das Modell könnte eine Untersuchung stehen, inwieweit eine Übertragung von stochastischen Methoden aus der Netzplantechnik möglich ist.

Neben den rein formalen Aspekten sind auch die Anwendbarkeit stochastischer Prozessmodelle für die Geschäftsprozess-Modellierung zu prüfen, da zum einen die gewählten Wahrscheinlichkeitsverteilungen ermittelt werden müssen und zum anderen die Modelle komplexer werden. Zudem sind die Auswirkungen dieser Modellerweiterungen auf die Planung von Geschäftsprozessen zu prüfen.

Ein weiterer interessanter Gesichtspunkt ist die Integration von ad-hoc Workflows in den geschäftsregelbasierten Modellierungsansatz. Hier könnte die Einbeziehung temporaler Informationen erörtert werden. Dabei ist nicht nur zu betrachten, inwieweit eine formale Integration zeitlicher Daten in die Workflow-Spezifikation möglich ist, sondern auch, ob diese Informationen bei ad-hoc Workflows grundsätzlich sinnvoll sind, da ihre zeitliche Planung nur schwer durchführbar ist.

Damit die in dieser Arbeit vorgestellten Konzepte in Tools zur Unterstützung der Geschäftspreozess-Modellierung und in WFMS integriert werden können, müssen diese Systeme an verschiedenen Stellen erweitert werden. Verfügbare Werkzeuge zur Prozess-Modellierung bieten häufig nur eine Komponente zur Modellierung aktiver Prozesselemente an. Um Geschäftsprozesse exakt modellieren zu können, müssen jedoch für eine explizite Unterscheidung zwischen zu prüfenden Bedingungen und auszuführenden Aktionen zwei semantisch unterschiedliche aktive Komponenten bereitgestellt werden. Darüber hinaus sollten die Tools die Modellierung temporaler Aspekte der Prozesskomponenten unterstützen, damit die Ausführungsdauern der durchzuführenden Aktivitäten modellierbar sind

Die Konzepte der evolutionären Geschäftsprozess-Modellierung sowie zur Unterstützung der zeitlichen Planung und Steuerung von Geschäftsprozessen und Workflows lassen sich in bestehende Systeme integrieren, wenn diese auf Repositories aufgebaut sind. Die Repositories können um bitemporale Zeitstempel erweitert werden, so dass Informationen über Gültigkeits- und Transaktionszeiten der abgebildeten Objekte des Prozessmodells verfügbar werden. Die Umsetzung der vorgestellten temporal erweiterten Repositories stößt jedoch an Grenzen, da es derzeit keine kommerziell verfügbaren temporalen Datenbanken gibt. Mit dem Abschluss des SQL3-Standards sollen jedoch zusätzliche Konstrukte in das Datenbankmodell aufgenommen werden. Wenn ein Datenbankmanagement-System diese unterstützt, so ist eine leichtere Realisierung des Zeitstempelkonzepts möglich.

Literaturverzeichnis

Abbod et al. (1987)

Abbod, T.; Brown, K.; Noble, H.: Providing Time-Related Constraints for Conventional Database Systems. In: Proceedings of the 13th International Conference on Very Large Databases, 1987, S. 167-175.

Aebi (1998)

Aebi, D.: Zeitsprung 2000. Hanser Verlag, München, Wien 1998.

Ahn (1986)

Ahn, I.: Towards an Implementation of Database Management Systems with Temporal Support. In: IEEE (Hrsg.): Proceedings of the 2nd International Conference on Data Engineering, 1986, S. 374-381.

Allen (1983)

Allen, J. F.: Maintaining Knowladge about Temporal Intervals. In: Communications of the ACM 26 (1983) 11, S. 832-843.

Allen (1991)

Allen, J. F.: Time and Time Again: The Many Ways to Represent Time. In: International Journal of Intelligent Systems 6 (1991) 4, S. 341-353.

Allen / Ferguson (1994)

Allen, J. F.; Ferguson, G.: Actions and Events in Interval Temporal Logic.Technical Report 521, University of Rochester, Computer Science Department, Rechester (NY) 1994.

Al-Taha et al. (1993)

Al-Taha, K. K.; Snodgrass, R. T.; Soo, M. D.: Bibliography on Spatiotemporal Databases. In: ACM SIGMOD Record 22 (1993) 1, S. 59-67.

Altvater (1987)

Altvater, E.: Ökologische und ökonomische Modalitäten von Zeit und Raum. In: Prokla 2 (1987) 17, S. 35-54.

Ariav (1983)

Ariav, G.: Preserving the Time Dimension in Information Systems. Dissertation University of Pennsylvania 1983.

Ariav (1986)

Ariav, G.: A Temporally Oriented Data Model. In: ACM Transactions on Database Systems 11 (1986) 4, S. 499-527.

Atkinson et al. (1992)

Atkinson, M.; DeWitt, D.; Maier, D.; Bancilhon, F.; Dittrich, K.; Zdonik, S.: The Object-Oriented Database System Manifesto. In: Bancilhon, F.; Delobel, C.; Kanellakis, P. (Hrsg.): Building a Object-Oriented Database System - The Story of O2. Morgan Kaufmann, San Mateo (CA) 1992, S. 3-20.

Bair et al. (1997)

Bair, J.; Böhlen, M. H.; Jensen, C. S.; Snodgrass, R. T.: Notions of upward compatibility of temporal query languages. In: Wirtschaftsinformatik 38 (1997) 1, S. 25-34.

Barnert / Schmutz (1995)

Barnert R.; Schmutz, G.: Die zeitbezogene Datenhaltung in einer Oracle-Umgebung bei den Schweizer Regionalbanken. In: Gesellschaft für Informatik (Hrsg.): Berücksichtigung zeitbezogener Daten bei der Realisierung betrieblicher Informationssysteme. 1. Workshop des Arbeitskreises Zeitorientierte betriebliche Informationssysteme (ZobIS), Eigendruck 1995 (http://www.ie.iwi.unibe.ch/zeit/zobis/).

Barnert / Schmutz (1997)

Barnert, R.; Schmutz, G.: Die zeitbezogene Datenhaltung bei den Schweizer Regionalbanken. In: Wirtschaftsinformatik 39 (1997) 1, S. 45-53.

Barnert et al. (1995)

Barnert, R.; Knolmayer, G. F.; Myrach, T.: Rules for Ensuring Referential Integrity in a Time-Extended Relational Model. Working Paper No. 59, Institute of Information Systems, University of Bern 1995.

Batini et al. (1992)

Batini, C.; Ceri, S.; Navathe, S. B.: Conceptual Database Design. An Entity-Relationship Approach. Benjamin/Cummings, Redwood City (CA) 1992.

Becker (1998)

Becker, J.: LS-IS: Workflow – PISA. http://www-wi.uni-muenster.de/is/projekte/workflow/glossar/index.cfm, erstellt am: 1998-12-11, Zugriff: 1999-03-27.

Behrends (1995)

Behrends, H.: Beschreibung ereignisgesteuerter Aktivitäten in datenbankgestützten Informationssystemen. Dissertation, Fachbereich Informatik, Universität Oldenburg 1995.

Behrends / Jasper (1993)

Behrends, H.; Jasper, H.: Spezifikation und Verarbeitung von Ereignissen in aktiven Datenbanken. In: Gesellschaft für Informatik (Hrsg.): Proceedings der 23. GI-Jahrestagung, Informatik – Wirtschaft – Gesellschaft. Springer-Verlag, Berlin et al. 1993.

Ben-Zvi (1982)

Ben-Zvi, J.: The Time Relational Model. Ph.D. Diss., University of California, Los Angeles 1982.

Böhlen et al. (1996)

Böhlen, M. H.; Snodgrass, R. T.; Soo, M. D.: Coalescing in Temporal Databases. In: Vijayaraman, T. M. (Hrsg.): Proceedings of the 22nd International Conference on Very Large Data Bases. Kaufmann, San Francisco (CA) 1996 (http://www.informatik.uni-trier.de/~ley/vldb/BohlenSS96/, erstellt am: unknown, Zugriff: 1998-12-17).

Bowden (1996)

Bowden, F. D. J.: Modelling Time in Petri Nets. Presented at the second Australia-Japan Workshop on Stochastic Models, Gold Coast, July 1996, http://www.itr.unisa.edu.au/~fbowden/pprs/stomod96, erstellt am: unknown, Zugriff: 1998-10-27.

Brockhoff (1988)

Brockhoff, K.: Forschung und Entwicklung. Planung und Kontrolle. Oldenbourg Verlag, München, Wien 1988.

Buckholtz (1998)

Buckholtz, E.: Y2K Run To Save Your PC from the Year 2000 Bug. Hard Shell Word Factory 1998.

Chakravarthy / Mishra (1993)

Chakravarthy, S.; Mishra, D.: Snoop: An Expressive Event Spezification Language for Active Databases. Technical Report UF-CIS-TR-93-007, Gainesville, University of Florida 1993.

Chamberlin (1976)

Chamberlin, D. D.: SEQUEL 2: A Unified Approach to Data Definition, Manipulation and Control. In: IBM Journal of research and development 20 (1976) 6, S. 560-575.

Chen (1976)

Chen, P. P.: The Entity-Relationship Model – Towards a Unified View of Data. In: Transactions on Database Systems 1 (1976) 1, S. 9-36.

Cheng / Gadia (1993)

Cheng, T. S.; Gadia, S. K.: An object-oriented model for temporal databases. In: Snodgrass, R. (Hrsg.): Proceedings of the International Workshop on an Infrastructure for Temporal Databases. Eigendruck, Arlington 1993, S. N-1 – N-19.

Chomicki (1992)

Chomicki, J.: Real-Time Integrity Constraints. In: Proceedings of the 11th ACM SIGACT SIGMOD-SIGART Symposium on Principles of Database Systems, San Diego (CA) 1992, S. 274-281.

Clifford / Croker (1987)

Clifford, J.; Croker, A.: The Historical Relational Data Model (HRDM) and Algebra Based on Lifespans. In: IEEE (Hrsg.): Proceedings of the International Conference on Data Engineering, Los Angeles (CA) 1987, S. 528-537.

Clifford / Croker (1993)

Clifford, J.; Croker, A.: The Historical Relational Data Model (HRDM) Revisited. In: Tansel, A. U.; Clifford, J.; Gadia, S.; Jajodia, S.; Segev, A.; Snodgrass, R. (Hrsg.): Temporal Databases. Theory, Design and Implementation. Benjamin/Cummings, Redwood City (CA) et al. 1993, S. 6-27.

Clifford / Tansel (1985)

Clifford, J.; Tansel, A. U.: On an Algebra for Historical Relational Databases: Two Views. In: Navathe, S. B. (Hrg.): Proceedings of the ACM-SIGMOD International Conference on Management of Data, Austin 1985, S. 247-265.

Clifford / Warren (1983)

Clifford, J.; Warren, D. S.: Formal Semantics for Time in Databases. In: ACM Transactions on Database Systems 8 (1983) 2, S. 214-254.

Clifford et al. (1997)

Clifford, J.; Dyreson, C.; Isakowitz, T.; Jensen, C. S.; Snodgrass, R. T.: On the Semantics of "Now" in Databases. In: ACM Transactions on Database Systems 22 (1997) 2, S. 171-214.

Codd (1970)

Codd, E. F.: A Relational Model of Data for Large Shared Data Banks. In: Communication of the ACM 13 (1970) 6, S. 377-387.

Copeland (1982)

Copeland, G.: What If Mass Storage Were Free? In: IEEE Computer 15 (1982) 7, S. 27-35.

Darwen (1996a)

Darwen, H.: Fixes for NORMALIZE ON. Technical Report, ISO/IEC JTC 1/SC 21/WG 3 DBL MCI-162, April 1996.

Darwen (1996b)

Darwen, H.: The outstanding fix for NORMALIZE ON. Technical Report, ISO/IEC JTC 1/SC 21/WG 3 DBL MAD-222, December 1996.

Date (1986)

Date, C. J.: An Introduction to Database Systems. Volume 1, 4th Ed., Addison-Wesley, Reading et al. 1986.

Dayal (1988)

Dayal, U.: Active Database Management Systems. In: Beeri, C.; Schmidt, J. W.; Dayal, U. (Hrsg.): Proceedings of the 3rd International Conference on Data and Knowledge Bases. Morgan Kaufmann, San Mateo (CA) 1988, S. 150-169.

Dayal / Wuu (1993)

Dayal, U.; Wuu, G. T. J.: Extending Existing DBMS to Manage Temporal Data: An Object-Oriented Approach. In: Snodgrass, R. (Hrsg.): Proceedings of the International Workshop on an Infrastructure for Temporal Databases. Eigendruck, Arlington 1993, S. J-1 – J-8.

De Castro et al. (1995)

De Castro, C.; Grandi, F.; Scalas, M. R.: On Schema Versioning in Temporal Databases. In: Clifford, J.; Tuzhilin, A. (Hrsg.): Recent Advances in Temporal Databases. Springer-Verlag, Berlin et al. 1995, S. 272-291.

Dean / Chaudhuri (1980)

Dean, B. V.; Chaudhuri, A. K.: Project scheduling: A critical review. In: Dean, B. V.; Goldhar, J. L. (Hrsg.): Management of Research and Innovation. North-Holland Publishing, Amsterdam et al. 1980.

Dey (1995)

Dey, D.: Temporal Relations and Temporal Normal Forms. Technical Report,

Department of Information Systems and Decision Sciences, Lousiana State University 1995.

DIN (1996)

DIN Deutsches Institut für Normung e.V. (Hrsg.): Geschäftsprozessmodellierung und Workflowmanagement. Forschungs- und Entwicklungsbedarf im Rahmen der entwicklungsbegleitenden Normung (EBN). Beuth Verlag, Berlin et al. 1996.

Dittrich (1988)

Dittrich, K. R. (Hrsg.): Advances in Object-Oriented Database Systems. Proceedings of the 2nd International Workshop on Object-Oriented Database Systems, Springer-Verlag, Berlin et al. 1988.

Dittrich / Gatziu (1996)

Dittrich, K. R.; Gatziu, S.: Aktive Datenbanksysteme. Konzepte und Mechanismen. International Thomson Publishing, Bonn et al. 1996.

Dohrn-van Rossum (1992)

Dohrn-van Rossum, G.: Die Geschichte der Stunde. Uhren und moderne Zeitordnungen. Carl Hanser Verlag, München, Wien 1992.

Dutta (1989)

Dutta, S.: Generalized Events in Temporal Databases. In: IEEE Computer Society (Hrsg.): Proceedings of the Fifth International Conference on Data Engineering, Washington 1989, S. 118-125.

Dyreson et al. (1995)

Dyreson, C. F.; Soo, M. D.; Snodgrass, R. T.: The Data Model for Time. In: Snodgrass, R. T. (Hrsg.): The TSQL2 Temporal Query Language. Kluwer Academic Publishers, Boston et al. 1995, S. 97-101.

Dyreson / Snodgrass (1992)

Dyreson, C. E.; Snodgrass, R. T.: Time-stamp Semantics and Representation.

Technical Report TR 92-16, Computer Science Department, University of Arizona 1992.

Dyreson / Snodgrass (1994)
Dyreson, C. E.; Snodgrass, R. T.: Temporal Granularity and Indeterminancy: Two Sides of the same Coin. Technical Report TR 94-06, Computer Science Department, University of Arizona 1994.

Dyreson / Snodgrass (1995a)
Dyreson, C. E.; Snodgrass, R. T: Temporal Indeterminacy. In: Snodgrass, R. T. (Hrsg.): The TSQL2 Temporal Query Language. Kluwer Academic Publishers, Boston et al. 1995, S. 327-346.

Dyreson / Snodgrass (1995b)
Dyreson, C. E.; Snodgrass, R. T.: Temporal Granularity. In: Snodgrass, R. T. (Hrsg.): The TSQL2 Temporal Query Language. Kluwer Academic Publishers, Boston et al. 1995, S. 347-383.

Dyreson / Snodgrass (1995c)
Dyreson, C. E.; Snodgrass, R. T: The Baseline Clock. In: Snodgrass, R. T. (Hrsg.): The TSQL2 Temporal Query Language. Kluwer Academic Publishers, Boston et al. 1995, S. 77-96.

Edelweiss et al. (1993)
Edelweiss, N.; de Oliveira, J. P. M.; Pernici, B.: An Object-Oriented Temporal Model. In: Rolland, C.; Bodart, F.; Cauvet, C. (Hrsg.): Advanced Information Systems Engineering. Springer-Verlag, Berlin et al. 1993, S. 397-415.

Elmasri / Navathe (1994)
Elmasri, R.; Navathe, S. B.: Fundamentals of Database Systems. Benjamin/Cummings, Redwood City et al. 1994.

Elmasri / Wuu (1990)
Elmasri, R.; Wuu, G. T. J.: A Temporal Model and Query Language for ER

Databases. In: IEEE (Hrsg.): Proceedings of the 6th International Conference on Data Engineering. Los Alamitos (CA) 1990, S. 76-83.

Elmasri / Wuu (1993)

Elmasri, R.; Wuu, G. T. J.: A Temporal Model and Query Language for EER Databases. In: Tansel, A. U.; Clifford, J.; Gadia, S.; Jajodia, S.; Segev, A.; Snodgrass, R. (Hrsg.): Temporal Databases. Theory, Design and Implementation. Benjamin/Cummings, Redwood City (CA) et al. 1993, S. 212-229.

Elmasri et al. (1990)

Elmasri, R.; El-Assal, I.; Kouramajian, V.: Semantics of temporal data in an extended ER model. In: Kanagassalo, H. (Hrsg.): Proceedings of the 9th International Conference on Entity-Relationship Approach. Lausanne 1990, S. 249-264.

Endl et al. (1997)

Endl, R.; Duedahl, L.; Fritz, B.; Joos, B.: Anforderungen an Workflowmanagementsysteme aus anwendungsorientierter Sicht. SWORDIES Report 97-1, Universität Bern 1997.

Endl et al. (1998)

Endl, R.; Knolmayer, G.; Pfahrer, M.: Modeling Processes and Workflows by Business Rules. 1st European Workshop on Workflow and Process Management (WPM'98), Zürich 1998, http://www.inf.ethz.ch/department/IS/iks/Other/wpm98/program.html.

Fandel et al. (1997)

Fandel, G.; François, P.; Gubitz, K.-P.: PPS- und integrierte betriebswirtschaftliche Softwaresysteme. Grundlagen, Methoden, Marktanalyse. 2. Auflage, Springer-Verlag, Berlin et al. 1997.

Fischer (1981)

Fischer, D.: Vertragsstrafe und vertragliche Schadensersatzpauschalierung. Verlag Alfred Metzner, Frankfurt/M 1981.

Fischer (1997)

Fischer, J.: Einsatzmöglichkeiten zeitorientierter Vertragsdatenbanken im Controlling. In: Wirtschaftsinformatik 39 (1997) 1, S. 55-63.

French (1986)

French, S.: Decision Theory: An Introduction to the Mathematics of Rationality. Ellis Horwood, Chichester 1986.

Gadia (1988)

Gadia, S. K.: A Homogeneous Relational Model and Query Languages for Temporal Databases. In: ACM Transactions on Database Systems 13 (1988) 4, S. 418-448.

Gadia (1992)

Gadia, S. K.: A Seamless Generic Extension of SQL for Querying Temporal Data. Technical Report TR-92-02, Computer Science Department, Iowa State University 1992.

Gadia / Nair (1993)

Gadia, S. K.; Nair, S. S.: Temporal Databases: A Prelude to Parametric Data. In: Tansel, A. U.; Clifford, J.; Gadia, S.; Jajodia, S.; Segev, A.; Snodgrass, R. (Hrsg.): Temporal Databases. Theory, Design and Implementation. Benjamin/Cummings, Redwood City (CA) et al. 1993, S. 28-66.

Gadia / Vaishnav (1985)

Gadia, S. K.; Vaishnav, J. H.: A Query Language for a Homogeneous Temporal Database. In: ACM (Hrsg.): Proceedings of the 4th Amual ACM-SIGACT-SIGMOD Symposium on Principles of Database Systems, New York 1985, S. 51-56.

Gadia / Yeung (1991)

Gadia, S. K.; Yeung, C.-S.: Inadequacy of Interval Timestamps in Temporal Databases. In: Information Sciences 54 (1991) 1, S. 1-22.

Galler (1997)

Galler, J.: Vom Geschäftsprozessmodell zum Workflowmodell. Gabler Verlag, Wiesbaden 1997.

Gatziu (1995)

Gatziu, S.: Events in an Active, Object-Oriented Database System. Dr. Kovac, Hamburg 1995.

Gatziu / Dittrich (1992)

Gatziu, S.; Dittrich, K.: SAMOS: An Active Object-Oriented Database System. Data Engineering Bulletin, December 1992.

Gehani et al. (1992)

Gehani, N. H.; Jagadish, H. V.; Shmueli, O.: Composite Event Specification in Active Databases: Model and Implementation. In: Yuan, L. Y. (Hrsg.): Proceedings of the 18th International Conference on Very Large Data Bases. Morgan Kaufmann, San Mateo (CA) 1992, S. 327-338.

Georgescu-Roegen (1988)

Georgescu-Roegen, N.: Time and Change in Economics. In: Seifert, E. K. (Hrsg.): Ökonomie und Zeit. HAAG + HERCHEN Verlag, Frankfurt/M 1988, S. 29-52.

Georgakopoulos et al. (1994)

Georgakopoulos, D.; Hornick, M.; Sheth, A.: An Overview of Workflow Management: From Process Modeling to Workflow Automation Infrastructure. Kluwer Academic Publishers, Boston et al. 1994.

Geppert / Tombros (1997)

Geppert, A.; Tombros, D.: Logging and Post-Mortem Analysis of Workflow Executions based on Event Histories. In: Geppert, A.; Berndtsson, M. (Hrsg.): Proceedings of the 3rd International Workshop on Rules in Database Systems (RIDS), Springer-Verlag, Berlin et al. 1997, S. 67-82.

Geppert et al. (1996)

Geppert, A.; Kradolfer, M.; Tombros, D.: EVE, an Event Engine for Workflow Enactment in Distributed Environments. Technical Report 96.05, Department of Computer Science, University of Zurich 1996.

Gotthard (1988)

Gotthard, W.: Datenbanksysteme für Software-Produktionsumgebungen. Springer-Verlag, Berlin et al. 1988.

Gray / Reuter (1993)

Gray, J.; Reuter, A.: Transaction Processing: Concepts and Techniques. Morgan Kaufmann, San Mateo (CA) 1993.

Hahn et al. (1995)

Hahn, W.; Wittkowski, A.; Toeniessen, F.: Eine objektorientierte Zugriffsschicht zu relationalen Datenbanken. In: Informatik Spektrum 18 (1995) 3, S. 143-151 (http://www.sdm.de/e/www/deutsch/technik/fachartikel/oozugr/oozugr.htm, erstellt am: 1999-06-22, Zugriff: 1999-06-25).

Hammer / Champy (1993)

Hammer, M.; Champy, J.: Reengineering the Corporation. Harper Collins, New York 1993.

Hanson (1992)

Hanson, E. N.: Rule Condition Testing and Action Execution in Ariel. In: ACM (Hrsg.): Proceedings of the 11th ACM SIGACT-SIGMOD-SIGART Symposium on Principles of Database Systems. ACM, New York 1992, S. 49-58.

Haritsa et al. (1990)

Haritsa, J.; Carey, M.; Livny, M.: Dynamic Real-Time Optimistic Concurrency Control. In: IEEE (Hrsg.): Proceedings of the 11th Real-Time Systems Symposium, IEEE Computer Society Press, Los Alamitos (CA) et al. 1990, S. 94-103.

Haught (1999)

Haught, D.: Solving the Year 2000 Problem in Microsoft Desktop Programs. In: FMS Technical Papers - Access, VB, Office and the Year 2000, http://www.fmsinc.com/tpapers/year2000/index.html, erstellt am: 1999-02-14, Zugriff: 1999-02-14.

Hausfeld (1997a)

Hausfeld, D.: Astronomische Zeitmessung. http://www.maa.mhn.de/Scholar/dt_times.html, erstellt am: 1997-04-04, Zugriff: 1998-06-04.

Hausfeld (1997b)

Husfeld, D.: Astronomisches Kalenderwesen. Http://www.maa.mhn.de/Scholar/dt_calendar.html, erstellt am: 1997-06-17, Zugriff: 1998-06-07.

Hax et al. (1989)

Hax, H.; Kern, W.; Schröder, H.-H. (Hrsg.): Zeitaspekte in betriebswirtschaftlicher Theorie und Praxis. Poeschel Verlag, Stuttgart 1989.

Heinen (1990)

Heinen, E. (Hrsg.): Industriebetriebslehre. Entscheidungen im Industriebetrieb. 8. Auflage, Gabler Verlag, Wiesbaden 1990.

Herbst (1996)

Herbst, H.: Business Rules in Systems Analysis: A Meta-Model and Repository System. In: Information Systems 21 (1996) 2, S. 147-166.

Herbst (1997)

Herbst, H.: Business Rule-Oriented Conceptual Modeling. Physica-Verlag, Heidelberg 1997.

Herbst / Knolmayer (1995)

Herbst, H.; Knolmayer, G.: Ansätze zur Klassifikation von Geschäftsregeln. In: Wirtschaftsinformatik 37 (1995) 2, S. 149-159.

Herbst / Knolmayer (1996)

Herbst, H.; Knolmayer, G.: Petrinets as derived process representations in the BROCOM approach. In: Wirtschaftsinformatik 38 (1996) 4, S. 391-398.

Herbst / Myrach (1997)

Herbst, H.; Myrach, T.: A Repository System for Business Rules. In: Meersman, R.; Mark, L, (Hrsg.): Database Application Semantics. Chapman & Hall, London 1997, S. 119-138.

Heuer (1993)

Heuer, A.: Objektorientierte Datenbanken. Konzepte, Modelle, Systeme. 2. Nachdruck, Addison-Wesley, Bonn et al. 1993.

Hoheisel (1996)

Hoheisel, H.: Möglichkeiten der Verringerung von Speicherkosten bei temporalen DBMS. In: Gesellschaft für Informatik (Hrsg.): Rundbrief des GI-Fachausschusses 5.2 Informationssystem-Architekturen 3 (1996) 1, S. 47-49.

Hoheisel (1999)

Hoheisel, H.: Berücksichtigung temporaler Konstrukte bei der Geschäftsprozeß-Modellierung. Swordies-Report Nr. 22, Universität Bern 1999.

Hoheisel / Pfahrer (1999)

Hoheisel, H.; Pfahrer, M.: Ein temporales Regel-Repository zur Unterstützung evolutionärer Workflowmodellierung. In: Scheer, A.-W.; Nüttgens, M. (Hrsg.): Electronic Business Engineering. Physica-Verlag, Heidelberg 1999, S. 564-583.

Holliday / Vernon (1987)

Holliday, M. A.; Vernon, M. K.: A Generalized Timed Petri Net Model for Performance Analysis. In: IEEE Transaction on Software Engineering SE13 (1987) 12, S. 1297-1310.

Hsu et al. (1995)

Hsu, S.; Jensen, C. S.; Snodgrass, R. T.: Valid-Time Selection and Projection.

In: Snodgrass, R. T. (Hrsg.): The TSQL2 Temporal Query Language. Kluwer Academic Publishers, Boston et al. 1995, S. 251-298.

IBM (1996a)

IBM (Hrsg.): IBM FlowMark – Arbeitsablauferstellung. Version 2, Release 2, IBM, 1996.

IBM (1996b)

IBM (Hrsg.): IBM FlowMark – Application Integration Guide. Version 2, Release 2, IBM, 1996.

IBM (1998)

IBM (Hrsg.): The Year 2000 and 2-Digit Dates: A Guide for Planning and Implementation. 9. Auflage, IBM Form GC28-1251-08, Poughkeepsie (NY) 1998: http://www.s390.ibm.com/bookmgr-cgi/bookmgr-cmd/books/y2kpaper; http://www1.s390.ibm.com/ftp/os390/year2000/y2kpaper.txt.

ISO (1988)

International Organization For Standardization: Data elements and interchange formats – Information interchange – Representation of dates and times. Eigendruck 1988.

Jablonski (1995)

Jablonski, S.: Anforderungen an die Modellierung von Workflows. In: Österle, H.; Vogler, P. (Hrsg.): Praxis des Workflow-Managements - Grundlagen, Vorgehen, Beispiele. Vieweg Verlag, Wiesbaden 1995.

Jablonski / Bussler (1996)

Jablonski, S.; Bussler, C.: Workflow Management. Modeling Concepts, Architecture, and Implementation. International Thomson Computer Press, London 1996.

Jablonski et al. (1997)

Jablonski, S.; Böhm, M.; Schulze, W. (Hrsg.): Workflow-Management - Entwicklung von Anwendungen und Systemen. Dpunkt-Verlag, Heidelberg 1997.

Jackson (1998)

Jackson, P.: Chronon at Ole Miss. http://chronon.phy.olemiss.edu/what%27s%20a%20Chronon.html, erstellt am: 1998-05-17, Zugriff: 1998-08-19.

Jasper (1998)

Jasper, H.: Aktive Informationssysteme. Systeme, Methoden und Anwendungen. Shaker Verlag, Aachen 1998.

Jasper et al. (1996)

Jasper, H,; Zukunft, O.; Behrends, H.: Time Issues in Advanced Workflow Management Applications of Active Databases. In: Berndtsson, M.; Hansson, J. (Hrsg.): Active and Real-Time Database Systems (ARTDB95). Proceedings of the First International Workshop on Active and Real-Time Database Systems, Springer-Verlag, Berlin et al. 1996, S. 65-81.

Jasper / Zukunft (1996)

Jasper, H.; Zukunft, O.: Zeitaspekte bei der Modellierung und Ausführung von Workflows. In: Jablonski, S.; Groiss, H.; Kaschek, R.; Liebhart, W. (Hrsg.): Geschäftsprozeßmodellierung und Workflowsysteme. Workshop-Unterlagen Informatik '96, Eigendruck 1996, S. 109-119.

Jensen (1995)

Jensen, C. S.: Vacuuming. In: Snodgrass, R. T. (Hrsg.): The TSQL2 Temporal Query Language. Kluwer Academic Publishers, Boston et al. 1995, S. 451-462.

Jensen / Snodgrass (1992)

Jensen, C. S.; Snodgrass, R. T.: Proposal of a Data Model for the Temporal Structured Query Language. TempIS Technical Report 37, Computer Science Department, University of Arizona 1992.

Jensen et al. (1985)

Jensen, E. D.; Locke, C. D.; Tokuda, H.: A Time-Value Driven Scheduling Model for Real-Time Operating Systems. In: IEEE (Hrsg.): Proceedings of the

6th Real-Time Systems Symposium, IEEE Computer Society Press, Los Alamitos (CA) et al. 1985, S. 112-122.

Jensen et al. (1992)
Jensen, C. S.; Snodgrass, R. T.; Soo, M. D.: Extending Normal Forms to Temporal Relations. Technical Report TR 92-17, Department of Computer Science, University of Arizona 1992.

Jensen et al. (1993)
Jensen, C. S.; Clifford, J.; Elmasri, R.; Gadia, S. K.; Hayes, P.; Jajodia, S.: A consensus glossary of temporal database concepts. Department of Mathematics and Computer Science, Institute for Electronic Systems, University of Aalborg (DK), Eigendruck 1993.

Jensen et al. (1994a)
Jensen, C. S. ; Soo, M. D.; Snodgrass, R. T.: Unifying Temporal Data Models via a Conceptual Model. In: Information Systems 19 (1994) 7, S. 513-547.

Jensen et al. (1994b)
Jensen, C. S.; Clifford, J.; Elmasri, R.; Gadia, S. K.; Hayes, P.; Jajodia, S.: A Glossary of Temporal Database Concepts. In: ACM SIGMOD Record 23 (1994) 1, S. 52-64.

Jensen et al. (1995)
Jensen, C. S.; Snodgrass, R. T.; Soo, M. D.: The TSQL2 Data Model. In: Snodgrass, R. T. (Hrsg.): The TSQL2 Temporal Query Language. Kluwer Academic Publishers, Boston et al. 1995, S. 157-240.

Jenzen (1989a)
Jenzen, I. A.: Die Uhrzeit - ihre Elemente, ihre Entstehung und ihre historischen Formen. In: Jenzen, I. A. (Hrsg.): Uhrzeiten - Die Geschichte der Uhr und ihres Gebrauches. Jonas Verlag, Marburg 1989, S. 31-36.

Jenzen (1989b)
Jenzen, I. A.: Die Uhr in den mittelalterlichen Klöstern. In: Jenzen, I. A. (Hrsg.):

Uhrzeiten - Die Geschichte der Uhr und ihres Gebrauches. Jonas Verlag, Marburg 1989, S. 15-18.

Jenzen (1989c)

Jenzen, I. A.: Die Anfänge der Räderuhr. In: Jenzen, I. A. (Hrsg.): Uhrzeiten - Die Geschichte der Uhr und ihres Gebrauches. Jonas Verlag, Marburg 1989, S. 11-14.

Jenzen (1989d)

Jenzen, I. A.: Der Begriff Räderuhr. In: Jenzen, I. A. (Hrsg.): Uhrzeiten - Die Geschichte der Uhr und ihres Gebrauches. Jonas Verlag, Marburg 1989, S. 11.

Joosten et al. (1994)

Joosten, S.; Aussems, G.; Duitshof, M.; Huffmeijer, R.; Mulder, E.: Wa-12: an empirical study about the practice of workflow management, Technical Report, University of Twente, Enschede (NL) 1994.

Kappelman (1997)

Kappelman, L. (Hrsg.): Year 2000 Problem, Strategies and Solutions from the Fortune 100. International Thomson Computer Press, Boston et al. 1997.

Keller et al. (1992)

Keller, G.; Nüttgens, M.; Scheer, A.-W.: Semantische Prozessmodellierung auf der Grundlage „Ereignisgesteuerter Prozessketten (EPK)". In: Scheer, A.-W. (Hrsg.): Veröffentlichungen des Instituts für Wirtschaftsinformatik (Iwi), Universität des Saarlandes, Heft 89, Januar 1992.

Kern (1992)

Kern, W: Die Zeit als Dimension betriebswirtschaftlichen Denkens und Handelns. In: Die Betriebswirtwschaft (1992) 1, S. 41-58.

Kline (1993)

Kline, N.: An Update of the Temporal Database Bibliography. In: ACM SIGMOD Record 22 (1993) 4, S. 66-80.

Kline et al. (1995)
Kline, N.; Snodgrass, R. T.; Leung, T. Y. C.: Aggregates. In: Snodgrass, R. T. (Hrsg.): The TSQL2 Temporal Query Language. Kluwer Academic Publishers, Boston et al. 1995, S. 395-425.

Klopprogge (1983a)
Klopprogge, M.: Gegenstands- und Beziehungsgeschichten: Ein Konzept zur Beschreibung und Verwaltung zeitveränderlicher Informationen in Datenbanken. Dissertation, Karlsruhe 1983.

Klopprogge (1983b)
Klopprogge, M. R.: Term: An Approach to Include the Time Dimension in the Entity-Relationship Model. In: Chen, P. P. (Hrsg.): Entity-Relationship Approach to Information Modeling and Analysis. Amsterdam 1983, S. 473-508.

Knolmayer (1989)
Knolmayer, G.: Die Berücksichtigung des Zeitbezugs von Daten bei der Gestaltung computergestützter Informationssysteme. In: Hax, H.; Kern, W.; Schröder, H.-H. (Hrsg.): Zeitaspekte in betriebswirtschaftlicher Theorie und Praxis. Poeschel Verlag, Stuttgart 1989, S. 77-88.

Knolmayer (1991)
Knolmayer, G.: Error Handling in Temporal Databases. In: Spaceapietra, S. (Hrsg.): Proceedings of the Database Research in Switzerland. Lausanne (CH) 1991, S. 212-226.

Knolmayer (1997)
Knolmayer, G.: Das Jahr 2000 - Problem: Medien-Spektakel oder Gefährdung der Funktionsfähigkeit des Wirtschaftssystems? In: Wirtschaftsinformatik 39 (1997) 1, S. 7-18.

Knolmayer (1998a)
Knolmayer, G.: Business Rules Layers Between Process and Workflow Modeling: An Object-Oriented Perspective. In: Demeyer, S.; Bosch, J. (Hrsg.):

Object-Oriented Technology. ECOOP'98 Workshop on Tools and Environments for Business Rules, Springer-Verlag, Berlin et al. 1998.

Knolmayer (1998b)

Knolmayer, G. F.: Business Rules Layers Between Process and Workflow Modeling. In: Desel, J.; Oberweis, A.; Reisig, W.; Rozenberg, G. (Hrsg.): Petri Nets and Business Process Management. Dagstuhl-Seminar-Report, Dagstuhl 1998, S. 25-26.

Knolmayer / Myrach (1997)

Knolmayer, G.; Myrach, T.: Die Berücksichtigung fehlerhafter Daten durch historisierunde Datenhaltung. In: Fischer, T. R.; Hömberg, R. (Hrsg.): Jahresabschluss und Jahresabschlussprüfung. Probleme, Perspektiven, internationale Einflüsse. Festschrift zum 60. Geburtstag von Jörg Baetge. IDW-Verlag, Düsseldorf 1997, S. 863-905.

Knolmayer et al. (1997)

Knolmayer, G.; Endl, R.; Pfahrer, M.; Schlesinger, M.: Geschäftsregeln als Instrument zur Modellierung von Geschäftsprozessen und Workflows. Swordies-Report Nr. 97-8, Universität Bern 1997.

Knolmayer et al. (1999)

Knolmayer, G.; Endl, R.; Pfahrer, M.: Modeling Processes and Workflows by Business Rules. In: van der Aalst, W.; Desel, J.; Oberweis, A. (Hrsg.): Business Process Management: Models, Techniques and Empirical Studies. Springer-Verlag, Berlin et al. (noch nicht erschienen).

Köhler (1993)

Köhler, H.: Vereinbarung und Verwirkung der Vertragsstrafe. In: Lange, H.; Nörr, K. W.; Westermann, H. P. (Hrsg.): Festschrift für Joachim Gernhuber zum 70. Geburtstag, J. C. B. Mohr, Tübingen 1993, S. 207-225.

Kotz-Dittrich (1989)

Kotz-Dittrich, A. M.: Triggermechanismen in Datenbanksystemen. Springer-Verlag, Berlin et al. 1989.

Kradolfer / Geppert (1997)

Kradolfer, M.; Geppert, A.: Modeling Concepts for Workflow Specification. Technical Report, Institut für Informatik, Universität Zürich 1997.

Kradolfer / Geppert (1998)

Kradolfer, M.; Geppert, A.: Dynamic Workflow Schema Evolution based on Workflow Type Versioning and Workflow Migration. Technical Report 98.02, Department of Computer Science, University of Zurich 1998.

Kuhn (1999)

Kuhn, M.: International Standard Date and Time Notation. http://www.cl.cam.ac.uk/~mgk25/iso-time.html, erstellt am: 1999-01-30, Zugriff: 1999-02-14.

Küpper et al. (1971)

Küpper, W.; Lüder, K.; Streitfert, L.: Netzplantechnik. Physica-Verlag, Heidelberg 1971.

Kurbel (1999)

Kurbel, K.: Produktionsplanung und -steuerung. Methodische Grundlagen von PPS-Systemen und Erweiterungen. 4. Auflage, Oldenbourg Verlag, München 1999.

Lee / Son (1996)

Lee, J.; Son, S. H.: Performance of Concurrency Control Algorithms for Real-Time Database Systems. In: Kumar, V. (Hrsg.): Performance of Concurrency Control Mechanism in Centralized Database Systems. Prentice Hall, Englewood Cliffs (NJ) 1996, S. 429-460.

Leung et al. (1995)

Leung, T. Y. C.: Jensen, C. S.; Snodgrass, R. T.: Modification. In: Snodgrass, R. T. (Hrsg.): The TSQL2 Temporal Query Language. Kluwer Academic Publishers, Boston et al. 1995, S. 299-303.

Lockemann / Schmidt (1987)

Lockemann, P. C.; Schmidt, J. W.: Datenbank-Handbuch. Springer-Verlag, Berlin et al. 1987.

Lorentzos (1991)

Lorentzos, N.: Management of Intervals and Temporal Data in Relational Model. Technical Report No. 49, Agricultural University of Athens 1991.

Lorentzos (1993)

Lorentzos, N. A.: The Interval-extended Relational Model and Its Application to Valid-time Databases. In: Tansel, A. U.; Clifford, J.; Gadia, S.; Jajodia, S.; Segev, A.; Snodgrass, R. (Hrsg.): Temporal Databases. Theory, Design and Implementation. Benjamin/Cummings, Redwood City (CA) et al. 1993, S. 67-91.

Lorentzos / Johnson (1988)

Lorentzos, N. A.; Johnson, R. G.: TRA: A Model for a Temporal Relational Algebra. In: Rolland, C.; Bodart, F,; L,onard, M. (Hrsg.): Temporal Aspects in Information Systems. North Holland, Amsterdam et al. 1988, S. 95-108.

Lorentzos / Mitsopoulos (1997)

Lorentzos, N. A.; Mitsopoulos, Y. G.: SQL Extension for Interval Data. In: IEEE Transactions on Knowledge and Data Engineering 9 (1997) 3, S. 480–499.

Lum et al. (1984)

Lum, V.; Dadam, P.; Erbe, R.; Guenauer, J.; Pistor, P.; Walch, G.; Werner, H.; Woodfill, J.: Designing DBMS Support for the Temporal Dimension. In: ACM SIGMOD Record 14 (1984) 2, S. 115-130.

Luttermann / Blobel (1995)

Luttermann, H.; Blobel, A.: CHRONOS: A Spacio-temporal Data Server for a GIS. In: Kremers, H.; Pillmann, W. (Hrsg.): Space and Time in Environmental Information Systems. 9th International Symposium on Computer Science for Environmental Protection CSEP. Metropolis-Verlag, Marburg 1995, S. 135-142.

Madauss (1990)

Madauss, B. J.: Handbuch Projektmanagement. 2. Auflage, Schäffer-Poeschel Verlag, Stuttgart 1990.

Manna / Pnueli (1992)

Manna, Z.; Pnueli, A.: The Temporal Logic of Reactive and Concurrent Systems. Springer-Verlag, Berlin et al. 1992.

McKenzie (1986)

McKenzie, M.: Bibliography: Temporal Databases. In: ACM SIGMOD Record 15 (1986) 4, S. 40-52.

McKenzie / Snodgrass (1990)

McKenzie, E.; Snodgrass, R.: Schema Evolution and the Relational Algebra. In: Information Systems 15 (1990) 2, S. 207-232.

McKenzie / Snodgrass (1992)

McKenzie Jr., L. E.; Snodgrass, R. T.: Supporting Valid Time in Historical Relational Algebra: Proofs and Extensions. Technical Report TR 92-15, Department of Computer Science, University of Arizona 1992.

Melton (1996)

Melton, J. (Hrsg.): SQL/Temporal. In: ISO/IEC JTC 1/SC 21/WG 3 DBL-MCI009. März 1996.

Melton / Simon (1993)

Melton, J.; Simon, A. R.: Understanding the New SQL. A Complete Guide. Morgan Kaufmann, San Mateo (CA) 1993.

Merle (1989)

Merle, U.: Tempo! Tempo! - Die Industrialisierung der Zeit im 19. Jahrhundert. In: Jenzen, I. A. (Hrsg.): Uhrzeiten - Die Geschichte der Uhr und ihres Gebrauches. Jonas Verlag, Marburg 1989, S. 161-217.

Messerli (1995)
Messerli, J.: Gleichmässig pünktlich schnell. Zeiteinteilung und Zeitgebrauch in der Schweiz im 19. Jahrhundert. Chronos Verlag, Zürich 1995.

Much / Nicolai (1995)
Much, D.; Nicolai, H.: PPS-Lexikon. Cornelsen Verlag, Berlin 1995.

Myrach (1995a)
Myrach, T.: Konzeption und Stand des Einsatzes von Data Dictionaries. Physica-Verlag, Heidelberg 1995.

Myrach (1995b)
Myrach, T.: Die Schlüsselproblematik bei der Umsetzung temporaler Konzepte in das relationale Datenmodell. In: Gesellschaft für Informatik (Hrsg.): Berücksichtigung zeitbezogener Daten bei der Realisierung betrieblicher Informationssysteme. 1. Workshop des Arbeitskreises Zeitorientierte betriebliche Informationssysteme (ZobIS). Eigendruck 1995 (http://www.ie.unibe.ch/zeit/zobis/).

Myrach (1996)
Myrach, T.: Zustands- und Ereignisdaten in Konzepten zeitorientierter Datenhaltung und ihre Zusammenhänge. In: Gesellschaft für Informatik (Hrsg.): Rundbrief des GI Fachausschusses 5.2 Informationssystem-Architekturen 3 (1996) 1, S. 41-43.

Myrach (1997a)
Myrach, T.: TSQL2: Der Konsens über eine temporale Datenbanksprache. In: Informatik Spektrum 20 (1997) 3, S. 143-150.

Myrach (1997b)
Myrach, T.: Realisierung zeitbezogener Datenbanken: Ein Vergleich des herkömmlichen relationalen Datenmodells mit einer temporalen Erweiterung. In: Wirtschaftsinformatik 39 (1997) 1, S. 35-44.

Myrach et al. (1996)
Myrach, T.; Knolmayer, G.; Barnert, R.: On Ensuring Keys and Referential

Integrity in the Temporal Database Language TSQL2. In: Databases and Information Systems, Proceedings of the 2nd International Baltic Workshop. Vol. 1: Research Track, Eigendruck, Tallinn 1996, S. 171-181.

Navathe / Ahmed (1986)

Navathe, S. B.; Ahmed, R.: A Temporal Relational Model and a Query Language. Technical Report, Database System R&D Center, University of Florida 1986.

Navathe / Ahmed (1988)

Navathe, S. B.; Ahmed, R.: TSQL - A Language Interface for History Databases. In: Rolland, C.; Bodart, F.; Léonard, M. (Hrsg.): Temporal Aspects in Information Systems. Proceedings of the IFIP TC 8/WG 8.1 Working Conference on Temporal Aspects in Information Systems. North Holland, Amsterdam et al. 1988, S. 109-122.

Navathe / Ahmed (1989)

Navathe, S. B.; Ahmed, R.: A Temporal Relational Model and a Query Language. In: Information Sciences 49 (1989) 2, S. 147-175.

Navathe / Ahmed (1993)

Navathe, S. B.; Ahmed, R.: Temporal Extensions to the Relational Model and SQL. In: Tansel, A. U.; Clifford, J.; Gadia, S.; Jajodia, S.; Segev, A.; Snodgrass, R. (Hrsg.): Temporal Databases. Theory, Design and Implementation. Benjamin/Cummings, Redwood City (CA) et al. 1993, S. 92-109.

Niesson (1988)

Niesson, H.-J.: Die mikroökonomische Theorie der Zeitallokation. In: Seifert, E. K. (Hrsg.): Ökonomie und Zeit. HAAG + HERCHEN Verlag, Frankfurt/M 1988, S. 66-78.

NN (1994)

NN: Backus-Naur-Form und Syntaxdiagramme. http://aia.wu-wien.ac.at/inf_wirt/09.03.02.01.html, erstellt am: 1994-12-06, Zugriff: 1999-07-14.

NN (1995a)

NN: TDB Glossary Entries – Concepts of General Database Interest. http://www.cs.auk.dk/~cgi/Glossary/generalDB.html, erstellt am: 1995-12-07, Zugriff: 1998-12-17.

NN (1995b)

NN: TDB Glossary Entries – Concepts of General Temporal Database Interest. http://www.cs.auk.dk/~csj/Glossary/generalTDB.html, erstellt am: 1995-12-08, Zugriff: 1998-12-17.

NN (1995c)

NN: ISO 8601. http://www.mcs.vuw.ac.nz/technical/SGML/doc/iso8601/ISO8601.html, erstellt am: 1995-10-12, Zugriff: 1999-02-14.

NN (1995d)

NN: About BNF notation. http://cui.unige.ch/db-research/Enseignement/analyseinfo/AboutBNF.html, erstellt am: 1995-10-21, Zugriff: 1999-07-14.

NN (1997a)

NN: Backus-Naur Form. http://foldoc.doc.ic.ac.uk/foldoc/foldoc.cgi?Backus-Naur+Form, erstellt am: 1997-11-23, Zugriff: 1999-07-14.

NN (1997b)

NN: Granularität (granularity). http://www.schema.de/Beispiele/Hilfe/Begriff/Granularitaetgranularity.htm, erstellt am: 1997-02-11, Zugriff: 1998-08-20.

NN (1998a)

NN: The Times of our Live: Cultural Rhythms. http://www.trinity.edu/~mkearl/time-c.html, erstellt am: 1998-12-03, Zugriff: 1998-12-07.

NN (1998b)

NN: The Times of Our Lives: Social Rhythms and Cycles. http://www.trinity.edu/~mkearl/time-3.html, erstellt am: 1998-12-16, Zugriff: 1999-01-15.

NN (1998c)

NN: The Times of Our Lives: Temporalities of Social Institutions. http://www.trinity.edu/~mkearl/time-4.html, erstellt am: 1998-12-16, Zugriff: 1999-01-10.

NN (1998d)

NN: Geschichte der Zeitrechnung. http://www.berata.com/JAHR2000/Y2000/2000hist.htm, erstellt am: 1998-04-24, Zugriff: 1998-06-04.

NN (1999)

NN: MERGE – Glossar. http://www.fzi.de/divisions/cad/projects/merge/glossar/33.html, erstellt am: unknown, Zugriff: 1999-03-27.

Nowotny (1992)

Nowotny, H.: Time in the social sciences theoretical and empirical approaches. In: Dierkes, M.; Biervert, B. (Hrsg.): European Social Science in Transition: Assessment and Outlook. Campus-Verlag, Frankfurt/M 1992, S. 481-525.

Özsoyoglu / Snodgrass (1995)

Özsoyoglu, G.; Snodgrass, R. T.: Temporal and Real-Time Databases: A Survey. In: IEEE Transactions on Knowledge and Data Engineering 7 (1995) 4, S. 513-532.

Pagnucco (1997)

Pagnucco, M.: Temporal Databases. http://www.comp.mq.edu.au/~morri/ksl/ksg/node7.html, erstellt am: 1997-08-18, Zugriff: 1999-05-11.

Peppard / Rowland (1995)

Peppard, J.; Rowland, P.: The Essence of Business Process Re-engineering. Prentice Hall, London 1995.

Peressi et al. (1994)

Peressi, E.; Montanari, A.; Pernici, B.: T-ORM: Evolving Objects and Roles. In: Verbraeck, A.; Sol, H. G.; Bots, P. W. G. (Hrsg.): Proceedings of the Fourth International Working Conference on Dynamic Modelling and Information Systems. Delft 1994, S. 101-119.

Petley (1991)

Petley, P. W.: Time and Frequency in Fundamental Metrology. In: Proceedings of the IEEE 79, (1991) 7, S. 1070-1076.

Physikalisch-Technische Bundesanstalt (1998a)

Physikalisch-Technische Bundesanstalt: Realisierung der SI-Sekunde. Http://www.ptb.de/deutsch/org/4/43/432/real.htm, erstellt am: 1998-02-19, Zugriff: 1998-06-05.

Physikalisch-Technische Bundesanstalt (1998b)

Physikalisch-Technische Bundesanstalt: Koordinierte Weltzeit. http://www.ptb.de/deutsch/org/4/43/432/koor.htm, erstellt am: 1998-03-02, Zugriff: 1998-06-05.

Physikalisch-Technische Bundesanstalt (1998c)

Physikalisch-Technische Bundesanstalt: Schaltsekunden seit Einführung des UTC-Zeitsystems. http://www.ptb.de/deutsch/org/4/43/432/einf.htm, erstellt am: 1998-08-21, Zugriff: 199-01-26.

Physikalisch-Technische Bundesanstalt (1998d)

Physikalisch-Technische Bundesanstalt: Sommerzeiten in Deutschland vor 1980. http://www.ptb.de/deutsch/org/4/43/432/soma.htm, erstellt am: 1998-10-05, Zugriff: 1998- 06-04.

Pissinou et al. (1993)

Pissinou, N.; Makki, K.; Yesha, Y.: Research Perspective on Time in Object Databases. In: Snodgrass, R. (Hrsg.): Proceedings of the International Workshop on an Infrastructure for Temporal Databases. Eigendruck, Arlington 1993, S. Y-1 – Y-9.

Porter (1985)

Porter, M. E.: Competitive Advantage: Creating and Sustaining Superior Performance. The Free Press, New York 1985.

Porter (1986)

Porter, M. E.: Wettbewerbsvorteile. Campus-Verlag, Frankfurt/M 1986.

Rademacher / Riekert (1994)

Rademacher, F. J.; Riekert, W.-F.: Datenbankkonzepte und -systeme in Umweltinformationssystemen (UIS). In: it+ti (1994) 4 (http://www.faw.uni-ulm.de/deutsch/publikationen/rademacher/datenbankkonzepte.html).

Ramamoorthy / Ho (1980)

Ramamoorthy, C. V.; Ho, G. S.: Performance Evaluation of Asynchronous Concurrent Systems Using Petri Nets. In: IEEE Transactions on Software Engineering SE6 (1980) 5, S. 440-449.

Ramamritham (1993)

Ramamritham, K.: Real-time Databases. In. International Journal of Distributed and Parallel Databases 1 (1993) 2, S. 199-206.

Reinwald (1993)

Reinwald, B.: Workflow-Management in verteilten Systemen. B. G. Teubner Verlagsgesellschaft, Stuttgart, Leipzig 1993.

Riemer (1982)

Riemer, H. M.: Konventionalstrafen in Gestalt von Verfall- oder Verwirkungs-klauseln. In: Peter, H.; Stark, E. W.; Tercier, P. (Hrsg.): Hundert Jahre

Schweizerisches Obligationenrecht. Universitätsverlag, Freiburg (CH) 1982, S. 443-452.

Roddick (1992)

Roddick, J. F.: Schema Evolution in Database Systems – An Annotated Bibliography. In: ACM SIGMOD Record 21 (1992) 4, S. 35-40.

Roddick / Snodgrass (1995a)

Roddick, J. F.; Snodgrass, R. T.: Transaction Time Support. In: Snodgrass, R. T. (Hrsg.): The TSQL2 Temporal Query Language. Kluwer Academic Publishers, Boston et al. 1995, S. 319-325.

Roddick / Snodgrass (1995b)

Roddick, J. F.; Snodgrass, R. T.: Schema Versioning. In: Snodgrass, R. T. (Hrsg.): The TSQL2 Temporal Query Language. Kluwer Academic Publishers, Boston et al. 1995, S. 427-449.

Rose / Segev (1991)

Rose, E.; Segev, A.: TOODM – A Temporal Object-Oriented Data Model with Temporal Constraints. In: Teorey, T. J. (Hrsg.): Proceedings of the 10th International Conference on Entity-Relationship Approach. Morgan Kaufmann, San Mateo (CA) 1991, S. 205-229.

Ross (1994)

Ross, R. G.: The Business Rule Book. Classifying, Defining and Modeling Rules. Version 3.0, Database Research Group, Boston 1994.

Saleeb (1997)

Saleeb, H.: Real-Time Database Theory and World Wide Web Caching. http://www.eecs.harvard.edu/~saleeb/projects/265.html, erstellt am: 1999-03-20, Zugriff: 1999-05-11.

Sarda (1990a)

Sarda, N. L.: Algebra and Query Language for a Historical Data Model. In: Computer Journal 33 (1990) 1, S. 11-18.

Sarda (1990b)

Sarda, N. L.: Extensions to SQL for Historical Databases. In: IEEE Transactions on Knowledge and Data Engineering 2 (1990) 2, S. 220-230.

Sarda (1993)

Sarda, N. L.: HSQL: A Historical Query Language. In: Tansel, A. U.; Clifford, J.; Gadia, S.; Jajodia, S.; Segev, A.; Snodgrass, R. (Hrsg.): Temporal Databases. Theory, Design and Implementation. Benjamin/Cummings, Redwood City (CA) et al. 1993, S. 110-140.

Scheer (1995)

Scheer, A.-W.: Wirtschaftsinformatik. Referenzmodelle für industrielle Geschäftsprozesse. 6. Auflage, Springer-Verlag, Berlin et al. 1995.

Scheer (1998)

Scheer, A.-W.: ARIS - Vom Geschäftsprozess zum Anwendungssystem. 3. Auflage, Springer-Verlag, Berlin et al. 1998.

Scheer / Spang (1990)

Scheer, A.-W.; Spang, S.: Enterprise Modelling – The Key to Integration. In: ISATA (Hrsg.): Proceedings of the 23rd International Symposium on Automative Technology and Automation. Automotive Automation, Croydon 1990, S. 15-23.

Schicker (1996)

Schicker, E.: Datenbanken und SQL. B. G. Teubner, Stuttgart 1996.

Schmidt et al. (1995)

Schmidt, D.; Kotz-Dittrich, A.; Dreyer, W.; Marti, R.: Time Series, a Neglected Issue in Temporal Datqabase Research? In: Clifford, J.; Tuzhilin, A. (Hrsg.): Recent Advances in Temporal Databases. Springer-Verlag, Berlin et al. 1995.

Schneeweiß (1989)

Schneeweiß, C.: Der Zeitaspekt in der Planung. In: Hax, H.; Kern, W.; Schröder, H.-H. (Hrsg.): Zeitaspekte in betriebswirtschaftlicher Theorie und Praxis. Poeschel Verlag, Stuttgart 1989, S. 3-20.

Schwarze (1986)

Schwarze, J.: Netzplantechnik. 5. Auflage, Verlag Neue Wirtschafts-Briefe, Herne, Berlin 1986.

Segev / Shoshani (1988)

Segev, A.; Shoshani, A.: The Representation of a Temporal Data Model in the Relational Environment. In: Rafanelli, M.; Klensin, J. C.; Svensson, P. (Hrsg.): Statistical and Scientific Database Management. Proceedings of the Forth International Working Conference SSDBM. Springer-Verlag, Berlin et al. 1988.

Sheth (1995)

Sheth, A.: Workflow Automation: Applications, Technology and Research. In: ACM SIGMOD Record 24 (1995) 2, Tutorial Notes Slide Presentation, S. 469.

Singhal (1988)

Singhal, M.: Issues and Approaches to Design of Real-Time Database Systems. In: ACM SIGMOD Record 17 (1988) 1, S. 19-33.

Snodgrass (1990)

Snodgrass, R.: Temporal Databases Status and Research Directions. In: ACM SIGMOD Record 19 (1990) 4, S. 83 - 89.

Snodgrass (1987)

Snodgrass, R. T.: The Temporal Query Language TQuel. In: ACM Transactions on Database Systems 12 (1987) 2, S. 247-298.

Snodgrass (1993)

Snodgrass, R.: An Overview of TQuel. In: Tansel, A. U.; Clifford, J.; Gadia, S.; Jajodia, S.; Segev, A.; Snodgrass, R. (Hrsg.): Temporal Databases. Theory, Design and Implementation. Benjamin/Cummings, Redwood City (CA) et al. 1993, S. 141-182.

Snodgrass (1995a)

Snodgrass, R. T. (Hrsg.): The TSQL2 Temporal Query Language. Kluwer Academic Publishers, Boston et al. 1995.

Snodgrass (1995b)

Snodgrass, R. T.: Introduction to TSQL2. In: Snodgrass, R. T. (Hrsg.): The TSQL2 Temporal Query Language. Kluwer Academic Publishers, Boston et al. 1995, S. 19-31.

Snodgrass (1995c)

Snodgrass, R. T.: Temporal SQL. http://www.jcc.com/sql_tmpr.html, erstellt am: 1995-02-15, Zugriff: 1999-02-14.

Snodgrass (1995d)

Snodgrass, R. T.: Event Tables. In: Snodgrass, R. T. (Hrsg.): The TSQL2 Temporal Query Language. Kluwer Academic Publishers, Boston et al. 1995, S. 311-318.

Snodgrass (1998a)

Snodgrass, R. T.: TSQL2 and SQL3 Interactions. http://www.cs.arizona.edu/people/rts/sql3.html, erstellt am: 1998-06-18, Zugriff: 1999-03-02.

Snodgrass (1998b)

Snodgrass, R. T.: TSQL2 Temporal Query Language. http://www.cs.arizona.edu/people/rts/tsql2.html, erstellt am: 1998-10-13, Zugriff: 1999-02-16.

Snodgrass / Ahn (1985)

Snodgrass, R.; Ahn, I.: A taxonomy of time in databases. In: Navathe, S. B. (Hrsg.): Proceedings of ACM SIGMOD International Conference on Management of Data. ACM, New York 1985, S. 236-246.

Snodgrass / Ahn (1986)

Snodgrass, R.; Ahn, I.: Temporal Databases. In: IEEE Computer 19 (1986) 9, S. 35-42.

Snodgrass / Kucera (1995)

Snodgrass, R. T.; Kucera, H.: Rationale for a Temporal Extension to SQL. In:

Snodgrass, R. T. (Hrsg.): The TSQL2 Temporal Query Language. Kluwer Academic Publishers, Boston et al. 1995, S. 3-18.

Snodgrass / Soo (1995)

Snodgrass, R. T; Soo, M. D.: Supporting multiple Calendars. In: Snodgrass, R. T. (Hrsg.): The TSQL2 Temporal Query Language. Kluwer Academic Publishers, Boston et al. 1995, S. 103-121.

Snodgrass et al. (1994a)

Snodgrass, R.; Ahn, I.; Ariav, G.; Batory, D.; Clifford, J.; Dyreson, C. E.; Elmasri, R.; Grandi, F.; Jensen, C. S.; Käfer, W.; Kline, N.; Kulkarni, K.; Leung, T. Y. C.; Lorentzos, N.; Roddick, J. F.; Segev, A.; Soo, M. D.; Sripada, S. M.: TSQL2 Language Specification. In: ACM SIGMOD Record 23 (1994) 1, S. 65-86.

Snodgrass et al. (1994b)

Snodgrass, R.; Ahn, I.; Ariav, G.; Batory, D.; Clifford, J.; Dyreson, C. E.; Elmasri, R.; Grandi, F.; Jensen, C. S.; Käfer, W.; Kline, N.; Kulkarni, K.; Leung, T. Y. C.; Lorentzos, N.; Roddick, J. F.; Segev, A.; Soo, M. D.; Sripada, S. M.: A TSQL2 Tutorial. In: ACM SIGMOD Record 23 (1994) 3, S. 27-33.

Snodgrass et al. (1995a)

Snodgrass, R. T.; Jensen, C. S.; Grandi, F.: The From Clause. In: Snodgrass, R. T. (Hrsg.): The TSQL2 Temporal Query Language. Kluwer Academic Publishers, Boston et al. 1995, S. 245-249.

Snodgrass et al. (1995b)

Snodgrass, R. T.; Jensen, C. S.; Grandi, F.: Schema Specification. In: Snodgrass, R. T. (Hrsg.): The TSQL2 Temporal Query Language. Kluwer Academic Publishers, Boston et al. 1995, S. 241-243.

Soo (1991)

Soo, M. D.: Bibliography on Temporal Databases. In: ACM SIGMOD Record 20 (1991) 1, S. 14-23.

Soo et al. (1994)

Soo, M. D.; Snodgrass, R. T.; Jensen, C. S.: Efficient Evaluation of the Valid-Time Natural Join. In: IEEE (Hrsg.): Proceedings of the 10th International Conference on Data Engineering. IEEE Computer Society Press, Los Alamitos (CA) 1994, S. 282-292.

Soo et al. (1995)

Soo, M. D.; Jensen, C. S.; Snodgrass, R. T.: An Algebra for TSQL2. In: Snodgrass, R. T. (Hrsg.): The TSQL2 Temporal Query Language. Kluwer Academic Publishers, Boston et al. 1995, S. 505-546.

Spang (1991)

Spang, S.: Ein integrierter Ansatz zur Unternehmensmodellierung. In: Scheibl, H.-J. (Hrsg.): Software-Entwicklungs-Systeme und –Werkzeuge. Esslingen 1991, S. 3.2.1-3.2.15.

Stam / Snodgrass (1988)

Stam, R.; Snodgrass, R. T.: A Bibliography on Temporal Databases. In: IEEE Database Engineering 7 (1988) 4, S. 231-239.

Stonebraker / Moore (1996)

Stonebraker, M.; Moore, D.: Object-Relational DBMS: The Next Great Wave. Morgan Kaufmann, San Francisco (CA) 1996.

Stonebraker et al. (1990)

Stonebraker, M.; Jhingran, A.; Goh, J.; Potamianos, S.: On Rules, Procedures, Caching and Views in Database Systems. In: Garcia-Molina, H.; Jagadish, H. V. (Hrsg.): Proceedings of the ACM-SIGMOD International Conference on Management of Data. SIGMOD Record 19 (1990) 2, S. 281-290.

Tansel (1986)

Tansel, A. U.: Adding Time Dimension to Relational Model and Extending Relational Algebra. In: Information Systems 11 (1986) 4, S. 343-355.

Tansel (1990)

Tansel, A. U.: Modelling Temporal Data. In: Information and Software Technology 32 (1990) 8, S. 514-520.

Tansel (1993)

Tansel, A. U.: A Generalized Relational Framework for Modeling Temporal Data. In: Tansel, A. U.; Clifford, J.; Gadia, S.; Jajodia, S.; Segev, A.; Snodgrass, R. (Hrsg.): Temporal Databases. Theory, Design and Implementation. Benjamin/Cummings, Redwood City (CA) et al. 1993, S. 183-201.

Tansel et al. (1993)

Tansel, A. U.; Clifford, J.; Gadia, S.; Jajodia, S.; Segev, A.; Snodgrass, R. (Hrsg.): Temporal Databases. Theory, Design and Implementation. Benjamin/Cummings, Redwood City (CA) et al. 1993.

Theodoulidis et al. (1991)

Theodoulidis, C.; Loucopoulos, P.; Wangler, B.: The Entity Relationship Time Model and the Conceptual Rule Language. In: Teorey, T. J. (Hrsg.): Proceedings of the 10th International Conference on Entity-Relationship Approach. Morgan Kaufmann, San Mateo (CA) 1991, S. 181-204.

Thyssen (1995)

Thyssen, U. M.: Ein Bewirtschaftungssystem für bitemporale Tabellen. In: Gesellschaft für Informatik (Hrsg.): Berücksichtigung zeitbezogener Daten bei der Realisierung betrieblicher Informationssysteme. 1. Workshop des Arbeitskreises Zeitorientierte betriebliche Informationssysteme (ZobIS). Eigendruck 1995 (http://www.ie.iwi.unibe.ch/zeit/zobis/).

Thyssen / Myrach (1998)

Thyssen, U.; Myrach, T.: Gestaltung benutzergerechter Oberflächen für die Verwaltung temporaler Daten - Eine Projektskizze. In: Gesellschaft für Informatik (Hrsg.): Rundbrief des GI-Fachausschusses 5.2 Informationssystem-Architekturen 5 (1998) 1, S. 54-57.

Tombros et al. (1996)

Tombros, D.; Geppert, A.; Dittrich, K. R.: Design and Implementation of Process-Oriented Environments with Brokers and Services. In: Freitag, B.; Jones, C. B.; Lengauer, C.; Schek, H. J. (Hrsg.): Object-Orientation with Parallelism and Persistence. Kluwer Academic Publishers, Boston et al. 1996, S. 197-216.

Tombros et al. (1997)

Tombros, D.; Geppert, A.; Dittrich, K. R.: Semantics of Reactive Components in Event-Driven Workflow Execution. In: Olive, A.; Pastor, J. A. (Hrsg.): Proceedings of the 9th International Conference on Advanced Information Systems Engineering. Springer-Verlag, Berlin et al. 1997, S. 409-422.

Tschirra (1995)

Tschirra, K. E.: Die Rolle der Zeit in betriebswirtschaftlichen Anwendungen - gezeigt aus Sicht der Praxis an Implementierungsbeispielen im SAP-System R/3. In: Gesellschaft für Informatik (Hrsg.): Berücksichtigung zeitbezogener Daten bei der Realisierung betrieblicher Informationssysteme. 1. Workshop des Arbeitskreises Zeitorientierte betriebliche Informationssysteme (ZobIS). Eigendruck 1995 (http://www.ie.iwi.unibe.ch/zeit/zobis/).

Ullman (1988)

Ullman, J. D.: Database and Knowledge-Base Systems. Vol. 1, Computer Science Press, Rockville (ML) 1988.

Van der Aalst (1993)

van der Aalst, W. M. P.: Interval Timed Coloured Petri Nets and their Analysis. In: Marsan, M. A. (Hrsg.): Proceedings of the 14th International Conference Application and Theory of Petri Nets. Springer-Verlag, Berlin et al. 1993, S. 453-472.

van der Lans / Verbaan (1989)

van der Lans, R. F.; Verbaan, G.: SQL in DBASE IV. Ein Handbuch. Addison-Wesley, Bonn et al. 1989.

Vossen / Becker (1996)

Vossen, G.; Becker, J.: Geschäftsprozeßmodellierung und Workflow-Management: Modelle, Methoden , Werkzeuge. International Thomson Publ., Bonn 1996.

Wenner (1991)

Wenner, T.: Datenbankunterstützung für CASE-Entwicklungsumgebungen. In: Wirtschaftsinformatik 33 (1991) 1, S. 33-39.

Widom / Finkelstein (1990)

Widom, J.; Finkelstein, S.: Set-Oriented Production Rules in Relational Database Systems. In: Garcia-Molina, H.; Jagadish, H. V. (Hrsg.): Proceedings of the 1990 ACM SIGMOD International Conference on Management of Data, Atlantic City (NJ), SIGMOD Record 19 (1990) 2, S. 259-270.

Wiederhold et al. (1991)

Wiederhold, G.; Jajodia, S.; Litwin, W.: Dealing with Granularity of Time in Temporal Databases. In: Andersen, R.; Bubenko jr., J. A.; Solvberg, A. (Hrsg.): Advanced Information Systems Engineering. Third International Conference CAiSE ´91. Springer-Verlag, Berlin et al. 1991, S. 124-140.

Wuu / Dayal (1993)

Wuu, G. T. J.; Dayal, U.: A Uniform Model for Temporal and Versioned Object-Oriented Databases. In: Tansel, A. U.; Clifford, J.; Gadia, S.; Jajodia, S.; Segev, A.; Snodgrass, R. (Hrsg.): Temporal Databases. Theory, Design and Implementation. Benjamin/Cummings, Redwood City (CA) et al. 1993, S. 230-247.

Young et al. (1996)

Young, C. S.; Lee, J.; Elmasri, R.; Won, J.: Specification of Calendars and Time Series for Temporal Databases. In: Thalheim, B. (Hrsg.): Conceptual Modeling - ER ´96. Proceedings of the 15th International Conference on Conceptual Modeling. Springer-Verlag, Berlin et al. 1996, S. 341-356.

Yu et al. (1994)

Yu, P. S.; Wu, K.-L.; Lin, K.-J.; Son, S. H.: On real-time databases:

Concurrency control and scheduling. In: Proceedings of the IEEE 82 (1994) 1, S. 140-157.

Zemanek (1984)

Zemanek, H.: Kalender und Chronologie. Bekanntes & Unbekanntes aus der Kalenderwissenschaft. Oldenbourg Verlag, München, Wien 1984.